DO FUNDO DO
coração

EDUARDO FRANÇA

© 2017 por Eduardo França
© iStock.com/CoffeeAndMilk

Coordenadora editorial: Tânia Lins
Coordenador de comunicação: Marcio Lipari
Capa e projeto gráfico: Jaqueline Kir
Preparação: Janaína Calaça
Revisão: Equipe Vida & Consciência

1ª edição — 1ª impressão
5.000 exemplares — outubro 2017
Tiragem total: 5.000 exemplares

**CIP-BRASIL — CATALOGAÇÃO NA PUBLICAÇÃO
(SINDICATO NACIONAL DOS EDITORES DE LIVROS, RJ)**

F881d

França, Eduardo
Do fundo do coração / Eduardo França. - 1. ed. - São Paulo : Vida & Consciência, 2017.
336 p. ; 23 cm.

ISBN 978-85-7722-549-1

1. Romance espírita. I. Título.

17-44371   CDD: 133.93
                                      CDD: 133.9

Todos os direitos reservados. Nenhuma parte desta edição pode ser utilizada ou reproduzida, por qualquer forma ou meio, seja ele mecânico ou eletrônico, fotocópia, gravação etc., tampouco apropriada ou estocada em sistema de banco de dados, sem a expressa autorização da editora (Lei nº 5.988, de 14/12/1973).

Este livro adota as regras do novo acordo ortográfico (2009).

Vida & Consciência Editora e Distribuidora Ltda.
Rua Agostinho Gomes, 2.312 — São Paulo — SP — Brasil
CEP 04206-001
editora@vidaeconsciencia.com.br
www.vidaeconsciencia.com.br

Capítulo 1

— Dezesseis anos e órfã! Tão jovem, sem a mãe — lamentou Lilian com o olhar perdido, enquanto mexia a taça de vinho que fora, minutos antes, servida por Jordan, seu irmão.

— Você fala de um jeito... É como se Vitória estivesse sozinha, sem ninguém no mundo — rebateu Jordan, arrumando a gravata e demonstrando o quanto ficara incomodado com a observação da irmã.

O diálogo entre os irmãos aconteceu na cobertura de um prédio requintado, numa área privilegiada de São Paulo, e durou o bastante para esvaziar uma garrafa de vinho.

— E não está?! E você ainda quer jogar a menina em algum lugar para viver livre. Livre desse trabalho.

— Trabalho?! Pensei que gostasse dela, que não a visse como trabalho...

— Eu gosto de minha sobrinha! Para passear, levar para o cinema, tomar sorvete, ir a restaurantes, mas, quando começam os problemas, é no colo dos pais que tem de ficar.

— Sempre achei você insensível, egoísta, e a Carina sempre a defendia...

— Não escolhi ser mãe!

— É sua sobrinha!

— Eu apenas não assumo o que não é meu. Não vejo como responsabilidade minha. Só isso! Minha cunhada era um anjo. Boa esposa, uma excelente mulher, sempre firme ao seu lado. Às vezes, fico pensando como conseguia manter-se assim, impecável — soltou uma risada escandalosa, jogou os cabelos para trás, sua marca, que deixava clara sua personalidade forte. Era uma mulher bonita, inteligente, bem-sucedida e independente. Publicitária, Lilian era dona de uma revista de grande circulação nacional. Depois de uma curta pausa, prosseguiu: — Talvez pelo que aconteceu, pelo segredo que os uniu. Acho que foi isso que manteve minha cunhada firme ao seu lado, ante sua frieza e distância.

Ao ouvir isso, Jordan apertou com força a taça que estava em uma de suas mãos. Depois, sem perder a elegância, caminhou a passos largos até a adega de vinhos que mantinha no canto da sala ampla e bem decorada. Após se servir, preferiu mudar o rumo da conversa:

— Isso não vem ao caso... Não tenho como levá-la comigo, arrastá-la para um país desconhecido, justamente nessa fase, em que ela fez amigos...

— Possíveis namorados — Lilian interrompeu-o sorrindo e já finalizando o assunto, como se estivesse numa reunião de pauta de sua revista. — Bom, acho que acabamos, né? Preciso ir embora, pois tenho dois filhos me esperando e trabalhos para fazer. Me ausentei da agência para vir até aqui.

— Filhos?! Chama aqueles dois cachorros de filhos? Enquanto sua sobrinha... — tentou conter-se. Não queria aumentar o atrito com a irmã, quando na verdade sua vontade era dizer-lhe tudo o que achava de sua futilidade. Por conta disso, manteve-se paciente, como se estivesse tratando com um cliente difícil, mas valioso para seus negócios. — Gostaria que pensasse no assunto sobre ficar com Vitória. Por um ano somente.

— Não, meu querido. Não posso. Como lhe disse, não ficarei com Vitória. Meus dois filhos já me tomam muito tempo — falou apanhando a bolsa e acomodando-a no ombro.

Lilian beijou o irmão no rosto, e nesse momento os dois ouviram a porta de um dos quartos bater, seguida por um silêncio imediato.

Os dois olharam para escada que levava aos quartos.

— O som veio do quarto de Vitória. Será que ela ouviu nossa conversa?

— Não sei, pode ter sido o vento, Jordan. Boa sorte — convenceu-o com seu jeito distante. — Deixo beijos para minha sobrinha do coração.

Jordan viu a irmã sair da sala, deixando um rastro do seu perfume. Quando se viu sozinho, deixou o corpo afundar no sofá branco. Tomou o último gole de vinho e permitiu que a taça escorregasse de suas mãos e corresse por sua perna até parar no tapete felpudo. Sem se preocupar em recolher a taça, Jordan virou o rosto para o teto e ficou pensativo. Depois murmurou:

— Tenho pouco tempo, uma reunião importante fora do país e uma filha adolescente para cuidar — naquele momento sentiu vontade de chorar por tudo, principalmente pela falta de Carina, sua mulher.

***

Vitória acordara cedo naquele dia. Aproveitava as últimas semanas de férias indo ao cinema com os amigos, fazendo refeições e ouvindo as esfuziantes narrativas das viagens que fizeram. Pela primeira vez, não viajara nas férias. Estava reclusa e ansiosa pela presença do pai, para ter seu carinho.

Desde que Carina, sua mãe, partira precocemente, Vitória resumira sua vida a passeios curtos, à escola e à casa, onde sempre permanecia trancada no conforto do seu quarto, lendo e ouvindo música, o que a fazia desligar-se dos problemas que começava a notar.

Aquele dia não fora diferente. Vitória rumara ao *shopping* para se encontrar com alguns amigos, dois deles irmãos que voltavam de uma viagem à Europa. O encontro fora divertido, mas ao mesmo tempo tedioso, já que ainda tinha em suas lembranças a viagem que fizera com a mãe, sua companheira, sua amiga. As viagens ao lado de Carina eram leves, reveladoras, edificantes, já que ela sempre tinha um comentário a fazer quando entravam em um museu e estavam diante de um quadro. A jovem conseguia emocionar-se com o brilho nos olhos de Carina. Ela era pura sensibilidade.

A saudade fazia o coração doer, e as lágrimas não custavam a se fazer presentes. O tempo, no entanto, vinha tornando a jovem forte, tanto que conseguira contar suas experiências para os amigos sem chorar.

Quando voltou para casa, Vitória tomou um banho para aliviar o calor e ligou o rádio baixinho. A jovem deitou-se na cama com um livro entre as mãos e acabou adormecendo. Acordou desnorteada, ouvindo a voz de Lilian, sua tia, conversando com seu pai. Um sorriso apareceu rapidamente em seu rosto. Estava saudosa da tia, por isso, diante do espelho, arrumou os cabelos, conferiu o batom forte que realçava sua pele branca e caminhou para juntar-se à família no andar de baixo da cobertura.

Vitória abriu a porta no exato momento em que o diálogo entre os dois se tornara mais caloroso. Ela, então, decidiu ouvir o teor do assunto. Quando notou que era o alvo da discussão, seu sorriso foi desaparecendo e dando lugar a uma expressão assustada, triste e decepcionada. Não aguentou mais e saiu correndo. Quando bateu a porta do seu quarto, fez-se notada.

Mesmo com a porta fechada, Vitória, que agora estava deitada em sua cama, ainda pôde ouvir algo. Como se estivesse abraçando o próprio corpo e com lágrimas rolando pelo rosto, a jovem escutou quando a tia se despediu, e o silêncio tornou-se novamente presente.

Quando Vitória ouviu a porta se abrindo, logo sentiu o perfume de seu pai. A jovem, então, fechou os olhos e fingiu dormir, pois não queria conversar com ele. Temia ouvir de Jordan a confirmação de sua tia Lilian. Não queria se sentir rejeitada, mas era assim que se sentia naquele instante.

Jordan conhecia-a o suficiente e notou que a filha não estava dormindo. Ainda assim, caminhou até ela, sentou-se na beira da cama e beijou os cabelos da garota. Quando deu a volta para alcançar a porta, ouviu da filha:

— Eu aceito.

— Aceita? O que você...

— Ir para Balneário — o silêncio que tomou o quarto fez Vitória, que permanecia deitada de costas para a porta, imaginar o rosto de satisfação de seu pai.

A postura da tia em não aceitar cuidar de Vitória na ausência de Jordan, no entanto, não fora o fator determinante para a adolescente tomar aquela decisão. Um dia antes, ela vira sua melhor amiga com o menino de que gostava. Os dois não estavam só conversando; estavam unidos por um beijo. Mais perdas em sua vida. A amiga de toda uma vida, que conhecia desde o berçário e para quem contava tudo, inclusive sobre seu encanto pelo garoto da escola, agora estava aos beijos com ele. Traição. Via sua amiga nos braços do menino com quem sonhava.

Vitória fez questão de ser vista, de notarem sua presença. Segurando as lágrimas, foi cumprimentá-los. A amiga, sem jeito, recolheu o braço que estava sobre o ombro do rapaz. O olhar de Vitória fora o bastante para a amiga entender que ela não gostara do que vira. Depois, ainda desnorteada com a traição, acabou partindo sem olhar para trás.

No dia seguinte, Vitória fez de tudo para não vê-los e recusou-se a atender às ligações da amiga. Excluiu-a de sua rede social, rasgou fotos que tinham juntas, fez de tudo. No entanto, mesmo de olhos fechados, ainda via a imagem dos dois se beijando no silêncio do seu quarto. Não culpava o garoto, pois nunca tivera coragem de dizer o que sentia, mas sua amiga... Aquilo fora demais.

— Estou decidida. Estive pensando, e é o melhor a fazer — completou Vitória. Era a oportunidade de manter distância daquele amor platônico, da rejeição da tia e da falsa amiga. Precisava fugir de tudo aquilo. Era a sua oportunidade.

— Minha querida, não acho que essa seja a solução. Eu havia sugerido...

— Eu aceito! — ratificou decidida ao se levantar da cama. Jordan já lhe propusera passar um tempo em Balneário, mas a menina recusara-se a ir. Isso o fizera pensar em várias alternativas para deixar a filha bem amparada durante sua ausência. Todas as alternativas, no entanto, não tiveram sucesso, como a última tentativa que fizera com Lilian.

— Não quero que se sinta obrigada... Além disso, Lilian pode ficar com você...

— Pai, o senhor não entendeu que ela não quer ficar comigo? Eu entendi que minha tia não quer ficar comigo. Quero ir para o Balneário.

— Está certo — tornou Jordan sem disfarçar a empolgação. — Vou providenciar as coisas para que tudo saia perfeito. Acho que na próxima semana já poderemos ir.

— Quero ir amanhã. O quanto antes melhor. Pode ser?

— Imaginei que fosse organizar uma festa de despedida dos amigos, de sua tia...

Vitória riu ao dizer:

— Amanhã, pai. E outra coisa: quero minha emancipação.

— Filha, eu pensei nisso, mas achei que pudesse não gostar da ideia...

— Com a emancipação, posso exercer todos os atos da vida civil. Poderei assinar contratos de cursos, da escola, da universidade. Posso até abrir contas, ter cartão de crédito. Sabia?

— Andou pesquisando pelo que estou vendo.

— Posso até viajar sozinha para o exterior. Um amigo comentou comigo. Ele é emancipado, porque vai prestar vestibular em outra cidade.

— Não sei se pode ainda.

— Já tenho 16 anos completos, e o senhor pode autorizar minha Emancipação Voluntária em um cartório. E, com a concordância de ambos, o documento poderá ser redigido por meio de escritura pública. Nem precisa homologação judicial.

Jordan ficou paralisado, olhando a filha. Desde cedo, a garota já demonstrara ser decidida. Quando a levaram ao cinema pela primeira vez e pediram que ela escolhesse o filme, Vitória fora rápida na decisão. E foi só o início. A jovem mostrava-se muito decidida e certa de suas escolhas.

— O quanto antes melhor! — falou com o rosto sério e determinado, o que surpreendeu Jordan. A ele restou concordar com a filha, pois tinha seus compromissos. Se deixasse a filha em Balneário, poderia adiantar seus negócios em Portugal.

— Está certo, como você quiser. Farei alguns contatos para acertar a papelada... — de repente, parou de falar, pensando que poderia poupar a filha do lado burocrático da mudança. E assim o fez.

Jordan ficara muito feliz com a decisão de Vitória, e ela sabia disso. Aprendera com a mãe a interpretar o rosto do pai, quando ele tinha êxito numa reunião ou saía vitorioso de uma exaustiva negociação. E era justamente essa expressão que Jordan levava no rosto. Expressão que Vitória soube interpretar.

A jovem amava o pai. Sentiria sua falta, contudo, não achava justo sacrificá-lo por seus caprichos. Não queria ser vista como um peso na vida de Jordan.

Vendo o pai feliz, a jovem correu para abraçá-lo.

— Será por pouco tempo, meu amor. O que acha de jantarmos fora? Podemos...

— Prefiro não sair, pois quero começar a arrumar minhas coisas para a mudança.

Jordan não insistiu. Sabia que, além de determinada, Vitória era prática. Ele, então, repetiu o gesto que fizera quando se sentou na cama da filha: beijou seus cabelos e saiu sorrindo.

Vitória fechou a porta e sentiu que poderia chorar a qualquer instante, mas o telefone sobre a cama iluminou-se, mostrando no visor uma mensagem. Era o celular de Jordan, que ele deixara cair do bolso.

A jovem pegou o aparelho e já caminhava em direção à porta para levá-lo a Jordan, quando a curiosidade foi maior e ela não pôde deixar de ler a mensagem. Como o aparelho não tinha senha, a jovem logo acessou a caixa de mensagens.

Estou em São Paulo, perto de sua casa. Pensei que poderíamos matar a saudade. O que acha de jantarmos no Le Freak?

A mensagem era assinada por Glória, engenheira que fazia alguns trabalhos de consultoria para a empresa de Jordan. Vitória já a conhecia de nome e sua mãe tivera a oportunidade de conhecê-la numa festa da empresa. Carina chegara falando bem de Glória, engenheira, divorciada e mãe de dois filhos que moravam fora do país.

Então, podemos? Caso não possa, já vou para o aeroporto...

Vitória nem quis ler o restante. Teve apenas a curiosidade de ler as mensagens anteriores e ficou surpresa com o grau de amizade que a unia ao seu pai.

Terminei minha casa em Búzios. Para ela ficar perfeita só falta você.

Em outra mensagem, ela dizia:

Meu amor, por que não ouve o que digo? Conheço colégios fantásticos fora do Brasil. Sua pestinha voltaria agradecida pela educação que receberia.

Irritada, Vitória exclamou:
— Que mulherzinha petulante!
Foi então que Vitória, vendo que Glória estava *on-line*, digitou uma mensagem como se fosse Jordan, tendo o cuidado de tratá-la como ele vinha fazendo.

Claro! Podemos nos encontrar no Le Freak, às 20 horas. Pode ser?

Vitória enviou a mensagem e riu ao ver que a mulher respondera prontamente à sua mensagem.

Combinado, meu doce! Ainda bem que não está mais bravo comigo.

Vitória nem teve o trabalho de responder à mensagem. Estava curiosa para saber o que havia acontecido, mas preferiu desconsiderar. Estava apagando as mensagens que escrevera, quando resolveu escrever mais uma:

Nos encontramos lá. Não me mande mais mensagens, pois minha filha está em casa e pode perceber algo, meu doce.

Glória mandou uma caretinha com coração que fez Vitória rir alto.

A jovem apagou as últimas mensagens, silenciou o aparelho e guardou-o no bolso. Quando estava chegando à sala, Jordan entrou.

— Pai, estive pensando... Eu aceito jantar com o senhor. Acho que fazermos uma despedida é uma boa ideia.

Jordan ficou maravilhado. A noite estava perfeita: a filha aceitara ir para Balneário e agora jantariam juntos para celebrar.

— Não fale em despedida. É temporário. E aonde quer ir?

— Le Freak, às 20 horas. Pode ser?

— Sim! Vou tomar um banho e me arrumar para essa ocasião tão especial.

Jordan falou isso e saiu rindo. Vitória, então, ficou vendo o pai subir a escada e desaparecer no corredor que levava aos quartos.

Vitória tirou o celular do bolso, desligou-o e jogou-o no sofá. Depois, escondeu o aparelho atrás das almofadas, como se o pai o tivesse perdido por ali.

— Fortes emoções, Glória! Prepare-se, pois a noite está apenas começando... meu doce.

Capítulo 2

Le Freak, diferentemente do que o nome pudesse sugerir, era um restaurante clássico, situado em uma rua com ladrilhos vermelhos e luminárias antigas que davam charme ao local. O interior do restaurante era suntuoso e aconchegante e seu ponto de destaque eram as janelas estreitas de madeira, altas, emolduradas por cortinas brancas e presas com um laço dourado.

Vitória saltou do carro radiante. Aquela situação a fez esquecer, por um tempo, da tia e da traição da amiga. A jovem usava um vestido verde-escuro, com um decote moderno, o que deixava sua pele ainda mais em destaque. Jordan, depois de dar a chave do carro para o manobrista, parou e ficou olhando para a filha, admirando não só seu tamanho, mas sua desenvoltura e beleza. Naquele momento, embora não admitisse, começou a sentir falta de Vitória. Era prático e não se apegava ao fato de ter de se afastar da filha. Não tinha culpa.

"Deus me afastou de Carina, meu grande amor, e tenho de sobreviver. É a vida", pensou ao conduzir a filha para o interior do restaurante.

Jordan tinha costume de frequentar aquele restaurante. Fazia daquele espaço o cenário de suas comemorações e conquistas. Os garçons, acostumados à presença ilustre do empresário, recebiam-no muito bem, já o conduzindo à mesa de sua preferência.

Depois de se acomodarem e fazerem os pedidos, Jordan e Vitória começaram a conversar. Atento, ele comentou com a filha:

— Parece que está esperando alguém.

Vitória, de fato, aguardava ansiosa pela chegada de Glória, mas convenceu o pai dizendo:

— Não, estou me despedindo do restaurante. Tenho boas recordações daqui.

Jordan baixou a cabeça, sentindo-se culpado pela situação. Depois, olhou para a filha e ficou admirado ao notar como ela crescera e o quanto era independente e decidida. Vitória seria uma grande mulher.

— Carina se orgulharia da sua coragem.

— Quando me sinto sozinha, me lembro dela. Assim, acabo me sentindo forte, encorajada. Ela costumava falar que somos completos e que não dependemos do outro para sermos felizes.

Jordan riu com lágrimas nos olhos.

— Sua mãe sempre foi muito especial.

"Não entendo o que o faz ficar com Glória. Ela é tão diferente da minha mãe", pensou Vitória. Quando estava pronta para dizer algo, notou que o rosto de Jordan se transformara, tornando-se pálido de repente. A jovem, atenta, virou-se rapidamente e acompanhou o olhar do pai. Lá estava ela, Glória, sorridente, num aceno tímido, mas notório aos olhos de Vitória.

Glória ficou constrangida, paralisada, sem saber o que fazer. Deveria ir à mesa ou não? O que Jordan pretendia com aquele encontro? Formalizar o relacionamento? Era tudo o que ela desejava. Será que a briga surtira efeito? Brigava para ter mais espaço na vida de Jordan, já que o único espaço que tinha, até então, era na cama dele. Nada mais.

Ela deu um passo à frente, incerta, como se estivesse andando em uma corda bamba a 10 metros de altura, sem proteção. O que deveria fazer? Conhecia Jordan o suficiente para notar que ele não fora receptivo ao vê-la. Ficara em silêncio. Foi algo em torno de segundos, mas que lhe parecera uma eternidade.

— Pai, aquela não é Glória? — falou Vitória animada.

— Você a conhece? — perguntou sem jeito.

— Sim, mamãe falou dela. Lembro-me de tê-la visto uma vez em casa, num jantar. — Vitória disse isso rapidamente e, sem consultar o pai, acenou para Glória. Quando a mulher se aproximou, a jovem convidou-a para se juntar a eles.

Glória estava bem-vestida, elegante e usava um perfume suave para a noite. Vitória achou-a provocante. Por certo, a mulher não esperava ter a jovem à mesa. Não mesmo.

Minutos depois, Jordan notou o clima amistoso e relaxou. A mesma sensação tomou Glória. Ela sabia que Jordan não desejava assumi-la, assim como não fazia parte de seus planos a aproximação da amante com Vitória.

— Mamãe sempre ficava encantada com os encontros que vocês tinham.

Glória trocou um olhar com Jordan antes de responder.

— Carina era um encanto — a frase saiu forte, deixando Glória encabulada por tê-la dito. — Desculpe-me. Sei o quanto deve ser doloroso para você...

Como ouvira certa vez Carina falar sobre a morte, Vitória pensou na resposta que a mãe daria. "O espírito é eterno. É como se nos despedíssemos de uma roupa e, quando estivéssemos preparados, voltaríamos com uma roupa nova e com o mesmo espírito, prontos para melhorar ainda mais."

— E insubstituível — foi o que Vitória falou rindo. Ela ainda pôde ver Jordan incomodado, arrumando-se na cadeira.

Ali, Glória percebeu que não teria espaço na vida de Jordan, como também não teria na vida de Vitória. Pensou que a jovem ainda estivesse de luto e que cada um tem seu tempo. Pensou em dizer algo, mas Vitória tinha o dom de conduzir a conversa.

16

— Tem filho, não tem? Imagino que eles devem se orgulhar de ter uma mãe maravilhosa como você. Tê-la por perto deve ser um privilégio.

Vitória disse isso para provocar Glória, pois sabia que os filhos da amante do pai estavam estudando no exterior e que estava nos planos dela mandar a jovem para fora do país.

— Na verdade, eles não moram comigo.

— Isso não significa que seja uma mãe ausente. É uma mãe moderna. Sempre que pode, você liga, almoça com eles, leva-os ao cinema. Não é?

Houve um silêncio. Vitória bem sabia da verdade, mas quis provocá-la.

— Eles moram em outro país.

"Garota petulante. A primeira coisa que farei quando me mudar para aquela cobertura é mandá-la para bem longe", pensou Glória forçando um sorriso, que Jordan identificou como nervoso.

— Quando for mãe, vou querer meus filhos por perto.

— Vitória! — repreendeu Jordan, tentando conter a filha.

— Não tenho vocação para maternidade, essa é a verdade. Quando me separei, deixei meus filhos com meu marido, que não viajava tanto quanto eu. Depois, considerei que uma boa educação seria importante para eles.

— Eu não entenderia assim — Vitória notou o olhar apreensivo do pai e completou sorrindo: — É minha opinião.

O jantar seguiu tranquilo, e, antes da sobremesa, Vitória anunciou que desejava ir embora.

— Posso pegar um táxi, senhor Jordan. Fique mais com sua amiga.

— Não, vou levá-la.

— Preciso me acostumar a ficar sozinha, esqueceu? — provocou Vitória ao se levantar. A jovem limitou-se a dar um abraço em Glória ao se despedir. — Não deixe sua amiga sozinha. Preciso fazer minhas malas, esqueceu?

— Vai viajar? — especulou Glória.

— Sim. Papai me convenceu. Deve ser a influência dos amigos.

Jordan e Glória trocaram olhares.

— Vou deixá-la no táxi, então. Vou ligar para um taxista que confio para deixá-la em casa — falou isso apalpando os bolsos. — Meu celular. Cadê? Acho que o perdi.

— Lembra-se da última vez que usou? — perguntou Glória na intenção de ajudar Jordan.

— Hoje à tarde, eu acho. Antes do encontro com minha irmã. Depois, não peguei mais nele. Acho que foi umas cinco da tarde...

Glória suspeitou que fora vítima de uma armação. Ela olhou para Vitória, que sorria com os olhos firmes.

— Não usou o celular para mandar alguma mensagem, nada? — Glória pareceu confusa, incerta. Vitória achou divertido.

— Não! Tenho certeza.

Glória, por algum tempo, considerou que não seria vontade de Jordan esclarecer ali que haviam combinado aquele jantar. A jovem carente provavelmente grudara no pescoço do pai para ir junto, e ele não tivera saída. Foi isso o que passou pela cabeça da mulher. Em outro momento, a falta do celular fê-la pensar que a menina armara o circo de propósito.

— Relaxe, papai. O senhor deve ter deixado em casa. Agora vamos. Na recepção, poderá fazer a ligação, chamar o taxista. Depois, volte para fazer companhia à sua amiga — falou puxando o pai pelo braço. Já a alguns passos de distância da mesa, Vitória olhou para trás e sorriu para Glória, que estava sozinha, com o olhar perdido.

— Não foi nada gentil de sua parte falar sobre os filhos de Glória — comentou Jordan, enquanto esperava o táxi.

— Vai defender sua amiga? Tudo bem, ela deve ter seus motivos, assim como você — disse agradecida pelo táxi que vinha chegando.

— Seja pontual, senhor Jordan. Não podemos perder o voo — brincou Vitória depois de beijá-lo.

18

O homem ficou paralisado, esperando o táxi tomar distância para voltar ao restaurante.

***

No dia seguinte, logo cedo.

— Você pegou meu celular e mandou mensagem para Glória.

— Eu?!

— Ela me mostrou o celular, Vitória! Lá tinha mensagens que eu não escrevi. Você pegou meu celular, se passou por mim e armou um encontro. Qual era o propósito disso tudo?

— Um pai se diz no direito de saber com quem os filhos têm amizade, então, por que os filhos não têm o mesmo direito?

— Isso não justifica o que você fez.

— É com essa mulher que quer ficar? Uma mulher que deseja mantê-lo distante de sua única filha. É isso?

— Não significa que eu concorde com ela.

— Pelo que li nas mensagens, não havia comentários seus a respeito. Isso pode significar que concorda com ela, pois quem cala...

— Vitória, não foi essa a educação que Carina e eu demos a você, minha filha! Invadir a privacidade alheia?

— Opa! Pelo que observei, eu estava "nessa privacidade". Bom, é melhor a gente ir.

Vitória acordara cedo, tomara um banho demorado e arrumara-se rapidamente. Colocara um vestido leve e cor-de-rosa abaixo dos joelhos e usava uma sandália rasteirinha. Em volta do pescoço, usava uma corrente de couro preta, com medalha de prata envelhecida, e usava também uma pulseira de couro preto. Estava com os cabelos molhados e soltos e passara somente um batom.

Estavam na sala quando Jordan iniciou a conversa. Ela pronta, malas ao lado. Duas sacolas com discos.

— Não fiquei nada feliz com isso.

— Desculpa, mas quero que veja bem quem o senhor vai colocar em sua vida. Não quero ser empecilho na sua vida. Seria egoísta se pensasse assim. Quero que seja feliz, mas uma mulher que o quer longe da filha não deve ser boa gente.

Jordan não se conteve e abraçou a filha, como há muito não fazia.

— Te amo, pai.

Vitória esperava ouvir algo, mas não aconteceu.

— Só vai levar isso? E esses discos? Agora que tudo pode ser transportado num *pen drive*...

— Eles representam muito mais para mim.

Jordan respeitou a decisão de Vitória. Os discos eram de Carina, e ele sabia da importância deles para a filha.

— Lilian ligou depois que passei a mensagem falando da viagem. Ficou surpresa com sua decisão. Pediu para ligar para ela antes de a gente ir.

— A tia quer ter certeza de que estou indo, de que não vou para a casa dela, é isso?

— Sem ressentimentos, ok?

— Estou brincando. Depois, ela está muito ocupada com a empresa e com os filhos dela. Melhor a gente ir.

Os dois riram.

Com uma das malas nas mãos, Vitória segurou a maçaneta da porta por alguns segundos antes de abri-la e sentiu um nó na garganta. Aquele lugar lhe trazia tantas recordações boas. Abrir aquela porta e se deparar com o sorriso de Carina, com seus abraços, suas palavras, com o prazer de ficar em seu quarto... Tudo muda, tudo se transforma.

— Aceitar as mudanças é ir ao encontro do desenvolvimento do espírito — o espírito de Carina soprou essa mensagem ao ouvido da filha.

Vitória rodou a maçaneta, abriu a porta e saiu sem olhar para trás.

Jordan seguiu a filha levando consigo os demais pertences da jovem e ficou admirado com o fato de Vitória não ter olhado para trás. Já no silêncio do elevador, preferiu não olhar para o rosto da filha e notar a emoção em seus olhos. Ali começou a entender o que aquela mudança poderia significar para suas vidas.

Quando Vitória decidiu ir para Balneário, Jordan resolveu, depois de alguns contatos, formalizar a emancipação antes da viagem, por isso ele apanhou o carro e dirigiu até o cartório. Ele sentiu como se estivesse assinando a separação de Vitória, mas, ao ver o rosto confiante da menina, convenceu-se de que estava fazendo o certo. Jordan bem que tentou, mas a confecção do documento exigia a presença do responsável e da adolescente.

— Acho constrangedor. Gostaria de ter tratado disso sozinho.

— Eu sabia que era assim, pai. Os pais daquele meu amigo são separados e ainda assim tiveram de estar presentes na emissão do documento com ele junto.

— Sabe que é irrevogável? Abrange somente a responsabilidade civil...

— Sim. E que vou ter mais autonomia também. Mas fique tranquilo, pai. Não vou me casar sem seu consentimento nem aprontar nada que o decepcione — os dois riram, e depois ela ficou séria. — E você não vai deixar de ser meu pai.

Jordan abraçou a filha com carinho e sentiu um aperto no peito, contudo, não via outro caminho. Sua menina estava se transformando, amadurecendo, ainda que precocemente. E isso o enchia de orgulho.

Após a retirada do documento, seguiram para o aeroporto. Minutos depois, Vitória estava sorrindo. Não carregava, no entanto, o mesmo sorriso fácil de antes. Havia nele a tristeza por aquilo que estava deixando para trás. O documento em sua bolsa tornava-a independente, e, ainda que não demonstrasse, ela sentiu medo. O que faria com aquela liberdade?

— Uma nova vida está à sua espera. Emoções e revelações irão torná-la ainda mais forte — inspirou Carina, sorrindo ao segurar a mão da filha.

Vitória riu, sentindo-se confortável e menos temerosa com a mudança. No fundo, temia por sua decisão, mas era incapaz de assumir essa fragilidade. Queria que o pai se orgulhasse dela.

Jordan estava com o olhar perdido. Usava óculos escuros que pareciam ter sido feitos para seu rosto. Deixara o terno e a gravata, que o tornavam ainda mais elegante, para usar *jeans* e uma camisa polo, que o deixara mais jovial e bonito.

Chegaram ao aeroporto a tempo de fazerem um lanche e conversarem sobre suas vidas e seus planos. Vitória notou que tinha ao seu lado um homem diferente. Jordan parecia ainda mais ansioso para chegar a Balneário, e ela bem compreendia o porquê. Era o lugar onde ele conhecera Carina, onde adquirira seus primeiros terrenos, onde deixara histórias para se entregar ao mundo e se tornar um homem de negócios.

Tirando as turbulências, a viagem fora tranquila.

— Não vejo necessidade de falar a quantos pés estamos, assim como acho que falar da saída de emergência é algo desnecessário. Se alguma coisa acontecer, o máximo que farei é gritar como uma louca.

Os dois começaram a rir.

Por fim, desembarcaram no aeroporto no início de uma tarde quente. O carro que Jordan reservara já os esperava.

— Estamos a algumas horas de distância de Balneário Califórnia — avisou Jordan sorrindo como uma criança animada e ansiosa pela chegada de seu aniversário.

O clima era muito bom e amistoso, o que fez emergir um Jordan que Vitória desconhecia. Era como se ela tivesse encontrado naquelas terras o mesmo rapaz entusiasmado e ansioso para descobrir a vida de anos atrás.

Cada vez mais, o carro apossava-se do asfalto perfeito, quase um tapete, da estrada bem sinalizada, que ora se apresentava plana, ora com curvas sinuosas. E ao longo dela mais e mais belezas eram descobertas. De um lado, viam flores de cores vivas brotarem dos penhascos que emparedavam as margens da estrada. A folhagem de um verde forte, intenso, chamava-lhes a atenção, assim como o mar imenso, infinito, de onde se via o horizonte abraçar o céu iluminado pelo pôr do sol.

— Aqui merece uma parada — anunciou Jordan. Havia emoção nos seus olhos cobertos pelos óculos.

Jordan estacionou o carro em um lugar em que os turistas costumavam parar para apreciar o horizonte.

Vitória não tinha palavras para descrever o que sentia. Tudo era muito bonito, e ela podia até ouvir sua mãe falando sobre o lugar e suas belezas indescritíveis.

— Andava muito de bicicleta aqui. Este lugar me traz boas recordações. É o encontro dos mares.

— Foi o primeiro passeio que fez com minha mãe?

Silêncio.

— Sim — falou por fim, com dificuldade. — Não quis falar sobre isso para que não ficasse triste.

— Você está?

— Não, não estou — falou sinceramente. — Estou feliz em sentir tudo isso de novo. Em saber que o lugar em que fui feliz ainda existe.

Vitória abraçou o pai e não resistiu. Pegou o celular e fez uma *selfie*. Contudo, não conseguiu tirar apenas uma fotografia. A paisagem, o cenário com flores coloridas e mar agitado, exigia mais fotos. Tiraram várias.

— Agora chega, Vitória. Faz meia hora que estamos aqui. Não quero chegar tarde lá, depois...

Vitória sabia qual seria o "depois", por isso não falou nada. Seria a partida de Jordan para a realidade, de volta ao mundo dos negócios e aos problemas.

Já no carro, Jordan abriu os vidros.

— Sinta o ar. Respire fundo e sinta-se viva!

Naquele momento, Vitória percebeu-se ao lado do adolescente que um dia o pai fora e sentiu uma emoção forte.

Como queria que Carina estivesse ali com eles, sentindo tudo aquilo.

— Só voltamos uma vez aqui... Faz tanto tempo. Você era tão pequena. Carina queria vir, mas...

Jordan parou de falar de repente. Não quis trazer o passado mais uma vez de volta naquele presente tão bom e inspirador.

Não resistindo à paisagem que desfilava diante de seus olhos, Jordan fez outras paradas no caminho, muitas a pedido de Vitória.

Após consultar o relógio, Jordan viu o quanto estava tarde. Por conta disso, parou em um restaurante na beira da estrada. Era novo, não o conhecia. No espaço onde um dia existira um mais modesto fora construído um restaurante maior e moderno. Construtor que era, Jordan não deixou de apreciar a modernidade do empreendimento e notar o quanto estava bonito.

— O prédio é da família Bonelli — respondeu um atendente feliz, como se estivesse em seu primeiro dia de trabalho, de pagamento ou na véspera de suas férias.

— Então, os negócios da família Bonelli estão subindo a serra — constatou, falando baixo. Depois, Jordan virou para o atendente e agradeceu: — Muito obrigado. Tudo muito bom.

Vitória notou que aquele nome trazia alguma lembrança ao pai, mas preferiu não perguntar.

Já no carro e seguindo pela estrada, Jordan e Vitória sentiam a brisa quente envolvendo-os. A orla da praia estava toda iluminada, por isso era possível visualizar o mar agitado, parecendo anunciar chuva. Havia muitas plantas e flores, balançando-se ao sabor do vento.

— Parece cenário de novela. Esse lugar existe mesmo.

— É real, minha filha. Você não viu nada ainda.

Não demorou, e um silêncio tomou conta do carro. Jordan virou em uma estrada iluminada, mas bem silenciosa. Numa lateral era possível visualizar uma placa anunciando: "Seja bem--vindo a Balneário Califórnia".

Jordan leu em voz alta o que estava escrito na placa. Vitória ficou em silêncio, com os olhos agitados e o coração aos saltos, tentando descobrir onde estava. O medo fê-la abraçar a bolsa no colo.

Ele começou a reduzir a velocidade do carro ao entrar no centro da cidade, que, aos olhos de Vitória, era minúscula. Tudo parecia muito limpo, iluminado e organizado. Jordan deu uma volta na praça principal, onde havia um coreto instalado no centro. O silêncio era tanto que Vitória baixou o vidro totalmente e pôde ouvir o barulho das folhas secas partindo-se sob as rodas do carro.

Tudo era muito colorido. As casas, algumas de dois andares, tinham grandes fachadas, seus muros eram baixos e pintados, e outros eram ornados com plantas trepadeiras.

— Ali é a escola onde irá estudar — apontou.

Vitória tentava disfarçar o quanto estava assustada com o silêncio da cidade. A jovem consultou as horas no celular e achou estranho o fato de todos já terem se recolhido.

— As pessoas dormem cedo.

— Que divertido — ironizou. — Espero que a internet funcione aqui, senão vou morrer de tédio.

— Não, vai não — sorriu Jordan.

E ele estava certo.

Depois de dar três voltas pelo centro da cidade, desapareceu em outra estradinha. Pai e filha não perceberam, no entanto, que nas duas últimas voltas estavam sendo observados. Em uma das janelas de uma casa grande, uma mulher acompanhava o carro com esforço para descobrir quem eram os forasteiros.

Após afastar, com suas unhas compridas e vermelhas, a cortina de forma que não fosse notada, Maria Andréia Bonelli afastou-se da janela, levou a mão na altura do peito e murmurou:

— Então é verdade. Jordan Lancaster está na cidade com a filha. Não eram apenas boatos. O que veio fazer aqui?

Capítulo 3

— Você vai gostar de Marília — sentenciou Jordan, ao entrar na estrada estreita, asfaltada e bem iluminada. — Vamos ali — indicou uma chácara que ficava ao pé da colina, cercada de vegetação, onde se via uma casa de varandas espaçosas. Quanto mais se aproximavam, mais nítida ficava a beleza do lugar. A casa não era muito distante do centro da cidade.

— Só de ela me aceitar, eu já fico feliz.

Jordan riu da forma como a filha falou. Sentiu ironia na voz da jovem e estava certo quanto a isso. Vitória fora irônica.

Tudo parecia lindo, mas a jovem estava em pânico com aquela novidade. Já estava prestes a se esconder no carro para voltar à civilização e à vida urbana.

— Ela ficou muito feliz, quando eu disse que você viria passar um tempo com ela.

— Aposto que já vinha tentando convencê-la a me hospedar.

— Não! — mentiu Jordan. Assim que teve a ideia de levar Vitória para Balneário, conversou sobre sua intenção com Marília, prima de sua falecida esposa. E quando, para sua surpresa, Vitória decidiu concordar em passar uma temporada na cidadezinha, Jordan ligou para Marília e avisou-a de que viajariam no dia seguinte para lá.

— Quando avisou tia Marília de que eu viria para cá? — perguntou Vitória. Ela a chamava assim desde pequena. Carina tinha muito carinho por Marília e a tinha como uma irmã.

— Eu a avisei ontem à noite, quando voltei do restaurante — fez uma pausa e depois falou: — Rompi com Glória.

— Pouco me importa — falou virando o rosto e sentindo uma alegria com a notícia. Decretou-a como a melhor do dia. Para parecer pouco interessada no assunto, perguntou: — Tia Marília mora com a filha na chácara?

— Não. Como sabe, Marília é separada. Rafaela, a filha dela, mora com o pai no centro de Balneário. Ela tem sua idade — fez uma pausa e continuou: — Tenho certeza de que irão se dar bem.

Jordan estacionou o carro mantendo o farol alto, desceu do veículo e foi abrir o portão. Voltou sorrindo e seguiu pela alameda de pedras até a casa principal. Se tivesse escolha naquele momento, Vitória não desceria do automóvel e voltaria para São Paulo.

— Olá, meus queridos! — falou Marília da varanda. Ela vestia-se como se estivesse pronta para sair e exibia um bom gosto para roupas e para perfume, que era suave. Era dona ainda de uma simpatia natural e cativante.

"Tarde demais. Não tenho para onde correr agora", pensou a jovem tentando sorrir.

Marília vivia sozinha na chácara e era feliz. Era, além de prima, muito amiga de Carina. Era possível notar isso apenas a observando tão sorridente, enquanto procurava acomodar seus hóspedes. Vitória tinha poucas lembranças de Marília. Recordava-se das vezes em que se falaram por telefone, mas só a vira por fotografia. Sentiu-se, por fim, acolhida pelo abraço caloroso da dona da casa e pelo aroma suave de alfazema que dela exalava.

Com Jordan não era diferente. Podiam ficar anos sem se falarem, mas havia muita cumplicidade, recordações e saudades entre eles.

Marília apresentou os quartos aos hóspedes para que acomodassem seus pertences.

— Acho que estão cansados. Podem se acomodar em seus quartos, enquanto preparo algo para o jantar...

— Não se preocupe, Marília. Já jantamos na estrada...

— Então, sintam-se em casa. Vocês não sabem como estou feliz em ter Vitória por aqui — havia emoção em sua voz, assim como seus olhos estavam rasos de lágrimas. — Já é uma moça e linda!

— Saiu à mãe.

Marília baixou a cabeça e nada disse; apenas riu, enquanto as lágrimas saíam do seu controle e escorriam por seu rosto.

— Quero que fique à vontade — disse isso e saiu.

— Faz tempo que não a vejo assim, Vitória. Tímida e retraída. Me fez lembrar de quando era pequena, e nós a levávamos para visitar nossos amigos. Você se escondia entre nossas pernas, com medo.

Vitória nada disse e correu para abraçá-lo. Estava com medo. A novidade a deixara apreensiva.

— Meu bem, olhe pra mim — pediu Jordan. — Você não ficaria melhor em outro lugar. Marília vai tratá-la tão bem que até temo que a estrague com tantos mimos.

Os dois riram.

— E é por pouco tempo, filha. Lembre-se disso.

Vitória fixou os olhos do pai e procurou neles algo que denunciasse sua tristeza e a falta que sentiria dela. Jordan desviou o olhar.

— Voltarei para buscá-la. E tenho certeza de que encontrarei uma moça ainda mais encantadora...

Vitória nada disse. A jovem apenas abraçou o pai com força, enquanto as lágrimas, que segurara por tanto tempo, apareceram, por fim, com fartura.

— Eu te amo, minha querida. E quero seu melhor. Não se esqueça disso.

***

Dorinha — era assim que todos a chamavam — era divertida e às vezes dramática. Muito conhecida em Balneário, onde nasceu, nunca se casara ou saíra da cidade.

Naquele dia, não diferente dos outros, ela acordou cedo, sempre antes do despertador. Depois do banho, providenciou a mesa farta do café da manhã para a família.

— Taciano, saia do banho, homem! — gritava da cozinha para ser ouvida pelo marido. Na sequência, colocou a cabeça no corredor e gritou para a filha: — Ande, Paola! Vai acabar se atrasando para a escola, filha! Não me faça ir ao seu quarto! Se for, quero vê-la pronta e a cama esticada!

Naquele instante, colocou a mão na altura do coração. Um aperto. Era a saudade do filho. Se ele estivesse ali, não escaparia dos seus gritos.

Ao se lembrar do filho, deixou escapar uma lágrima de felicidade. Era dia de ligar para ele e ouvir sua voz, o que animaria seu dia. Olhou o relógio e fez as contas. Estava ansiosa.

— Paola! Menina! — saiu gritando em direção ao quarto.

Paola pusera quase todas as roupas do guarda-roupa sobre a cama. Encostava a blusinha sobre o corpo parcialmente descoberto, pois estava somente de calcinha e sutiã.

— Mãe, está tudo uma droga! Nada me serve!

— Fica comendo como uma leoa! Eu avisei. É a genética, e você ainda a ajuda comendo sem parar.

— Olhe esses braços! Estão enormes!

— Puxou à família do seu pai. Suas tias são todas assim: largas! Quadris grandes, culote...

— Eu tenho culote?! — perguntou posicionando-se em frente ao espelho e examinando o corpo com toda a insegurança que a adolescência podia oferecer. — Que garoto vai olhar para mim? Olhe isso! Essa bunda de tanajura.

— Pedro saiu a mim, só que alto — falou Dorinha em frente ao espelho. Era miúda, corpo bem-feito, mesmo sendo mãe de dois filhos e casada há quase duas décadas.

— Seus comentários me ajudam muito, hein, mãe? A senhora sempre deixa clara a sua preferência por seu filho.

O queridinho do coração. Ainda bem que não saí como a senhora, senão estaria como Pedro...

— Não fale uma coisa dessas, Paola! — repreendeu Dorinha. — Eu estava brincando! Amo vocês do jeito que são. Qualquer um de vocês me faria muita falta...

— Cadê o café, mulher? — gritou Taciano da cozinha.

Ao ouvir a voz do marido, Dorinha abriu um sorriso e saiu correndo. Antes, no entanto, advertiu a filha.

— Se vista logo! Conhece seu pai! Quando ele fala que está saindo, ninguém o segura!

Taciano era apenas alguns meses mais velho que Dorinha, contudo, aparentava ser mais. Talvez as preocupações fossem a resposta para seu aspecto. Era vendedor no único *shopping center* da cidade e fazia o que podia para não perder o emprego. Era um homem calado, rústico e às vezes bruto.

Dorinha chegou à cozinha, disse bom-dia ao marido, mas Taciano estava mal-humorado e não respondeu ao cumprimento. Estavam casados havia anos, e ela considerava normal o comportamento do marido. Atribuía isso à pressão de ser o provedor da casa, e, depois, tinha o Pedro...

Prestativa, a mulher preparou o café com leite em uma xícara e entregou-a ao marido com o pão com manteiga.

O homem experimentou o café e logo o cuspiu, reclamando.

— Está frio, Dorinha!

— Meu Deus, esfriou rápido! Mas também, né? Você demorou no banho!

— E você tagarelando com Paola no quarto. Podia estar na cozinha...

Dorinha não dava mais ouvidos ao marido; procurava não se ocupar com isso. O dia era para ser feliz. Falaria com Pedro, seu filho amado.

— Deixe de reclamar! Eu vou esquentar o café! Vou ligar para Pedro hoje e...

— Não quero mais — Taciano anunciou, sem dar importância para o que Dorinha falava, e levantou-se apressado.

— Paola, já estou no carro — apressou a filha e virou-se para Dorinha com o rosto bravo. Falou: — Vou tomar café no *shopping*.

— Paola, seu pai está saindo! Se perder a carona, vai ter de ir a pé para a escola!

Paola apareceu na cozinha vestida com um jeans apertado e uma blusinha branca justa, exibindo um decote que realçava sua beleza. Dorinha notou isso, mas não ousou elogiar a jovem, pois ela certamente voltaria ao espelho e perderia a carona.

— Minha filha, pegue esse dinheiro para você comprar algo para comer. Se tivesse sido mais rápida, teria tomado o café da manhã à mesa, com calma. Precisa se alimentar direito. Podia levar de casa, saberia a procedência...

— Não! Eu compro na escola. Obrigada, mãe. Estou fazendo regime, esqueceu? — agradeceu a jovem, pegando o dinheiro e guardando-o no bolso da frente da calça. Depois, carinhosa, beijou o rosto de Dorinha.

Dorinha saiu correndo atrás do marido e da filha. Todos os dias, ela posicionava-se em frente ao portão e acenava para o carro enquanto o veículo tomava distância.

— Paola, soube que tem uma menina nova na escola. Descobri na fila do pão. Nada de trazê-la aqui para casa, está me ouvindo? Minha casa não é albergue. Não dou conta de mais uma pessoa sujando a casa para que eu limpe depois.

A jovem entrou no carro sem dar importância aos avisos da mãe, que, como de costume, cumpria seu ritual de esperar o carro se distanciar. De repente, o telefone tocou, e ela, então, saiu correndo para atender. Ao entrar na casa, lembrou-se das últimas ligações que recebera. Ligações que só aconteciam quando ela estava sozinha.

Dorinha ficou olhando para o aparelho tocando e não atendeu. Falou baixinho, tentando convencer-se do que ouvia de sua boca:

31

— Não vou atender. Se quer destruir minha família, não vou deixar. Não quero pensar nisso. Mais tarde, vou conversar com Pedro. É o que importa...

O telefone silenciou.

***

Quando ouviu passos se aproximando da sala, Maria Andréia colocou o telefone na base. Fez isso e ainda ficou alguns segundos com as mãos sobre o aparelho e com o olhar distante.

— Bom dia, Maria Andréia — cumprimentou Leandro Bonelli, seu marido. Ele deu um beijo no rosto da esposa e perguntou: — Já ao telefone a essa hora?

— Era engano — disse isso rapidamente e depois se aproximou da mesa de jantar. Leandro já se servia de um suco de laranja.

A sala era ampla, muito bem decorada e iluminada. Era, sem dúvida, a casa mais bonita da cidade. Tinha pomar, piscina e gramado cercando a casa de dois andares, a única com elevador panorâmico.

— Onde está Fabrício? Faz tempo que nosso filho não faz as refeições com a gente — comentou Leandro, saboreando uma fatia de melão.

— Saiu há pouco com a moto. Acredita?

— Deixe nosso filho aproveitar a vida. Fez 18 anos!

— Ele é imaturo, Leandro! Fez 18 anos, mas ainda não tem habilitação. Além disso, nem maturidade para isso nosso filho tem!

— Fabrício já é quase um homem! Na idade dele, meu pai nem me deixava encostar nos carros.

— Talvez tenhamos de dar esse limite para nosso filho. Fabrício não tem limite, Leandro!

— Quanta bobagem, Maria Andréia — falou isso e levantou-se da mesa. — Preciso me apressar, pois estou atrasado para a reunião.

— Sabe quem vi chegar à cidade ontem? Jordan Lancaster.

— Jordan? Aqui em Balneário?

— Estava acompanhado. Aparentemente, estava com a filha. Não consegui ver a garota, mas vi bem o rosto de Jordan enquanto ele dava algumas voltas na praça ontem à noite. Ouvi boatos de que viria, contudo, não acreditei...

— Bom saber que está por aqui. Um construtor renomado como ele em nossa cidade... Podemos fazer bons negócios.

— Não acho que ele tenha interesse em investir dinheiro aqui em Balneário, Leandro. Ainda assim, seria interessante vê-lo...

— Não tenho tempo para isso. Sabe onde está hospedado?

— Acredito que esteja na casa de Marília. Ela e Carina, além de primas, eram muito amigas.

— Pelo que me lembro, você também era. Bem, vou indo. Não me espere para o almoço, pois tenho uma reunião...

Maria Andréia não se importava com a agenda do marido. Se Leandro herdara da família a ambição, ela era seu par perfeito. Eram muito semelhantes, e Maria Andréia sempre almejava mais e mais. Via seu único filho como passaporte para mais conquistas. Prova disso é que não se importava com as visitas inesperadas de Rafaela, filha de Marília, à procura de Fabrício. Sabia que a jovem era a única herdeira da chácara onde Marília vivia e chegara a pensar no local transformado em uma pousada bem aconchegante, rodeada de verde, lagos, cachoeiras e piscina. Maria Andréia implicava com Rafaela, contudo, quando soube pelo marido do valor milionário que o lugar acumulava, começou a tratar a moça muito bem. Passara até mesmo a fazer vista grossa ao fato de a moça dormir algumas noites no quarto do filho.

Com a chegada da filha de Lancaster em Balneário, tudo, no entanto, mudava. "Fabrício precisa de uma moça assim. Preciso conhecer essa menina e fazer meu filho se interessar por ela", pensou, enquanto acariciava o porta-retratos em que colocara a fotografia da família reunida. Ela sentada no sofá ao lado de Leandro, e Fabrício, em pé, com as mãos sobre os ombros dos pais. A família perfeita, tradicional, bonita, rica e perfeita.

Mas até quando?

***

Vitória abriu os olhos e assustou-se. Além de ser surpreendida pela claridade, viu, a menos de um palmo de si, um rosto examinando o seu.

— Oi, moça! Prazer! Sou Elis! Trabalho para dona Marília há anos! Aliás, não só para ela, para o ex dela também, o professor Raul. Já sugeri a reconciliação. Acho que assim eu trabalharia menos, e eles poderiam me dar um aumento também. Não acharia ruim. Moro com minhas tias lá na Lagoinha, um bairro afastado de Balneário.

A menina Elis era assim: falante e expansiva. Fácil de fazer amizade e divertida, conhecia como poucos a intimidade dos moradores de Balneário, pois era uma das poucas empregadas domésticas da cidade. Vitória concluiu que ela deveria ter sua idade ou que deveria ser no máximo dois anos mais velha. E acertou. Teve a confirmação depois que voltou do banho e encontrou Elis ainda no quarto.

— Tenho 18 anos, menina!

A conversa foi amistosa. Era difícil não gostar de Elis.

— Seu nome é como o da cantora — concluiu Vitória, enquanto se arrumava na frente de Elis. Teve a sensação de que já se conheciam havia muito tempo.

— Você a conhece? Não acredito! Eu não gostava do meu nome, mas o professor Raul me mostrou a música dela. Fiquei apaixonada pelo meu nome desde então. Minha mãe era fã dela, por isso o nome. Escute! Pode deixar a cama que arrumo.

— Bobagem, faço isso rápido.

— Quero ver meu pai, ir para a escola...

— Já? Não vai nem descansar?

— Sou ansiosa demais para esperar — revelou rindo.

— Você deve ter saído ao seu pai, tão ansioso! Já foi embora. Nem quis saborear o café da manhã que dona Marília preparou. Divino, menina! Passei por lá antes de vir para seu quarto.

Vitória já estava longe.

— Nem se despediu de mim! — reclamou Vitória minutos depois, quando encontrou Marília regando algumas plantas na varanda.

— Bem conhece o Jordan. Este lugar para ele é um mistério. Sempre que vem para cá, tem pressa de voltar. É como se aqui tivesse de volta um passado que já não faz parte da vida dele — Marília percebeu que a jovem estava fazendo força para não ficar triste. Por essa razão, largou o regador, pegou carinhosamente o braço da jovem e conduziu-a para a mesa de café. — Vamos tomar café juntas. Ele deixou um bilhete para você.

Vitória leu e releu a correspondência com lágrimas nos olhos. Percebeu o quanto estava sendo difícil para o pai também. Por fim, resolveu não dar importância para aquele fato. Precisava seguir a vida, já que não escolhera morar em Balneário, mesmo que temporariamente. Precisava ocupar seu tempo, para que passasse mais rápido.

— Está tão bonita. Aonde vai?

— Para a escola!

— Já? Pensei que talvez quisesse descansar, conhecer a cidade...

Vitória era, além de decidida, obstinada. A jovem consultou o relógio e aproveitou alguns minutos para saborear o café com Marília. Logo se sentiu em casa e, com as brincadeiras divertidas de Elis, não tinha como ficar séria.

— Eu até poderia acompanhá-la até a escola, Vitória, mas tenho compromisso.

— Tudo bem, tia. Elis irá comigo. Só hoje, para me mostrar onde é — falou animada.

Elis adorou a novidade. A jovem trocou os shorts curtos e a camiseta larga que usava para trabalhar por um jeans apertado e uma blusinha de alça e colocou brincos.

— Elis, deixe Vitória lá e volte. Está produzida como se fosse para o samba! — constatou Marília rindo. — Peguem as bicicletas. É mais rápido. Não vá chegar atrasada em seu primeiro dia de aula.

As três riram.

No caminho, Elis não parava de falar. Comentava sobre a cidade e os pontos turísticos e revelava também os segredos das casas por onde passava. E não eram poucos. Adiantou, inclusive, sobre Marília.

— Ela sempre dá desculpas para não sair da chácara. Parece que cumpre prisão ali. Reconheço que o lugar é um paraíso, mas dona Marília não sai de lá! Você vai notar isso.

Na praça, perto da escola, havia um bicicletário, onde Vitória deixou sua bicicleta. Elis orientou a nova amiga e apressou-se a voltar para seus afazeres. A jovem abraçou Vitória e desejou-lhe sorte.

Quando viu Elis se distanciar, Vitória sentiu-se solitária. Estava na praça, do outro lado da escola. Ela respirou fundo e, mesmo com o nó na garganta, abriu um sorriso. Tinha certeza de que sua mãe queria vê-la bem, feliz, e com novos amigos.

"Vá, minha querida. Se entregue às surpresas da vida, que é encantadora", murmurou Carina ao ouvido de Vitória, desaparecendo em seguida.

Vitória fechou os olhos e sentiu a brisa morna que vinha do mar e o ar envolvente. A jovem pediu proteção, que coisas boas acontecessem em sua vida e, depois, como costumava brincar com a mãe, decidiu começar a nova vida com o pé direito. Fechou os olhos, puxou o ar e colocou o pé direito na frente para atravessar a rua, sentindo a escola.

O lugar estava movimentado, agitado pelos jovens que se aglomeravam perto do portão de acesso. Vitória estava tão fascinada, distante e ansiosa que não se atentou para a moto, que vinha em sua direção numa velocidade acima do permitido por ali. Mesmo ouvindo a gritaria e vendo que a moto estava cada vez mais perto de si, ela permaneceu paralisada.

Capítulo 4

Gilberto, o jovem professor de educação física, era casado com Alberta. Deusa, a mãe do rapaz, e Lenita, a mãe de Alberta, eram grandes amigas e foram as responsáveis pela união do casal.

Deusa era uma mulher invejosa, que não sabia chegar à casa da amiga e ser discreta. Seus olhos corriam rapidamente pela casa, e ela fazia questão de percorrer os cômodos, como se a amizade que nutria pela mãe de Alberta fosse o bastante para lhe dar aquela liberdade.

— Mudou a posição do sofá?! — o questionamento feito pela invejosa passava despercebido pelo crivo da amiga, que sorridente comentava o motivo da mudança. Deusa, então, lançava um ar indiferente à amiga e em seus pensamentos refletia: "Mudaria o tapete por uma cor mais forte. Isso sim!".

Deusa, a mãe de Gilberto, era viúva e morava mais distante do centro da cidade. Lenita também era viúva, mas tinha uma boa situação financeira. Ela vivia no conforto com a filha em uma casa bonita e próxima ao coreto, no centro de Balneário.

Como nem tudo era perfeito, Alberta, que tinha a mesma idade de Gilberto, era doente e vivia acamada. Ela sofria do aparelho digestório, tinha dores de cabeça e vivia cercada de remédios, médicos e da proteção da mãe e de suas orações. Até isso Deusa invejava.

"Se fosse pobre, Alberta já teria morrido. Se eu fosse acamada, talvez tivesse mais atenção. Só pele e osso, que horror! Que moça feia!", pensava durante as visitas que fazia à casa da amiga, enquanto especulava o quarto de princesa pintado de rosa, cuja decoração fora selecionada de revista e trazida de São Paulo. Naquele quarto a moribunda vivia confinada, perdendo a juventude.

Certo dia, Deusa viu uma oportunidade que não deixaria passar. Gilberto, jovem, bonito e músculos à mostra, o que atraía olhares, foi buscá-la na casa da amiga. Na ocasião, ainda era um estudante de educação física e popular entre os jovens. Várias moças queriam namorá-lo, mas ele não levava nada a sério. Não levava até beijar Dorinha e se encantar pela moça oito anos mais velha que ele.

Gilberto não via a diferença de idade como um obstáculo, mas sabia que Deusa veria. Por essa razão, decidira deixar aquela relação nas mãos do tempo e se dedicar ao curso de educação física.

O rapaz seguia as orientações da mãe como o pastor segue a Bíblia, e Deusa, manipuladora que era, fazia questão de frisar que o filho era sua vida, que abdicara de tudo, até de bons partidos que apareceram após sua viuvez, para se dedicar a ele. Agora, que se sentia mais velha, Deusa imaginava que Gilberto deveria retribuir toda aquela atenção. E ele retribuía, obedecendo, seguindo a cartilha da mãe.

Gilberto tinha o hábito de ir buscar a mãe na casa da amiga, mas raramente passava do portão. Naquele dia, no entanto, à convite da dona da casa, entrou e foi conduzido ao quarto onde Alberta repousava abatida, fraca e frágil.

Alberta era totalmente desprovida de beleza, e a doença parecia deixá-la ainda mais envelhecida. Quando Gilberto entrou no quarto da jovem, vestido com uma camiseta regata justa, que marcava seu abdome definido e os braços fortes, um brilho se acendeu no olhar de Alberta. Ele também usava uma bermuda que destacava suas coxas grossas, proporcional ao seu corpo jovem de dezenove anos. O rapaz tinha ainda olhos claros, cabelos castanhos bagunçados propositadamente e fixados com gel e um sorriso capaz de iluminar aquele quarto abafado e sombrio, cujas cortinas eram mantidas fechadas para evitar que o pó da rua entrasse no cômodo. Por fim, Gilberto não passara despercebido aos olhos da moribunda.

Foi então que Deusa percebeu o brilho nos olhos de Alberta como um sinal e não esperou para comentar sobre o que vira com a mãe da moribunda. A partir dali, as duas mulheres, cada uma com seu interesse, começaram não só a pensar naquela união, como chegaram a formalizar suas intenções.

Primeiro, Lenita cuidadosamente falou:

— Ele é um bom rapaz. Acho que faria bem recebê-lo mais vezes. É jovem como você — nesse momento, ela fez uma pausa. Olhar para a filha acabada, perdendo sua juventude e envelhecendo precocemente fez lágrimas brotarem de seus olhos.

Alberta fechou os olhos e abriu um sorriso. Seu rosto era cadavérico.

Enquanto isso, em sua cozinha simples, de azulejo branco até o meio da parede e piso vermelho, a mãe de Gilberto secava as mãos no avental, as sacudia no ar para espantar as moscas e lançava seu ponto de vista:

— Sua chance, meu filho! Sua chance! Ela é filha única.

— Eu sou solidário ao sofrimento dela, mas me casar com ela?! Não me vejo...

— Ela é um excelente partido para você, Gilberto! Você deve se casar com Alberta. Quer morrer neste casebre longe da cidade? Lembre-se de que esta casa é herança de sua avó paterna e que você só tem isto aqui porque briguei com suas tias durante a partilha. Todos eles têm casa, vivem bem, enquanto só temos isto aqui. Não acha que merecemos mais?

— Mãe, eu amo outra moça — Gilberto, por fim, teve coragem de falar.

— Outra moça? Quem? — a voz de Deusa alterou-se.

— Dorinha... — a voz de Gilberto saiu tímida, mas ele julgava que a verdade poderia fazer Deusa entender que sua felicidade, e não o interesse material, era primordial.

Deusa conhecia Dorinha. Sempre a via no coreto com as amigas, cercada de rapazes. Era bonita, mais velha que Gilberto, e parecia muito experiente. Demais até para seu filho.

Tentando controlar a respiração, Deusa virou-se para a pia e fincou as unhas na peça de carne vermelha que tinha sobre a pia de mármore envelhecida e desgastada pelo tempo. Depois, falou:

— Traga a moça aqui, meu filho. Quero conhecê-la.

O rapaz ouviu a voz suave de Deusa e ficou muito feliz, acreditando que aquele convite era a aprovação com que sonhara por noites em claro. E assim o fez. Levou Dorinha para jantar em sua casa.

Quando Dorinha chegou à casa de Gilberto, Deusa não fez questão de ser simpática com a jovem. Pelo menos não o fez nas oportunidades que teve de ficar sozinha com a moça.

Embora mais velha que Gilberto, Dorinha era miúda, espevitada e usava os cabelos curtos, o que a tornava mais jovial. Era uma moça simpática, mas não era burra. Sendo assim, percebeu logo que a recepção da mãe do rapaz não fora amistosa.

— Você é mais velha que ele. Meu filho é jovem e ainda não sabe o que é o amor — Deusa foi dizendo para Dorinha, quando se viu sem Gilberto. A mulher falava firme, sem deixar espaço para a moça retrucar. — Imagine quando estiver mais velha, e ele ainda estiver jovem ao seu lado. Como se sentirá? Sei que essa juventude pensa apenas no hoje, mas você se sentirá velha. Somos mulheres, bem sabemos disso. Ele vai trocá-la por uma mais moça. Depois, eu não a vejo como a mulher ideal para meu Gilberto... — e assim foi falando.

Dorinha não era moça de levar desaforo para casa, mas naquele dia fora polida.

41

— Em respeito a Gilberto e por estar em sua casa, não falarei o que penso. No entanto, não vou deixar de sentir o que sinto por ele, sendo a senhora a favor ou não.

A moça disse isso e levantou-se. No momento em que Gilberto apareceu na cozinha, ela avisou:

— Meu amor, eu já vou.

— Mas já?! — perguntou a mãe do rapaz, sendo falsa.

— Não vai esperar o arroz-doce que fiz com tanto carinho para você.

— Obrigada, mas não. Gilberto, pode ficar. Eu vou sozinha — Dorinha sentiu um nó na garganta e vontade de revelar o quanto Deusa era maquiavélica.

A moça despediu-se de Deusa de onde estava e saiu apressada pela porta. Gilberto, como se estivesse preso ao cordão umbilical da mãe, conseguiu ir apenas até a porta. Depois de ver a moça sair apressada pela rua, ele voltou para a cozinha e ouviu Deusa dizer:

— Que desfeita! Recusou meu arroz-doce! Veja bem, meu filho. É essa aí que quer ao seu lado? Se essa moça faz isso com sua mãe durante o namoro, imagina depois do casamento. Não vai me querer na casa de vocês. Não vou ter contato com meus netos! — dramatizava.

Dorinha evitou Deusa, mas não deixou de encontrar-se com Gilberto. O amor entre os dois tornou-se ainda mais forte, quando se entregaram um ao outro em uma noite, sob a luz da lua e envolvidos pelo mar.

Paralelo a isso, Gilberto visitava Alberta para fazer os gostos da mãe. No início apenas o silêncio reinava, mas a presença do rapaz trouxe aos poucos vitalidade à doente. A jovem parecia mais animada e reagia melhor à medicação. Em uma das visitas, ele ajudou a moça a levantar-se e ficou comovido ao notar a fragilidade do corpo de Alberta. A moça, por sua vez, sentiu-se tomada por um calor desconhecido quando se percebeu envolvida pelos braços de Gilberto, por seu perfume, sorriso e carinho, tudo a que não estava acostumada.

Os dois jovens acabaram tornando-se amigos, pelo menos no ponto de vista de Gilberto. Para a moça, no entanto, era amor, algo que nunca sentira antes e que a mantinha viva.

Deusa e Lenita festejavam aquela união e perceberam que chegara a hora de dar mais um passo para "ajudar" os dois jovens.

— Gilberto, vejo você visitar minha filha quase todas as tardes... Não reclamo, até gosto, pois tem sido muito bom para a recuperação dela... No entanto, gostaria de saber quais são suas intenções com Alberta...

O rapaz, parecendo uma criança confusa, que se pergunta se deve ou não aceitar a oferta de um estranho, olhou para a mãe como se buscasse aprovação.

Enquanto acompanhava a conversa na sala, Deusa saboreava uma xícara de chá, já se imaginando morando naquela casa grande, fazendo planos de mudança de móveis e acessórios, a começar pelas xícaras, que considerava cafonas e sem vida. Estava distraída com seus planos, quando ouviu a amiga iniciar o plano que haviam confabulado juntas, então, ao notar o silêncio e o olhar do filho, adiantou-se a dizer:

— Claro que quer algo sério — Deusa fez uma pausa e pousou a xícara na bandeja. — Meu filho é tímido demais, não repare...

Gilberto, rosto confuso, inseguro, não disse o que pensava, não revelou o quanto amava Dorinha. O jovem era tão dependente da mãe e a amava tanto que se sentiu incapaz de dizer uma palavra que a contrariasse.

Com um sorriso satisfeito, a dona da casa apenas disse:

— Alberta está no quarto, meu filho. Acho que posso chamá-lo assim a partir de hoje. Ela está à sua espera. Jovens são sempre ansiosos para ficarem juntos.

Um mês depois, Lenita, assustada com o agravamento do estado de saúde da filha, conversou mais uma vez com Gilberto. O assunto era sério.

— Temo que perderemos Alberta a qualquer momento — lamentou Lenita, pegando a mão de Gilberto e apertando-a, como se ele fosse a força necessária para que aquele terrível presságio não se concretizasse. Ela notou que Gilberto trocava olhares com Deusa e prosseguiu: — O médico não me deu muitas esperanças, então, eu gostaria de saber se... — fez uma pausa, envergonhada com o pedido. — Se pode se casar com Alberta. Não gostaria de vê-la partindo, contudo...

— Sendo a vontade de Deus — interrompeu Deusa. — Que pelo menos parta feliz.

Mais tarde, já em casa, Deusa ainda estava surpresa com a resposta do filho.

— Pensar, Gilberto? Isso é resposta que se dê? Essa moça está a um passo da morte! — reclamou Deusa com o pano de prato circulando pelo ar e espantando as moscas.

— Não quero me casar com ela — repetiu. — Não a amo para dar esse passo.

— Como não vai se casar com Alberta?! Que desfeita é essa, rapaz? Uma família que está bem financeiramente! Não lhe faltará nada. Depois, é por pouco tempo...

— Mãe! Eu não a amo. Meu amor é Dorinha, não entende? Até agora suportei tudo isso, porque tinha pena da moça vivendo naquela situação. Foi por essa razão que ofereci meu carinho, minha atenção...

— Seu amor.

— Eu não a amo, já lhe disse. Eu não seria feliz com ela.

— Mas pode fazê-la feliz nos poucos dias que lhe restam. Não aceito que a despreze assim, Gilberto. Depois de tudo! Você pode acelerar a partida dela com seu egoísmo, e eu não criei um egoísta! — lamentou Deusa, forçando lágrimas que, se saíram, foram de raiva.

Gilberto, pela primeira vez, virou as costas e saiu. Deusa, inconformada por não ter conseguido sensibilizar o filho, correu atrás dele e flagrou-o no quarto, abrindo o guarda-roupas.

— Meu filho, pense bem. Com o casamento, você poderá sair desta casa e ter uma ascensão na vida. Depois, essa moça infeliz morrerá logo. Tem poucos meses de vida...

— Mãe, eu vou me casar com Dorinha. Já conversamos sobre isso...

Gilberto falava alto, agindo de forma distinta à do rapaz sempre submisso às vontades da mãe.

— Essa mulher está bagunçando sua vida! Não percebe isso? O que ela tem a lhe oferecer?

— Amor, mãe.

Sentindo o sangue subir pelo rosto de forma intensa, Deusa simulou um desmaio. Gilberto, assustado e certo de que a mãe não estava bem, colocou-a na cama e ligou para Lenita.

O ingênuo e desesperado Gilberto, sentindo-se culpado pelo estado da mãe, seguiu todas as instruções que Lenita lhe passou. Quando ela finalmente voltou ao normal, quis falar com a amiga.

Gilberto acomodou a mãe na cama, com os travesseiros nas costas, e entregou-lhe o telefone.

— Meu filho, enquanto falo com minha amiga, pode pegar meu remédio de pressão? Eu não tomei hoje — mentiu.

Quando o rapaz voltou para o quarto da mãe, ela já desligara o telefone. Deusa anunciou rindo:

— Tão bondosa. Mandará um médico vir aqui em casa.

— Como vamos pagar?

— Pois é, foi o que perguntei. Lenita disse que não devemos nos preocupar com isso, que ela não cobraria da amiga e do genro. Palavras dela — divertia-se Deusa, ao notar o ar preocupado no rosto do filho. — Agora me deixe, por favor, filho. Preciso descansar um pouco. Não estou me sentindo bem — finalizou com a voz fraca, fingida. — Meu filho...

Gilberto, que já estava perto da porta para sair, voltou com o chamado da mãe.

— Também não tenho muito tempo aqui. Eu sei disso, eu sinto — notou a emoção no rosto do filho, os olhos verdes brilhando com as lágrimas, e continuou: — Meu coração não está aguentando as emoções da vida como antes. Vou lhe fazer um pedido, mas entenda-o como o pedido de uma mãe preocupada com o filho. Não quero deixá-lo desamparado,

45

como seu pai nos deixou. A pensão mal dá para seus estudos e para a gente se manter em pé.

— Mãe, a senhora está cansada. Percebo isso por sua voz. Descanse. Podemos conversar depois.

— Não! Quero falar agora! — a alteração no tom na voz trazia de volta a verdadeira Deusa, mas, vendo a mãe acamada, Gilberto não percebeu nada. — Case-se com Alberta, pois só assim ficarei em paz quando partir. Saberei que ficará bem...

O jovem nada disse e acariciou os cabelos de Deusa até vê-la fechar os olhos. Gilberto entendeu que a mãe estava dormindo e saiu devagar, sem fazer barulho. Quando fechou a porta, Deusa abriu os olhos e sorriu.

— Sei o filho que tenho. O filho que criei!

***

Na tarde do dia seguinte, Gilberto foi se encontrar com Dorinha. Tinham combinado de ir à praia, a mesma praia que lhes servira de cenário para uma noite de amor e onde trocaram juras. Dorinha chegou primeiro e estava em êxtase. Nos últimos encontros, tinham acertado detalhes sobre o casamento.

Quando viu o amado chegando, a moça anunciou ao abraçá-lo:

— Preciso lhe contar uma novidade.

— Também. Nós precisamos conversar — Gilberto falou sério, depois de receber um beijo de Dorinha.

Ele sentiu um aperto no peito e desvencilhou-se do abraço da namorada. Depois, principiou a falar, apressado, frases pensadas na última noite maldormida e ensaiadas no caminho. As frases, no entanto, saíram bruscas: — Vou me casar. Não podemos mais ficar juntos.

Dorinha afastou-se de Gilberto, deu dois passos para trás e sentiu-se desequilibrar. O braço forte de Gilberto, contudo, a apoiou. Ela rejeitou o apoio do namorado e percebeu lágrimas rolando por seu rosto e contra sua vontade. Não queria chorar na frente dele, mas como dominar isso? Como conter seus sentimentos?

— Pode me soltar! Vou ter de me acostumar à vida sem você, não vou? Não estará ao meu lado para me apoiar... não mais.

Gilberto ainda falava, quando Dorinha tirou as sandálias e o deixou ali, falando. Ele correu até a moça e tentou abraçá-la. Ela estava frágil e deixou-se envolver. Houve silêncio naquele abraço. O mar estava agitado ao fundo, o sol se punha lindo no horizonte, e a brisa suave e quente aquecia os namorados.

Ele podia ouvir os soluços de Dorinha, quando mais uma vez se desvencilhou do abraço dela. Estava decidido. Não podia falhar com a mãe, afinal, ela fizera tudo por ele. Era assim que retribuía?

As crenças de Gilberto faziam confusão em sua cabeça e sobressaíam-se à vontade de seu espírito.

Sem olhar para trás, Gilberto distanciou-se cabisbaixo, recapitulando os planos da mãe, que ele adotara como seus. Sentia-se um fantoche, mas não admitia isso, ou não se via dessa forma.

Dorinha permaneceu na praia, sentindo-se ignorada, sem ter a oportunidade de contar a novidade que trazia consigo. Depois de ver seu amor tomar distância, seguiu no sentindo oposto, com os braços soltos ao lado do corpo e chorando. Estava tão abalada que não se importou ao notar que as sandálias escaparam de suas mãos.

Desorientada, Dorinha começou a caminhar em direção ao mar. A novidade! Ele nem quisera saber, ele a ignorara. Ela e a novidade foram ignoradas! Era isso que pensava, enquanto caminhava cada vez mais rápido em direção ao mar. Era como se as ondas a chamassem. Pensara naquele momento de uma forma tão diferente. Recapitulava como desejara que aquele momento acontecesse, Gilberto com os olhos emocionados com a notícia. Estava grávida. Teriam um filho! No entanto, não teve força para contar. Gilberto fizera sua escolha, e ela não o queria pela metade, por conta da gravidez. Resolveu, então, guardar a novidade de Gilberto.

O tempo passou. Dezesseis, dezessete anos ou mais? Gilberto não sabia ao certo. Era, agora, professor de educação física da única escola de Balneário e estava na quadra, preparando aula, quando ouviu o barulho ensurdecedor de uma moto acelerando e depois um grito que o chamou para a realidade.

— Professor, parece que foi a aluna nova! — gritou um dos alunos do portão.

Gilberto largou o que estava fazendo e saiu correndo em direção à rua.

Capítulo 5

Dorinha foi cuidar de seus afazeres. Estava tão ansiosa que não parava de consultar o relógio. Falaria com Pedro, seu filho amado.

O tempo a transformara em uma mulher forte, sem mágoas e nem um pouco nostálgica, por isso não era angustiada. Era divertida e agradecida a Deus pela família. Aprendera a compreender cada um de sua família do seu jeito. Taciano não era de todo mau. Era um bom pai, não lhes deixava faltar comida, era um provedor à moda antiga, preocupado em garantir que nada faltasse à família. Paola, sua caçula, era uma adolescente ainda com dificuldade de compreender as mudanças do corpo e as descobertas da vida. E Pedro, seu primogênito, o que dizer dele?

Dorinha flagrou-se rindo.

Depois de lavar a louça, Dorinha sentou-se no sofá, ao lado do telefone. Faltava um minuto para o horário combinado, quando discou o número que tinha no papel. Vinha mantendo aquela rotina nos últimos seis meses e, por isso, já sabia o número de cor. Apesar disso, por cautela, preferiu confirmar o número no cartão antes de ligar.

Após os cumprimentos iniciais, Dorinha, apertando o aparelho na mão, disse:

— Pedro Luís Alcântara, por favor.

Dorinha ouviu a mulher chamando-o. Antes de entregar o telefone ao rapaz, a mulher passou novamente a orientação que dava em todas as ligações:

— Cinco minutos para conversar. Ele já vem.
— Ok. Obrigada! — agradeceu entusiasmada.
— Oi, mãe — Pedro cumprimentou Dorinha.
— Filho! Como é bom ouvir sua voz. Está tudo bem?

O rapaz, calmo, foi respondendo às perguntas da mãe.

— Sim, mãe. Estou escovando os dentes antes de dormir, tenho feito minhas orações. Estou bem, estou estudando. Me agasalhando, mãe? Nesse calor! — os dois começaram a rir. — Estou, sim. Não, sim, sim, mãe, já tenho dezoito anos! Esqueceu disso? — Pedro fez uma pausa, e sua voz saiu emocionada. — E o pai e a Paola, aquela maluquinha, como estão?

— Estão ótimos, meu querido. Mandaram beijos para você — ela mentiu, e o rapaz, do outro lado da linha, parecia saber que era mentira, contudo, preferiu acreditar na mãe.

— Te amo, mãe. Você me perdoou?
— Seu bobo. Você não me ama mais do que eu o amo.

Dorinha iria falar algo mais, porém, a ligação foi interrompida. Cinco minutos passaram rápido demais naquele dia. Ela ficou com o aparelho nas mãos e com lágrimas nos olhos.

— Que saudade, meu filho. Como você me faz falta. Só Deus sabe como sofro com essa distância — murmurou ao recolocar o aparelho na base.

Assim que se levantou, o telefone tocou novamente. Dorinha correu esperançosa. Pensou em atender. Podia ser Pedro novamente. Sentiu o coração acelerado.

— Alô!
— Dorinha, seu marido tem outra. Já lhe avisei, e quem avisa amigo é. Você não fará nada?!
— Quem está falando? Covarde! Diga quem é! — gritava Dorinha, com lágrimas nos olhos. Por fim, desligou o telefone. Não era a primeira vez que recebia aquela ligação.

Dorinha sentou-se no sofá, abraçou a almofada, respirou fundo e abriu um sorriso em meio às lágrimas.

— O sol sempre nasce, e o dilúvio sempre passa. Sempre passa... Já superei a tantos, meu Deus. Tantos! Preciso estar bem. Ninguém vai desestabilizar minha família. Ninguém.

O telefone tocou novamente e muitas vezes seguidas, mas Dorinha recusou-se a atender.

***

Tudo aconteceu rápido demais, foi questão de segundos. Vitória olhou na direção da moto e acelerou os passos para a calçada, e essa reação fez o caderno e a blusa que levava nas mãos serem lançados para longe de onde ela caiu. Era durona, não se intimidou. A jovem levantou-se rapidamente e, antes de apanhar os objetos, gritou para o rapaz que guiava a moto:

— É cego, moleque? E essa velocidade?! Há uma escola aqui...

O rapaz parou a moto a alguns metros de Vitória e, sem desligar o veículo, virou-se para a jovem. Era a primeira vez se que viam. Ele era lindo. Era alto, tinha ombros largos e levava no rosto um sorriso indiferente ao que provocara.

Ele passou uma das mãos pelos cabelos castanhos e lisos, jogou-os para trás e perguntou:

— Sua mãe não a ensinou a olhar para os lados ao atravessar a rua, garota? — perguntou de forma debochada e voltou a acelerar a moto.

Vitória ainda pensou em falar algo, mas desistiu. A moça pegou o caderno e a blusa no chão, sem se preocupar com a plateia que tinha à sua volta. Ela encarou o rapaz que estava encostado no muro, e ele, ao perceber que fora notado, aproximou-se.

— Oi, tudo bem com você?

— Tudo bem, obrigada. Esse maluco passou como um louco, mas foi apenas um susto — falou, enquanto arrumava o vestido e examinava o corpo para ver se estava tudo bem. Foi então que Vitória olhou para frente e olhou-o mais de perto. Era um rapaz sorridente, de cabelos encaracolados, olhos negros e tinha a pele bronzeada. Usava bermuda, camiseta verde e levava uma mochila nas costas.

— Prazer, Samuel — apresentou-se sorridente.

Vitória estendeu a mão, e ele ignorou o gesto, beijando-a no rosto.

— Prazer, Samuel. Me chamo Vitória e sou nova aqui.

— Eu sei! — falou convicto, exibindo o sorriso perfeito.

— Como sabe disso?

O rapaz riu, depois se justificou:

— Todo mundo se conhece aqui e novidades se espalham rápido também. Cidade pequena tem dessas coisas. Está tudo bem?

A moça fez que sim com a cabeça e sorriu.

— Aquela que vem vindo é minha irmã. O nome dela é Tamires — revelou orgulhoso.

Não demorou, e a moça passou por eles. Abraçada a cadernos e livros, parecia alheia a tudo e a todos e passou por eles como se não existissem. Vitória até simulou um sorriso, na esperança de ser apresentada à moça, mas seu gesto foi em vão.

A moça estava com os cabelos presos, e Vitória logo imaginou que, se os deixassem soltos, isso a tornaria ainda mais atraente. Tinha um corpo bonito, contudo, o mantinha coberto por roupas largas. Usava jaqueta, saia preta e botas; tinha um estilo diferente das jovens dali.

— Não repare. Tamires é assim mesmo. Vive no mundo dela — disse com pesar, e Vitória percebeu a tristeza do rapaz. Ele, por sua vez, mudou rapidamente o assunto. — Que bom que não se machucou.

— Sim, estou bem — respondeu rindo. — Esse maluco pensa que é dono do mundo. Viu a pose dele?

— Fabrício Bonelli é o nome dele. É praticamente o dono desta cidade — relatou o jovem, que agora estava sério. — Está vendo aquele *shopping*? — apontou para o lado oposto da praça. — É o único de Balneário. Pertence à família dele. Na verdade, o príncipe é o único herdeiro do império que o avô dele, o político Bonelli, construiu. Eles movimentam a economia da cidade. Têm um restaurante na entrada de Balneário também. Sem contar o que não se sabe.

— Influente, mimado... Nossa! Fico cada vez mais surpresa! Isso, no entanto, não justifica o fato de ele sair assim, como louco, fazendo barbaridades.

Nesse momento, a moto passou acelerando novamente, fazendo um barulho ensurdecedor. E a poucos metros, ouviu-se um grito.

Vitória virou-se rapidamente para o local onde pessoas começaram a se aglomerar, e, quando se voltou para o rapaz simpático com quem conversava, ele não estava mais lá. A moça olhou em volta novamente, mas não o viu. Então, resolveu juntar-se com os demais curiosos e correr até o acidente.

Paola não foi atingida pela moto porque, assim como Vitória, ela correu. A moça, no entanto, tropeçou, caiu no chão e acabou gritando, mais pelo susto que pela dor.

— Moça, você está bem? — perguntou Vitória ao se aproximar.

— Alguém anotou a placa, gente? — questionou Paola já de pé, com a mão no joelho. Com a queda, a calça da jovem rasgara em vários lugares.

Vitória, rapidamente, pegou sua blusa de frio e colocou-a em volta da cintura da jovem. Ali já ficaram amigas. A primeira de Vitória na escola.

— O que está havendo aqui? — perguntou Gilberto.

Um falatório iniciou-se entre os jovens, e todos, a seu modo, relataram o que presenciaram resumidamente.

— Fabrício Bonelli está bancando o dono da cidade de novo e fazendo suas gracinhas? — questionou Gilberto. — Tudo bem, vamos voltar para a escola. Para suas salas, por favor. Vamos, pessoal.

A aglomeração se dispersou, e Vitória permaneceu ali, segurando a bolsa de Paola.

— Vá, menina! Isso vale para você também! Vá para a aula. Pode deixar que cuido dela...

— Vou junto. Eu vi o que aconteceu. Sou testemunha do que esse moleque fez. Pouco antes, fui vítima dele também.

— Está doida, *fia*? Testemunha contra a família Bonelli? — indagou Paola. — Eles são os donos do pedaço.

— E daí? São deuses? Que medo é esse? Vamos denunciá-lo, sim. Se a família permite esse tipo de coisa, a sociedade não pode permitir.

Gilberto olhou-a querendo rir. E, ao vê-la melhor, notou que a jovem era nova na cidade. Resolveu tirar a dúvida:

— Você é nova aqui?

— Me chamo Vitória. Sou nova na cidade e na escola — anunciou sorridente, esticando a mão para cumprimentá-lo.

— Gilberto. Sou professor de educação física. De que cidade você veio? — perguntou ao tocar a mão da garota.

— Gente, desculpe interrompê-los, mas minha perna está doendo. Confesso que sonhava em ser atropelada por aquele gato, mas não dessa forma.

Gilberto pensou rápido. Ele pegou o carro e passou na secretaria da escola. Lá, pediu que avisassem o ocorrido à família da jovem.

— Rápido, por favor. Diga que estamos no hospital.

Quando estacionou o carro, Gilberto perguntou:

— Consegue mesmo andar? Pensei em chamar uma ambulância...

— Se o enfermeiro for mais bonito que o senhor, professor, pode chamar — depois de rir, completou: — Estou ótima, posso ir, sim. Só não me peça para dar três voltas na quadra, como faz nas suas aulas.

Gilberto riu e ajudou Paola a entrar no carro. Colocou-a no banco traseiro, onde a jovem poderia esticar as pernas. Vitória, por sua vez, não esperou o convite e sentou-se no banco da frente ao lado de Gilberto.

No hospital, foram atendidos rapidamente, e, após alguns exames, Paola foi liberada. Antes de sair do hospital, Gilberto ligou para a escola e foi informado de que não conseguiram contato com a família da aluna. Com isso, ele não teve alternativa.

— Vou levá-la em casa.

***

Tamires era uma moça bonita, de cabelos negros e lisos, que passavam dos ombros quando soltos. Sua beleza, no entanto, era mantida escondida debaixo de roupas escuras, frias e muitas vezes largas.

Naquele dia, a moça saíra desmotivada de casa. Ao chegar à escola, resolveu pegar apenas uns livros na biblioteca e voltar para sua residência. Sentia-se uma estranha no ninho. Era repetente, mas não por falta de interesse em estudar. Repetira o ano por motivos maiores, que a fizeram parar com os estudos.

Já na saída da escola, acostumada com a indiferença das pessoas, Tamires percebeu com surpresa que fora notada por uma jovem desconhecida. Nunca a vira antes na escola e logo deduziu que fosse "a menina nova". Aquela notícia, lançada ao vento, espalhou-se rapidamente junto com vários comentários, muitos dos quais não teve o interesse de ouvir. No entanto, ao passar por ela, pela moça de São Paulo, Tamires teve a sensação de que a jovem a olhava como se já a conhecesse, querendo sorrir.

"Bobagem de minha cabeça. É claro que já deve ter se inteirado sobre a 'estranha' da escola. Será que lhe contaram tudo? O que me fez ficar assim? A vida faz a gente ficar assim", refletiu quando já chegava em casa.

Tamires passou por alguns conhecidos e cumprimentou-os rapidamente, o básico para manter o bom convívio. Não lhes dava abertura para que se aproximassem, no entanto, esse comportamento não fazia dela uma moça mal-educada.

A jovem vivia em uma casa simples, ampla e de madeira já gasta pelo tempo. As casas de madeira, cercadas de gramado com rosas e dos mais variados tipos de plantas, eram comuns por ali.

Tamires abriu a porta e sentiu o silêncio da casa. De repente, ouviu um barulho de algo caindo. A moça correu até o quarto, de onde viera o barulho. Lá, viu o gato esparramado na cama e o porta-retratos quebrado no chão.

— Danadinho! — esse era o nome do felino. — Mais um?!

Foi até ele e brincou com a bolinha de pano, passando-a em sua barriga macia, o que fez o gato esticar-se manhoso. A moça, sensível, não resistiu e pegou-o no colo, ninando-o como se ninasse uma criança. Arisco e sufocado pelos mimos, o gato saltou do colo da moça e fugiu pela porta.

Tamires preparou algo para comer e separou o livro para estudar. De volta ao quarto, apanhou os cacos de vidro do porta-retratos e reuniu-os em uma sacola de plástico. Com a fotografia nas mãos, examinou se não havia nela algum rasgo. Estava perfeita, sem estragos provenientes do ataque de Danadinho, seu gato.

Os amores de Tamires ainda sorriam na fotografia. A mãe, em um vestido de festa azul, sorria abraçada a Samuel, irmão da jovem. Na imagem, ele estava bonito, vestido com um terno e usando gravata. Tamires, esbelta, usava um vestido rosa na fotografia.

— Filha, você esqueceu a panela no fogo? Estou sentindo um cheiro de queimado — questionou a mãe ao aparecer na porta.

A menina respirou fundo e notou o cheiro de queimado, o que a fez largar a foto sobre a cama e sair correndo, passando pela mãe sem lhe dar importância.

A cozinha da casa era simples e os móveis que ali estavam já eram antigos. Tamires pensava constantemente em trocá-los, contudo, não tinha condições para fazê-lo. Além disso, havia naqueles móveis algumas lembranças das quais não queria se desfazer. Lembrava-se, sorrindo, da felicidade de sua mãe quando seu pai fizera a surpresa de mandar entregar aquelas peças na casa, o que tornara a cozinha ainda mais bonita e moderna naquela ocasião.

— Como foi a aula hoje, filha?

— Mãe, esqueça. Não vê que não adianta? — indagou Samuel, aproximando-se da mãe.

— Ela é minha filha. Como quer que eu faça isso? Como esquecer? Como faço isso? Me diga.

O rapaz, carinhoso, envolveu a mãe em um abraço forte e aconchegou-a no peito, enquanto acariciava seus cabelos.

Tamires passou por eles sem falar, e os dois a seguiram. A moça entrou no quarto e pegou a foto novamente. Desta vez, passou o dedo levemente pelo papel, como se assim pudesse tocar aqueles rostos. Tamires não resistiu, e lágrimas rolaram por seu rosto. A jovem, então, deitou-se abraçada a foto.

A mãe de Tamires fez menção de chegar perto da filha, mas Samuel a segurou.

— Melhor deixá-la em paz, mãe.

— Precisamos fazer algo, Samuel. Não posso deixá-la assim, não compreende?

O rapaz puxou-a do quarto e pôs o braço em volta do ombro da mãe. Logo depois, a porta fechou-se bruscamente, e Tamires olhou rapidamente na direção do barulho, atribuindo-o ao vento.

Ao vento...

Capítulo 6

Dorinha limpava a vidraça da casa, quando Gilberto estacionou seu carro. Curiosa e sem saber quem era a pessoa que ali chegava, desceu rapidamente a escadinha de três degraus. Secando as mãos no pano de limpeza, chegou finalmente ao portão e pôde ver a filha deitada no banco traseiro de um automóvel e uma moça bonita saindo do lado do passageiro, para abrir a porta para Paola. Logo depois, viu Gilberto saindo pela porta do motorista e correndo para ajudar as duas jovens.

— Meu Deus! O que houve? Paola, minha filha! O que... o que é essa faixa em sua perna? Por que sua calça está rasgada?!

— Pode abrir o portão? — perguntou Gilberto, carregando Paola no colo e mantendo o olhar fixo em Dorinha.

Havia quanto tempo que não se viam? Pela cidade, eram raras as vezes em que se cruzavam, pois, quando o avistava, Dorinha mudava seu roteiro. Perdera as contas de quantas vezes chegara em casa ofegante, como se estivesse fugindo de uma tempestade.

Anos antes, em uma dessas "fugas", chegara em casa com a compra pela metade.

— Vamos comer ovo, mãe? — indagou Pedro durante o almoço.

— Sim, é o que tem! — respondeu Dorinha, que desistira de comprar carne quando, ao chegar ao açougue, viu Gilberto. — Estão comendo muita carne.

Agora, pela primeira vez em anos, Gilberto estava ali, prestes a entrar em sua casa carregando Paola. Dorinha sentiu o coração aos saltos, a boca seca. Era novamente uma adolescente.

— Está aberto — falou Vitória ao abrir o portão que dava acesso à casa. Fez isso sem perceber a mulher desnorteada.

— Tudo bem, Dorinha? — perguntou o professor de forma amável.

A voz era a mesma, e o tempo tornara-o ainda mais jovem e bonito. Os olhos brilhantes sempre combinando com o sorriso perfeito. Era como voltar no tempo, contudo, Dorinha não queria voltar àquele tempo. Não! Havia mais sofrimento que alegrias.

Havia quanto tempo que não se falavam? Despediram-se na praia, com um abraço, e ele nem quisera ao menos saber da novidade que Dorinha mencionara. Foi isso e nunca mais. Nunca mais até agora.

— Minha filha! Você está bem? — quis saber Dorinha, voltando à realidade e ignorando Gilberto. Ela abriu a porta da sala. — Aqui, por favor.

— Gente, fotos, por favor! Câmeras em mim, por favor! — pediu Paola. — Vitória, pegue o celular em minha bolsa. O momento merece uma *selfie*! Imagine só! Euzinha no colo do professor gato.

— Paola! — repreendeu Dorinha, o que não foi o suficiente para impedi-la.

— Vou postar daqui a pouco! Já estou vendo várias meninas se jogando no asfalto para conseguir foto melhor! — Paola fazia profecias.

A gracinha de Paola fez os ânimos acalmarem-se, despertando alguns risos.

59

Gilberto, ainda rindo, foi colocar a moça no sofá, e Dorinha, quando foi ajudá-lo, tocou a mão do ex-namorado. Um calor percorreu seu corpo.

O clima e a troca de olhares, ora ousados, ora tímidos, não foram percebidos pelas meninas. Enquanto isso, Paola admirava a *selfie* que tirara com o professor e Vitória tentava contar para Dorinha o ocorrido.

— O filho de Maria Andréia? — perguntou abismada a mãe da jovem.

— Sei que é o tal Fabrício Bonelli. Precisamos colocar freio naquele moleque! Vamos denunciá-lo.

Gilberto riu e, vendo que já era hora de partir, anunciou:

— Aqui estão a receita e o medicamento — tirou o papel e uma cartela de comprimido que comprara no caminho e entregou-os na mão de Dorinha. — O medicamento deve ser ministrado de oito em oito horas — disse isso e saiu, sem olhar para trás.

Só depois, notando que as jovens ainda conversavam, voltou para chamar Vitória.

— Mocinha, vamos para a escola. Você não vai escapar das duas últimas aulas. Ou esperava matar o primeiro dia de aula?

Vitória levantou-se animada. O curto intervalo fora o suficiente para ela conversar e trocar telefones com a nova amiga. Já à porta, ela perguntou sem deixar de correr os olhos pela casa:

— Paola, você é filha única como eu?

— Não, tenho um irmão: Pedro.

Dorinha ficou parada, enquanto seu coração parecia acelerar. Notou novamente os olhos de Gilberto examinando-a.

"Será que ele sabe de Pedro? Será que desconfia?", pensou Dorinha.

— Estuda lá na escola também?

— Não — respondeu Dorinha, querendo expulsar as visitas de sua casa, mas a educação não permitia.

— Cadê ele? Imagino que, se estivesse na escola, teria socorrido a irmã...

Dorinha e Paola falaram ao mesmo tempo:
— Ele não está...
Dorinha emendou:
— Na minha cunhada. Ele está passando uns tempos com minha cunhada.

Houve uma troca de olhares, um silêncio.
— Vou buscar refrigerante para vocês. Só um minuto.
— Não há necessidade, não é uma visita — falou Gilberto.
— Muito obrigada! — agradeceu Dorinha, sem insistir.
— Obrigada pelo que fez por minha Paola.

Simpática, Vitória despediu-se dando um beijo no rosto de Dorinha e acenando para a amiga que estava no sofá, entre almofadas.

Gilberto, com o olhar tímido, disse adeus depois de fitar o rosto de Dorinha e seguiu Vitória.

Dorinha foi até o portão rapidamente e voltou para casa sem esperar o veículo partir. Sentia o rosto em chamas, o coração apertado. Como queria que o tempo tivesse apagado de vez aquela sensação, aquela história.

— Esse professor é gato! Viu os braços dele? Que olhos são aqueles, mãe! Que olhos!

— Chega! — Dorinha falou baixinho. Mantinha em segredo o romance que vivera com Gilberto e não tinha nenhuma intenção de revelar ou mesmo de tecer comentários sobre o ex-namorado. Ele fizera sua escolha, e ela deveria seguir sua vida, como vinha fazendo.

— Mãe, viu como ele é forte? Como é! Me aguentou, mesmo eu estando gorda!

— Chega! — desta vez, sua voz não saiu baixa e despercebida.

— Nossa, mãe! Foi só um comentário.
— Desculpe, filha — Dorinha sentou-se no sofá e pousou a mão na perna. — Como se sente?
— Estou bem. Sei por que está assim. É por causa de Pedro. Por não ter falado a verdade sobre Pedro.

Dorinha balançou a cabeça, já com lágrimas nos olhos.

61

— Não, minha querida. Mas me conte... E essa amiguinha tão simpática? E linda também. Quem é? Não conhecia essa amiguinha.

Amiguinha?! Paola odiava quando a mãe falava daquele jeito. Sentia como se estivesse no jardim de infância. Era como se reduzisse sua idade à época das fraldas. A jovem, no entanto, percebeu que Dorinha não estava muito bem, por isso preferiu relevar. Em outra ocasião, sairia brava, consertando a mãe, batendo o pé. Agora, imobilizada no sofá, não poderia fazer aquela cena.

— Vitória! É a menina nova. Bonita, né? E o perfume? Sentiu? Ainda não tive intimidade de perguntar. Li numa revista o quanto é desagradável...

Dorinha estava longe. Aquele rosto bonito a fazia lembrar-se de alguém. O jeito de falar, a forma de jogar os cabelos.

— Vitória? Lindo nome.

— Vitória Lancaster. Nome de rica...

Dorinha deu um passo para trás. Soubera da chegada de uma pessoa nova na cidade, mas não fazia ideia de quem seria e de que lembranças trariam com ela.

Mais tarde, em seu quarto, Dorinha pegou um baú onde guardava suas fotos. Não teve dificuldade para achar o que procurava: a foto de um bebê sorrindo, segurando o pezinho, puxando-o para cima, divertida. No verso estava escrito:

Para os tios Dorinha e Gilberto, com carinho.
Vitória Lancaster

***

Alberta estacionou de qualquer jeito o automóvel em frente à sua casa. Não era boa motorista nem fazia questão de ser. Queria, sim, estar no carro do ano para desfilar pela cidade com ar superior, de quem conseguira enganar a morte, sobreviver ao sofrimento de ter perdido a juventude acamada e de quem, mesmo com tudo isso, conseguira casar-se com o homem mais bonito de Balneário Califórnia.

A entrada de Alberta na casa sempre espantava os três empregados. Ela tirava a blusinha de linho que usava para proteger-se de um golpe de ar, orientação de sua mãe, que nunca deixara de por em prática mesmo nos dias quentes. Alberta lançava a bolsa para qualquer lado e, quando precisava dela, gritava para que um dos empregados a encontrasse. Era um espetáculo que a divertia. Aquele que encontrasse a bolsa ganhava seu sorriso. Sorriso de dentes grandes que mal cabiam na boca miúda, emoldurado por um nariz enrugado. Fechava os olhos e simulava um rosto meigo que não tinha. Quanto aos outros empregados, corriam a se esconder do olhar frio da patroa, cujo rosto era feio e desproporcional. Olhos grandes, queixo enterrado, olheiras escuras, sobrancelhas espessas, já anunciando fios brancos por conta do envelhecimento precoce.

Divertia-se também lançando sapatos para o alto, enquanto gritava:

— Liguem o ar-condicionado! Não tem música? Minha água, cadê?

E prontamente aparecia alguém para atendê-la.

Lenita, mãe de Alberta, partira dois meses depois de seu casamento. Alberta acreditava que a mulher morrera de felicidade.

— Sua sogra esteve aqui hoje — informou uma das empregadas, encabulada, já sabendo o que representava aquela visita à dona da casa.

— Aqui? Que horas? Para fazer o quê? Já disse a Gilberto que não quero a mãe dele aqui quando não estamos. Mal-educada! Só devemos ir à casa de alguém quando somos convidados. O que Deusa queria aqui?

— Trouxe arroz-doce com canela. Estava quentinho quando trouxe. O cheiro está maravilhoso.

Alberta saiu bufando para a cozinha, perguntando pelo prato que a sogra trouxera.

— Está aqui — a moça mostrou o pirex de vidro trabalhado recheado de arroz-doce polvilhado com canela.

A dona da casa, em um ataque de fúria, pegou o recipiente e virou o conteúdo no chão. Depois, como se estivesse satisfeita, ordenou:

— Lave a vasilha de minha sogra.

— Dona Alberta, seu Gilberto viu o prato sobre a mesa. Ele vai perguntar pelo doce.

— Azedou, minha filha. Azedou — e antes de sair, ainda rindo, prosseguiu com as ordens: — E limpe esse chão. Odeio andar descalça pela minha casa e sentir o chão grudando em meus pés delicados. Quero-o brilhando. Quero ver meu rosto, OK? — disse isso e desapareceu pela casa, deixando a empregada assustada, benzendo-se. Minutos depois, enquanto as empregadas comentavam o episódio do arroz-doce, ouviram o grito ensurdecedor da patroa e saíram correndo para ver o que havia acontecido.

***

No carro, Vitória não deixou de notar o silêncio de Gilberto como também as lágrimas em seus olhos.

— Está tudo bem? — perguntou, pousando a mão suavemente no braço do professor, quando ele parou o carro diante do semáforo.

Gilberto virou o rosto para a jovem e sorriu. Naquele instante, teve um *déjà-vu*, sentindo que já vivera aquele momento em outra ocasião. Lembrou-se claramente de Carina tocando seu braço, vendo suas lágrimas descendo pelo rosto.

— Você não se respeita, Gilberto! Deixe de ser dominado por sua mãe!

— Não posso fazer isso com ela, Carina! Minha mãe está doente, pode morrer a qualquer momento. Eu vi como ela ficou.

— Você precisa se respeitar, ouvir seu coração. Seguir o que sente, confiar na sua natureza. Assim, poderá conquistar respeito.

Gilberto reteve com os dedos as lágrimas que desciam por seu rosto. Aquela tarde fora difícil. Deixara Dorinha na praia, sozinha, e depois procurou Carina, uma de suas amigas, para perguntar como a ex-namorada estava. Foi assim que soube que Dorinha quase se afogara. Aquilo o deixara muito triste e preocupado na ocasião.

— Você ama essa moça, a Alberta?

— Não — Gilberto falou rápido, convicto. — Ela está morrendo. Tenho dó dela.

— É o salvador da pátria agora? Pessoas morrem. Por isso precisa adiar sua vida e seus sonhos pelos outros? E você, como fica? Essa história que está acontecendo é sua, mas você está se colocando na plateia, servindo de suporte para os outros serem felizes. Como você fica em sua história? Quando vai se impor, colocar-se em primeiro lugar?

Gilberto baixou a cabeça e, quando a levantou, seu rosto estava ainda mais bonito e seus olhos carregavam um colorido ainda mais intenso.

Carina percebeu que não podia falar mais, pois o amigo estava muito sensível. Depois de um momento de silêncio, quando viu que ele já se refazia e recuperava o fôlego, ela pousou a mão no braço de Gilberto e perguntou:

— Está tudo bem?

Agora, de volta ao presente, Gilberto ouvia a mesma pergunta que um dia Carina fizera.

— Vou ficar. Você me lembra sua mãe. A doce Carina.

— Você a conheceu? — Vitória perguntou eufórica.

— Sim.

— Namoraram? — especulou a jovem.

— Não, Carina era amiga do meu grande amor. Sua mãe foi especial — havia emoção não só nos olhos de Gilberto como também em sua voz.

Foi o máximo que a jovem conseguiu extrair dele.

65

Minutos depois, conduzida por Gilberto, Vitória chegara à porta de sua sala. A moça sentiu como se participasse de uma festa onde não conhecia ninguém. E de fato não conhecia. Gilberto entregou-a aos cuidados do professor Raul, que a recebeu de forma séria, sem intimidade.

"Será que sabe quem eu sou? Que estou hospedada na casa de tia Marília? Está certo de que não são mais casados, mas Elis falou dele com tanto carinho. Eu esperava encontrar um homem mais gentil...", pensava Vitória. Naquele momento, teve vontade de abrir a porta e seguir Gilberto. Ele, pelo menos, mostrara-se mais simpático, conhecia sua mãe e a tratava com mais leveza.

— Mocinha, está ouvindo?

— Sim, sim — Vitória respondeu tímida, sem na verdade ter entendido o que o outro dissera. A jovem ficou parada, o que causou riso nos alunos, que a viam como uma atração desgarrada de um circo.

— Então, junte-se aos seus novos colegas. Sente-se e depois peça o caderno a alguém para tomar anotações das aulas.

A orientação do professor foi interrompida por uma moça, que entrou na sala sem cerimônia, ignorando os olhares e assobios. Era bonita, mas extravagante. Tinha os cabelos tingidos de azul e rosa, usava maquiagem forte para sua idade, ombros à mostra, totalmente avessa ao olhar crítico do professor.

— Atrasada! Pode voltar.

— A novata entrou, por que não posso entrar? No que ela é diferente de mim?

— Ela teve motivos para isso — Raul, como todos da escola, sabia do episódio da moto protagonizado por Fabrício Bonelli. Nesse momento, ele lançou um olhar para o rapaz sentado no fundo da sala, que usava óculos escuros miúdos, que pareciam ter sido feitos para seu rosto.

Ignorando o discurso de Raul, a jovem sentou-se de costas para o professor e fez uma careta, o que motivou os alunos a rirem ainda mais alto.

Ao ver a jovem se acomodar, Vitória fez o mesmo e a seguiu. Quando se aproximou de uma cadeira, a moça jogou a bolsa no móvel, lançando-lhe um olhar de poucos amigos. Ali Vitória percebeu que não seria fácil fazer amizades. Pensou em Paola, rezando para que ela fosse de sua turma.

De onde estava, Raul percebeu a rebeldia da moça e falou:

— Saia agora da sala. Agora!

A menina fixou o olhar no rosto dele, desafiando-o.

Ele pegou a bolsa da cadeira, jogou-a no colo da moça e disse:

— Sente-se, Vitória. E você, mocinha dos cabelos coloridos, me acompanhe.

Houve gritos e risos na sala. Aos olhos dos alunos, o ocorrido era melhor que a aula que estavam perdendo.

— Venha comigo — Raul pegou a jovem pelo braço e levou-a para fora da sala.

A moça puxou o braço.

— Pode deixar, eu vou. Aliás, se o caminho da diretoria não mudou de ontem para hoje, ainda sei onde é e chegarei bem sozinha.

Mais risos na sala.

— Professor, nós duas chegamos praticamente juntas — Vitória tentou argumentar a favor da outra.

A sala silenciou.

— Poderia deixá-la assistir à aula — insistiu a novata.

A jovem, à porta, fez uma careta e bufou.

— Era só o que faltava na minha vida, uma Santa Vitória.

Risos na sala.

Raul deixou a moça aos cuidados do inspetor e voltou para a sala como se nada tivesse acontecido.

67

Vitória percebeu que não estava mais em sua escola, onde era líder, onde era ouvida, e tinha papel de conciliadora. Precisava aprender a se conter.

Já acomodada e depois de todos concentrados na aula, Vitória prendeu os cabelos no alto da cabeça com a ajuda de uma caneta. Depois, espalmou a mão e abanou o rosto para espantar o calor.

Fabrício Bonelli, no fundo da sala, ria com os amigos.

— É verdade, é estranha. Fala sozinha. O pessoal me contou. Doida de pedra! — dizia o jovem, um dos discípulos de Fabrício. O rapaz, de cara magra e aparelho nos dentes, era adepto às fofocas que rolavam na escola.

Os outros ainda faziam comentários, quando Fabrício, com ar de riso no rosto, os interrompeu:

— Ela pode até ser estranha, porém, é a garota mais linda da escola. Disso eu não tenho dúvida.

— E estressada também. Esqueceu-se de como ela falou com você?

O rapaz apenas riu, sem tirar os olhos de Vitória. Estava apreciando cada gesto da jovem.

O sinal, para a alegria de Vitória, logo tocou. Quando já estava de saída, Raul puxou-a pelo braço, pedindo para lhe falar.

— Gostaria que não discutisse minhas decisões. Não sei como eram as coisas em sua antiga escola, mas na minha sala mando eu. Combinado?

— Achei sua atitude abusiva — retrucou Vitória.

Alguns alunos, percebendo o clima, não deixaram de prestar atenção ao que acontecia.

Abusiva?

— Sim, e ainda fez parecer que sou uma protegida sua. Não gostei disso.

— Não deixo ninguém entrar atrasado aqui. Você só entrou em minha sala porque acompanhou o atropelamento de Paola...

— A menina ficou encabulada.

Raul começou a rir.

— Ela? Encabulada?

— Sim, você poderia conversar com os pais dela primeiro. Falta-lhe orientação...

— Essa doce menina de cabelos tingidos de azul e rosa é Rafaela, minha filha.

Raul falou isso e saiu sem olhar para trás.

Capítulo 7

Alberta estava no quarto que fora de sua mãe, com as portas do guarda-roupa abertas, com o olhar espantado e aos prantos, quando as empregadas foram acudi-la.

— Três patetas! É isso que vocês são. Deixaram minha sogra sozinha perambulando pela casa? Já lhes disse que, em minha ausência, todos os olhos devem segui-la! — falava áspera.

Os três nada falaram. Mantiveram-se parados, temendo por seus empregos.

— Outra vez, ela roubou vestidos de minha mãe! — reclamou, espantando os empregados que estavam ao seu lado, tentando amenizar a situação. — Sumam da minha frente! — ao vê-los saindo, esboçou um sorriso e seguiu para a cozinha.

De repente, ela voltou-se:

— Onde está o pirex de minha sogra?

Prontamente, alguém o trouxe dentro de uma sacola.

Alberta tirou da sacola o pirex, olhou-o e disse sorrindo:

— Vou visitar minha querida sogra. Diga para Gilberto me esperar. Não suporto fazer as refeições sozinha.

Alberta saiu de carro, cantando pneus pelas ruas silenciosas de Balneário.

Minutos depois, parou o carro em frente à casa da sogra. Fez uma careta para as crianças que brincavam na rua e lançou o comentário:

— Não encostem no carro, bando de faveladinhos. Dá choque — depois, começou a gargalhar ao se aproximar da casa da sogra. — O casebre está como a dona: caindo aos pedaços. Quando ela morrer, vou vender isso aqui e investir o dinheiro em um loteamento perto da praia. Que fim de mundo esse lugar! Credo!

Alberta viu a campainha fixada no portão de madeira gasto pelo tempo e a tocou. Depois, rapidamente, limpou a mão na roupa, demonstrando nojo. Arrumou a travessa de vidro embaixo do braço e começou a bater palmas, pois a campainha aparentemente não funcionava.

A casa era simples, feita de alvenaria e madeira. O jardim era bem cuidado, com rosas e plantas medicinais, que Deusa fazia questão de entregar para o filho levar para a nora:

— Isso aqui é bom para o estômago. Use um tanto assim na água quente.

O rapaz levava as plantas para a esposa com as considerações da mãe. Alberta olhava desfazendo e, quando se via sozinha, jogava as plantas no lixo.

Agora, parada ao portão da sogra que ela pouco visitava, Alberta via de onde vinham as plantas milagrosas.

— Deusa quer me matar com esses chás feitos do mato que ela cultiva no quintal! Até parece que vou tomar isso.

Alberta já se preparava para bater palmas novamente, quando viu a cortina da sala se mexer. Pouco depois, avistou o rosto amassado de Deusa na janela. Alberta acenou para a sogra, fingindo-se de simpática, e, ao vê-la caminhando capenga, com o vestido torto e um sorriso no rosto, fez o comentário:

— Venha logo, sogrinha! Não tenho o dia todo. Que calor é esse? Quanta mosca!

— Que surpresa boa, Alberta! Você em minha casa!

71

— O que foi fazer em minha casa, Deusa? — perguntou entregando o pirex vazio para a sogra.

***

Dorinha segurava a foto de Vitória ainda bebê com emoção e chorou ao se lembrar de como a moça estava linda. Se soubesse que era ela, teria a tratado melhor. Não que tivesse sido grosseira, mas, por ser filha de Carina, seria diferente.

Ela e Carina tinham sido tão amigas, ligadas, confidentes. Recordou-se, com lágrimas nos olhos, de quando recebeu a foto pelo correio. A amiga já morava em São Paulo, e, assim que leu o que estava escrito no verso da fotografia, Dorinha ligou para Carina rindo:

— Sua maluca! Como manda a foto assim?!

— Sabia que iria gostar da foto de minha Vitória.

— Adorei, claro! Mas e a dedicatória? Sou casada, esqueceu? E já tenho dois filhos! Pedro e Paola...

— Eu sei. Aliás, vi a fotos. Como eles cresceram!

— Só você mesmo, Carina. Agora vou ter de esconder esta foto de todo mundo. Não vou poder exibi-la a ninguém.

— Nem para Gilberto?

— Águas passadas, minha amiga. Ele está casado, e eu também. O tempo passou...

— E são felizes?

Dorinha não respondeu. Vinha levando sua vida no automático e nunca parara para pensar no assunto.

— Queria tanto vê-los juntos — insistiu Carina. — Vocês foram o casal mais bonito daquele verão.

— Imagine o escândalo que seria deixarmos nossas famílias para viver esse amor?! O que iriam dizer por aí?

— A vida é sua, Dorinha, e fazer dela o que bem entende é escolha sua também. Se aos olhos dos outros isso é certo ou não, não lhe cabe o julgamento alheio. Só você e Deus são conhecedores de sua vida...

— Não é tão simples assim, mas eu gostaria que fosse.

— Escolha ser feliz e não se preocupe com os outros. Eles não sabem um terço da sua história. Você sim!

Dorinha recordava-se saudosa de Carina e de suas palavras. As duas acabaram se distanciando por conta de seus casamentos e por morarem em cidades diferentes, mas ambas as mulheres sempre conservaram o carinho daquela amizade.

— Mãe! — gritava Paola da sala.

— Já vou, filha! Já estou indo! — disse apressada, acomodando suas lembranças no baú e escondendo-o em seguida no fundo do guarda-roupa.

Na sala, chegou praticamente junto com o marido, que ficou nervoso ao ver a filha no sofá.

— Como não me avisa? Paola é atropelada, e você não me comunica?!

— Não foi nada grave, e depois achei que...

— Estou bem, pai. Foi só um susto. Eu deixaria um gato daqueles me assustar todos os dias! — murmurou Paola.

— Dorinha! Nossa filha é atropelada por um inconsequente e diz não ser nada grave? — falou ignorando a filha sem esperar resposta.

Dorinha questionou:

— O que vai fazer?

— Conversar com o pai dele, claro!

— Tá maluco?! Como assim vai falar com o pai dele? Esqueceu-se de quem é o pai dele?

— Leandro Bonelli, o dono do *shopping* onde trabalho. Isso, no entanto, não lhe dá o direito de mexer com minha família.

Taciano disse isso e saiu bravo. Dorinha, por sua vez, ficou debruçada no portão, preocupada com a consequência daquela conversa. A família Bonelli era muito influente, e ela não queria confusão com eles. Depois, ao ver o marido tomar distância, lembrou-se de Pedro. Como gostaria de ver Taciano tomando as dores do filho, brigando por ele. Um dia fizera isso, mas agora era indiferente.

Tudo poderia ser diferente.

***

Vitória saiu da escola aliviada. Naquele primeiro dia, saía dali sentindo-se sufocada. Talvez isso se devesse aos acontecimentos, mas o clima na sala de aula também entrou na conta daquele dia. A indiferença dos colegas de sala, a apresentação nada simpática de Rafaela. Aliás, de tudo o que ouvira sobre aquela família, só Marília correspondia aos belos adjetivos a ela atribuídos. Raul, por sua vez, era um homem frio, seco. Vitória não conseguia imaginar como seria aprender alguma coisa com aquele homem.

Pensava nisso, enquanto passava entre os outros alunos pelo portão da escola. De repente, ouviu seu nome e logo localizou Elis do outro lado da rua, acenando-lhe com um imenso sorriso no rosto.

— Não acredito que veio me buscar na escola, Elis!

As duas riram.

— Sua tia me pediu para vir buscá-la, mas já adiantei que só faria isso hoje. Se for para fazer isso todo dia, vou pedir um aumento de salário. E será alto! Serei babá de uma moça? — brincou, passando o braço na cintura de Vitória.

No caminho, Vitória contou à nova amiga os acontecimentos do primeiro dia, e Elis lamentou ter saído apressada e não ter ficado mais tempo para ver tudo.

No caminho, as meninas viram uma loja de sapatos, um dos fascínios de Vitória, que não resistiu e entrou. A jovem puxou Elis, que nunca entrara naquela loja, uma das mais refinadas da cidade.

No interior da loja, Elis ficou ainda mais fascinada. Tímida, a jovem começou a namorar as rasteirinhas, sem tocá-las, assim como não ousava sair de perto de Vitória, como se fosse uma sombra.

— Adoro esses modelos abertos, que deixam os dedos à mostra. Combinam com este lugar quente — comentou Vitória, ao fixar o calçado de Elis, um sapato simples, surrado. — O que achou desse, Elis?

— Lindo! — os olhos da garota brilharam. — Lindos e caros.

— É seu número? — Vitória observou Elis confirmar encabulada. — Veja como fica em seu pé. Ande! Prove!

Elis recusou, mas Vitória insistiu até ver a moça desfilando o par de sandálias em frente ao espelho amplo, sob o olhar chocado da vendedora, que tentava disfarçar. Seu rosto, no entanto, deixava claro que ela não estava gostando de ver aquela moça vestida de qualquer jeito provando os sapatos da loja. A vendedora, todavia, não podia falar nada, pois Elis estava acompanhada de Vitória, que, além de linda, aparentava ter educação e dinheiro.

Vitória viu Elis devolver os sapatos à prateleira, sorrindo. Parecia feliz só pelo fato de tê-los calçado. A jovem era de família simples e o dinheiro que ganhava ela deixava em casa com as tias, em retribuição pelo lar que ganhara depois de ficar órfã.

Depois de calçar seus sapatos, Elis encostou-se em Vitória e deu palpites ao ver os pares que ela separara. Quando Vitória fez sua escolha, dois pares de sandálias, foi até a prateleira e pegou o que Elis gostara.

— Esse é para você.

— Você é maluca, menina? Não tenho como pagar.

— É presente, Elis.

— Não! Dona Marília ficará brava comigo...

Vitória apenas riu e caminhou em direção ao caixa, com Elis segurando seu par na mão, sem acreditar na surpresa.

De repente, apareceu na loja uma mulher bem-vestida, elegante, com postura de bailarina, usando saltos altos e um perfume que rapidamente tomou conta do lugar, enfeitiçando as vendedoras que correram a atendê-la.

A mulher parecia indiferente às vendedoras, enquanto percorria as prateleiras e indicava quais sapatos gostaria de experimentar. Ao passar por Vitória, notou o par nas mãos de Elis e apontou as sandálias para a vendedora.

— Esse é o último par, sinto muito — relatou a vendedora com pesar.

Maria Andréia não pensou duas vezes.

— Com licença — a mulher puxou o par das mãos de Elis e entregou-o para a vendedora: — Pronto! Vou levar. Pagamento em dinheiro, à vista, querida. Com caixa, claro! — falou, adiantando-se às perguntas de vendedora.

Elis ficou estática, sem reação. Vitória não acreditou no que viu, mas não deixou por menos. A jovem tomou as sandálias das mãos da vendedora e devolveu-as para Elis.

— Nós vamos levá-la!

— É que... a dona... — a moça gaguejava ao falar, sem saber o que fazer.

— Eu nem gostei tanto assim dela, Vitória. Deixe pra lá — comentou Elis sem jeito, estendendo o par à vendedora.

Vitória, notando o ar de riso de Maria Andréia, tornou a pegar as sandálias e, antes de caminhar para o caixa, retrucou:

— Vamos levar.

Maria Andréia nada disse; apenas observou a jovem se dirigindo ao caixa acompanhada de Elis. Pouco depois, Vitória saiu acompanhada, sorridente, ignorando a ricaça.

A mulher, de braços cruzados e cercada pelas vendedoras, disfarçou sua irritação e descobriu quem era a moça.

— Vitória Lancaster!

— Sim, ela pagou no débito. Deve ser nova na cidade, pois nunca a vi por aqui... É uma menina linda, simpática...

"Então, essa é a filha de Jordan. Bem-vinda, querida. Você é perfeita para ser uma Bonelli. Fabrício precisa de uma moça assim. Rica, bonita...", pensava Maria Andréia, sem dar importância ao telefone celular, que tocava insistentemente.

***

Tamires acordou com o gato esfregando-se em seu corpo e riu. Por alguns segundos, perdeu a noção do tempo. Certamente, esquecera-se de dar a ração para o Danadinho e por isso ele estava ali. Quando alimentado, o animal esquivava-se do carinho e dos olhos da dona.

A moça sentou-se na cama, espreguiçou-se e apreciou mais uma vez a fotografia sobre a cama. Pegou-a com carinho e colocou-a sobre a cômoda.

— Vou ter de comprar outro porta-retratos. Preciso achar um de madeira, resistente, e que tenha plástico no lugar do vidro. Vi um assim na revista. Se bem que não deve ter chegado aqui em Balneário ainda.

Ao passar pelo corredor, em direção à cozinha, a mãe da moça falou:

— No meu quarto tem um novinho, na caixa. Por que não pega ele? Se me ouvisse... — falou, mas a filha ignorou sua sugestão.

A moça já chegava à cozinha, quando de repente voltou para o corredor e forçou a maçaneta da porta do quarto da mãe. Estava trancada. Tamires voltou para a cozinha, apanhou a chave na gaveta e caminhou novamente para a porta. Depois de abri-la, respirou fundo antes de entrar no cômodo. De repente, ouviu um barulho vindo de fora, como se fossem passos.

— Quem está aí?

Não obtendo resposta, Tamires correu até seu quarto e apanhou uma arma na primeira gaveta da cômoda, que fora do seu pai. Colocou-a sobre o móvel, prendeu os cabelos no alto da cabeça e depois conferiu se estava carregada. Confiante, seguiu o som dos passos.

— Filha, cuidado, pode ser seu irmão chegando — falou aflita a mãe da moça, mas sem encontrar um jeito de contê-la.

Tamires já estava na porta, ouvindo os passos cada vez mais perto.

***

Assim que chegou à chácara acompanhada de Elis, Vitória viu um jipe parado na porta. Elis abriu um sorriso e adiantou os passos anunciando:

— Seu Raul já chegou! Você vai ver como ele é legal.

— Não achei tudo isso — a moça retrucou sincera. Se pudesse, eu não o encontraria. Não tenho vontade de vê-lo. Ficaria tranquilamente em meu quarto até ele partir.

Decidida, Vitória esperou Elis entrar na frente, virou no sentido contrário e caminhou até seu quarto. A moça pôde ver a festa que os dois fizeram ao se virem, mas ainda tinha viva a lembrança da expressão sisuda do professor e por isso não queria vê-lo.

— Vitória?!

Tarde demais. Se tivesse sido um pouco mais rápida, não teria ouvido a voz de Raul vindo do corredor. Vitória já estava com as mãos na maçaneta e lamentou-se, pensando que poderia ter sido mais rápida. Pensou também que não poderia fugir dele o tempo todo, pois Raul seria seu professor e, embora o casamento com Marília tivesse acabado, a amizade entre os dois ainda era forte. Além disso, tinham uma filha.

— Vitória, seja bem-vinda à cidade! — Raul falava, enquanto a conduzia para a sala onde estavam Marília e Elis. Ele usava bermuda, tênis e camiseta, o que o fazia parecer ainda mais jovem.

— Que bom que chegaram. Estava preocupada. Pedi a Elis para trazê-la...

— Foi culpa minha, pois pedi a ela para passarmos em uma loja. Não precisa tirar a Elis de seus afazeres para me acompanhar.

— Só por hoje! Para que você aprendesse o caminho direitinho. Na verdade, sua tia está com medo do tarado que anda assustando as meninas. Eu disse a ela que isso só acontece lá no meu bairro, para os lados das cachoeiras. Aqui no centro de Balneário, nada acontece. Quem é louco de mexer com alguém aqui?

Marília olhou tentando conter Elis, mas já era tarde demais.

— Minha querida, não fique assustada. Não queria que soubesse para não ficar com medo. Logo o prenderão.

— Claro! — confirmou Raul ainda abraçado à jovem. — Não fique preocupada com isso. Eu mesmo levei uma aluna para fazer o reconhecimento de alguns suspeitos, mas não tivemos êxito — fixou os olhos em Vitória. — Como ela ficou linda, Marília! Você viu? Vejo Jordan e Carina nela e tenho certeza de que os dois a educaram muito bem... Ah! Trouxe chocolates para você — ele apanhou uma caixa que tinha sobre a mesa. — Marília, você soube que sua jovem hóspede é emancipada? Jordan me contou.

— Se fez isso é porque ele confia muito na filha que educou — devolveu, com os olhos rasos de lágrimas.

Vitória observou Marília e, ao vê-la emocionada, atribuiu isso às lembranças que a dona da casa guardava de Carina. A jovem sentiu-se acarinhada, não só pelo presente, mas pelo jeito que Raul a abraçava e pela forma como falava. A tarde, mergulhada em lembranças, fora muito agradável.

— Seu pai e eu fomos grandes amigos. Ele passou lá em casa antes de voltar para São Paulo. Na época em que vivia em Balneário, Jordan foi campeão de natação.

— Nunca soube disso. O danado não me contou. Ficaria ainda mais orgulhosa dele.

— Jordan sempre foi muito reservado, discreto e avesso ao pódio, ainda assim, tornou-se um homem muito reconhecido — comentou Marília.

— E bonitão também — arriscou Elis. — Com todo o respeito.

Todos riram.

A menina divertiu-se e confessou estar surpresa com a atitude de Raul. A princípio, achou-o grosseiro, mas agora, na chácara, via-o como um homem amável.

— Desculpe-me por essa manhã na aula. Rafaela me tira a paciência! — olhou para Marília. — Aquilo que comentei com você.

Marília balançou a cabeça, triste. Era uma mulher sempre alegre e positiva, mas a filha parecia ser o motivo da união dos dois e também da tristeza de ambos.

Após um breve silêncio, Raul continuou:

— Se bem que na sala de aula, para dominar aqueles alunos, não posso agir diferente.

— E quando Rafaela se junta ao bando de Fabrício, pronto! Não tem quem os segure! Eles são capazes de por fogo na escola — revelou Elis.

A conversa estendeu-se mais do que o previsto. A tarde estava agradável. Marília, Vitória e Elis acompanharam Raul até o jipe e ficaram mais um pouco conversando. Depois de vê-lo partir, Vitória compreendeu o que Elis falava de Raul, o quanto ele era legal.

Após a partida de Raul, todos voltaram aos seus afazeres. Marília retornou para suas plantas, e Elis foi arrumar a cozinha, recusando a ajuda de Vitória, que acabou indo para o seu quarto. Precisava organizar sua agenda escolar, fazer pesquisas. A jovem pegou um livro que fora de sua mãe e começou a ler. Acabou adormecendo.

Quando acordou, percebeu que já era fim de tarde. O vento sacudia levemente as cortinas da janela, trazendo um ar frio para dentro do cômodo. Quando virou do lado, deparou-se com um rapaz de bermuda e camiseta encostado no móvel. De cabeça baixa, dobrava um origami que ela fizera dias antes.

— O que está fazendo aqui no meu quarto, Samuel?!

— Oi, Vitória! — falou o rapaz acenando para ela com um sorriso iluminado. — Já fui mais bem recebido. Pode acreditar.

Capítulo 8

Deusa tivera poucos motivos para se sentir feliz. Dava para contá-los nos dedos de uma mão. Um deles acontecera quando se casou e se livrou do quarto apertado que dividia com os irmãos. Outro fora o nascimento de Gilberto, que aconteceu depois de o médico lhe garantir que ela jamais seria mãe. Após a chegada do filho, Deusa fez uma visita ao consultório do médico e soltou fogo sobre o homem, que ficou murcho na cadeira, sem reação.

Outra ocasião em que Deusa se sentiu feliz foi quando ficou viúva e livre do marido. Ele era bonito, assim como Gilberto, mas era fraco e se refugiava na bebida, obrigando a esposa a respirar seu bafo de pinga todas as noites. Livrar-se dele a fez feliz, mesmo quando as cunhadas quiseram tirá-la da casa, o que não conseguiram.

Por fim, um dos últimos momentos de felicidade de Deusa aconteceu quando Gilberto voltou para casa cabisbaixo, olhos vermelhos, aceitando casar-se com Alberta.

Deusa imediatamente ficou fascinada com a novidade, já desfazendo da casa simples que a abrigava desde o dia de seu casamento:

— Não vou levar nada desta casa — falava rodando o pano de prato no ar, enquanto observava os móveis gastos, a cozinha carente de reforma, o azulejo que cobria metade da parede com o rejunte se desfazendo. — Vou tentar vender as louças da sua avó. Herdamos tão pouco da partilha.

— Não reclame, mãe. Estamos na casa...

— Acho que nem minhas roupas eu vou levar, pois não combinam com aquela casa — continuava perdida em sua fantasia, avessa ao sofrimento do filho. Deusa nem quis saber como fora o término do romance com Dorinha. Fazia-se de desentendida, mas sabia que os dois ainda viviam aquele amor. — Nem acredito que vamos morar no centro de Balneário Califórnia. Vou me livrar deste mausoléu! Imagine a cara de suas tias, aquelas pestes, quando souberem da novidade. Ah! Vou levar umas mudas das plantas. Vou dar um colorido àquela casa.

Como se esquecer do dia do casamento do filho? Um dos dias mais felizes de sua vida? Vira o filho usando terno e gravata, ainda mais bonito, com a barba por fazer e os cabelos úmidos pelo gel. Deusa não via, no entanto, a fragilidade e a tristeza de Gilberto naquele momento. Importava-se somente com a união do filho com a moribunda.

Deusa saiu de casa de braços dados com o filho, usando um vestido emprestado pela amiga, mãe da noiva. Dias antes, encaixotara alguns bens para facilitar a mudança. Estava radiante, cheia de planos, já desfazendo dos vizinhos que ela não fizera questão de chamar para a cerimônia.

— O que esses pés de barro vão fazer em nossa casa nova? — falava confiante ao filho, quando relatou que não iria convidar ninguém do bairro onde passara toda a sua vida.

— São meus amigos. E os convites que deixei para a senhora entregar?

— Lixo! — falou fácil, sorrindo, puxando o filho para o carro.

Sem jeito, Gilberto cumprimentou um ou outro que lhe desejava felicidades, ignorando as conversas paralelas de quem reclamava por não ter sido convidado.

— Esqueça, meu filho. Ignore! Daqui a pouco, nós estaremos longe desse povo. Você não deve satisfação a ninguém — confortava Deusa, a seu modo, acomodando-se no carro de modo que o vestido não amarrotasse.

A cerimônia foi simples e aconteceu na ampla sala da casa da noiva. Naquele dia, Alberta começou a rejuvenescer. Depois do banho, dado com a ajuda da mãe e de uma empregada, ela colocou-se de pé em frente ao espelho e sorriu diante do corpo esquelético. A jovem, então, fechou os olhos e suspirou ao se lembrar da beleza de Gilberto.

O rapaz, pensativo e indiferente à conversa dos convidados, saiu andando pela casa, em busca de ar e coragem para por fim àquela armação. Foi quando, passando pelo corredor, parou à porta do quarto de Alberta e a viu vestida de noiva e sentada na cama. Ela sorriu, e ele sentiu repugnância, tendo a sensação de estar diante de um bolo de festa mal revestido e nada atraente.

— Saia daqui. Saia. O noivo não pode ver a noiva antes do casamento! Não traz sorte! Fora! — gritou a sogra, quase aos prantos.

Gilberto virou-se e foi empurrado com a ajuda das mãos pequenas e espalmadas da sogra.

Minutos depois, Gilberto estava no centro da sala ao lado de Deusa, que se mostrava plenamente satisfeita e sorridente. Com os olhos emocionados e tristes, o jovem sentia vontade de chorar, mas, ao conter as lágrimas, seu rosto ruborizava. Gilberto fechou os olhos e, ao ouvir a marcha nupcial, teve a visão de Dorinha entrando pelo tapete vermelho margeado de fitas, laços e flores. Ela sorria emocionada, e ele não se conteve e retribuiu. Depois, quando mais próxima, ele piscou os olhos e se viu diante de Alberta, rosto murcho, olhos grandes, contornados com uma maquiagem escura que o assustou. Gilberto deu um passo para trás e pegou a mão da noiva, que era fria, ossuda e com unhas roxas, sem esmalte por conta da alergia que desenvolvera nos anos acamada. Não tinha beleza.

Gilberto sentiu-se dentro de um pesadelo, em que uns riam e outros pareciam não acreditar naquela união. Muitos nada diziam, mas seus olhares revelavam isso. O noivo sabia, porque seu coração também não aceitava aquela união. Era contra sua natureza.

A noite de núpcias foi a situação mais estranha que Gilberto já vivera até então. Ele tentou argumentar com a esposa que seria melhor ficar em outro quarto, mas Alberta ali já começara a se tornar altiva. Ela exigiu a presença do marido ao seu lado.

No dia seguinte, foi como se os papéis se invertessem. A noite de amor trouxe vitalidade para Alberta, enquanto sua mãe, que não vinha se sentindo bem e escondendo suas dores, agora estava acamada.

— Vou me mudar hoje mesmo para sua casa. Preciso ajudar minha amiga! Posso muito bem ir — falava Deusa radiante, como se estivesse se convidando para o fim de semana em uma praia.

— Mãe, é justamente sobre isso que quero lhe falar — Gilberto buscava as palavras certas. Fora buscar, no dia seguinte ao casamento, algumas roupas em sua antiga casa e contar à mãe sobre o estado de saúde de Lenita. — Alberta acha melhor não ficar muita gente lá. Pediu só a presença da família na casa. O médico já adiantou que o estado de minha sogra é grave. Já havia feito exames semanas atrás...

— E eu por acaso sou ninguém, Gilberto?! — alterou-se. — Sou amiga da mulher e não posso oferecer minha ajuda? Além disso, sou sogra de Alberta, sou da família! — orgulhava-se. Por fim, Gilberto acabou convencendo a mãe a ficar em sua casa e a não se mudar para o centro de Balneário.

O telefone tocou. Era Alberta, que não fez questão de conversar com a sogra. Deusa, por sua vez, já percebeu a indiferença da moça. Com Gilberto fora direta. Exigia sua presença.

— Tudo bem, meu filho. Vá. Sua esposa deve estar precisando de você.

O rapaz saiu depois de dar um abraço na mãe. Deusa viu Gilberto sair e murmurou:

— Ótimo! Morrem as duas, e me torno a dona daquela casa. É só questão de tempo.

O casal ainda estava na lua de mel, quando a mãe de Alberta faleceu. Deusa, mais uma vez, fez planos, mas não teve êxito. Para desespero de Gilberto, a esposa se fortalecia a cada dia. Não desejava vê-la morta, contudo, não tinha amor por ela.

Alberta, bem de saúde, colocou fim à ideia da mudança da sogra para sua casa. Fez isso aos poucos, ajudando financeiramente Deusa. Tal gesto da esposa manteve Gilberto, que por vezes pensara em deixá-la, ao seu lado. Separar-se de Alberta significaria tirar da mãe a estabilidade. Além disso, ela, com sua influência, conseguira colocar o marido como professor titular de educação física.

Se alguém reclama da vida que leva e não faz nada para mudar é porque leva vantagem, ganha algo com isso. Pode não falar, só frisar as dores, mas tem privilégio. Algum benefício tem.

E Gilberto não era diferente. Alberta apresentara um mundo bem diferente ao marido e ainda amparava a sogra. Mantinha a mulher longe deles, mas a amparava.

— Tudo bem, meu filho. Logo virão os filhos, e eu serei útil naquela casa — falava Deusa ainda esperançosa.

Meses depois, o médico revelou que Alberta era estéril.

Deusa soube da notícia durante o almoço de domingo. Foi Alberta quem lhe contou. Inicialmente, a mulher fez cena, mas depois achou ótimo não ter de dividir a atenção de Gilberto com filhos. Intimamente, ficou feliz com a notícia.

— Não terei netos?! E essa maldita não morre! — lamentou Deusa sozinha em casa, assim que abriu a porta de volta do almoço.

Agora, passados os anos, Deusa estava deitada em sua cama, pensando no esforço que fizera para unir o filho a Alberta. Não era mulher de arrependimentos, mas lamentava não ter um neto e ainda viver no fim do mundo. A cada dia, sentia a velhice na pele, e não era boa a sensação das dores tomando seu corpo.

Deusa ouviu palmas e levantou-se curiosa. Raramente recebia visitas, por isso abriu um sorriso ao ver, através da janela, a nora limpando as mãos, fazendo careta, como se precisasse disso para ficar mais feia. Observou também o pirex de vidro debaixo do braço de Alberta.

Ao procurar pela chave, acabou derrubando o porta-retratos em que mantinha uma fotografia com o filho no dia de seu casamento. Resolveu esconder a foto depois de beijá-la, pois a roubara do álbum dos noivos. Do casamento Deusa recebera meia dúzia de fotografias, presenteadas por Alberta. Em nenhuma ela aparecia em evidência. Em todas, Alberta aparecia abraçada a Gilberto, com a mãe, com o juiz que fizera o casamento, mas ela, Deusa, aparecia só de fundo, olhando para o nada, sorrindo e olhando para as paredes. Certamente, fazia planos para quando assumisse a casa. Na foto que lhe fora presenteada ela aparece de olhos fechados com o filho.

Alberta fizera de propósito, e por isso Deusa lhe pediu para ver o álbum do casamento mais uma vez. Aproveitando a distração do casal, escondeu três fotos embaixo da blusa. Em uma delas, Gilberto posava ao lado de Alberta.

Em casa, sozinha, Deusa sorriu com as fotografias nas mãos. Pegou uma em que o filho estava sorrindo, uma das poucas, e outra em que estava ao lado da noiva. Com a tesoura, Deusa cortou a imagem da nora e arrumou a foto do filho no porta-retratos, colocando-o sobre a cômoda que tinha na sala. Como Alberta não a visitava, não se preocupava em escondê-la. Mas agora, com a nora em pé ao lado de seu portão, tratou de tirar o objeto do alcance dos olhos de Alberta.

Assim que se aproximou da nora, ouviu:

— O que foi fazer em minha casa, Deusa?

Deusa recebeu as palavras ao mesmo tempo em que pegava o pirex. Sentiu vontade de quebrá-lo na nora, mas conteve-se e sorriu.

— Gostou da surpresa?

Alberta não respondeu e foi entrando na casa. Estava morrendo de calor e, mesmo sem ter a intenção de entrar na residência da sogra, não recusou um copo de água. Fazia tempo que não ia àquela casa e agora começou a observar o terreno com mais calma. Viu o quanto era grande e começou a fazer planos.

A ideia que passou pela cabeça de Alberta fê-la mudar os planos, tanto que não cobrou os vestidos de sua mãe que lhe foram roubados. Preferiu tratar a sogra melhor, o que causou estranheza a Deusa. Ficou poucos minutos, o bastante para observar a casa e servir-se de um café feito na hora.

Alberta aproveitou um momento em que a sogra se ausentou para ir ao quintal pegar a bola de uns moleques da rua e, vendo-se sozinha, jogou o café na planta que a dona da casa mantinha na mesa da cozinha.

— Que nojo! Quanta mosca! — murmurava baixinho, notando o péssimo estado da casa. Seus olhos pareciam ainda maiores ao constatar como o imóvel estava deteriorado.

— Esses moleques não me dão paz! Acharam de fazer da frente de minha casa campo de futebol — disse entrando na casa e se abanando. Depois, fez cara de coitada e completou para a nora: — Não tenho mais idade para isso.

Ao se despedir, Alberta disse para a sogra antes de entrar no carro:

— Vamos vender essa casa, Deusa. Não tem cabimento ficar aqui, sozinha — disse isso e partiu cantando pneu. As crianças da rua saíram correndo atrás, gritando. Feliz, Deusa tirou o pano de prato do ombro e tentou espantar as crianças da rua.

Já em casa, sentiu as lágrimas escorrerem pelo rosto e, com as costas apoiadas na porta, deixou o corpo descer devagar até o chão.

— Finalmente, vou sair deste inferno! Deus ouviu minhas preces. Sabia que não tinha sido em vão. Demorou, mas consegui!

Depois de alguns minutos fazendo planos, Deusa levantou-se com a precisão de uma pessoa mais jovem e começou a dançar pela sala, sacudindo o pano de prato no ar. Se pudesse pegar as moscas, lhes distribuiria beijos.

***

O coração de Tamires estava aos saltos, e os passos no quintal soavam cada vez mais perto e fortes. Era de um homem, não tinha dúvidas disso. Com a arma na mão e pronta para atirar, Tamires encostou-se na porta.

— Filha, calma, não vá fazer besteira! Seu irmão não está em casa, pode ter se esquecido das chaves. Armada! Nunca gostei da ideia de você ter se apossado disso como lembrança do seu pai.

— Sei o que estou fazendo — falou baixinho. — Não posso deixar o medo tomar conta de mim. Não posso.

— Minha filha — a mãe de Tamires aproximou-se, mas a jovem se esquivou.

A jovem de repente gritou:
— Quem está aí?!
— Sou eu, Gilberto. Professor Gilberto.

Tamires reconheceu a voz do professor e tentou recuperar o fôlego, sentindo o suor escorrendo por suas costas. A jovem fixou a arma na cintura, ajeitando a camisa para cobrir o volume, e abriu a porta devagar, deixando o rosto sorridente de Gilberto aparecer.

— Oi.
— Desculpe-me vir assim. Tentei ligar, mas ninguém atendeu.
— Estou sem telefone. Foi cortado. Sem dinheiro para o desnecessário — falou a moça depois de sair da casa, fechando a porta atrás de si. Cumprimentou o professor na varanda, sem convidá-lo para entrar.

— Lamento, eu... — ficou desconcertado com a novidade.

Tamires, ansiosa e ainda tensa, arrumou os cabelos no alto da cabeça, o que não passou despercebido ao olhar de Gilberto. Ao prender os cabelos, deixou à mostra o rosto jovem e bonito, ainda que sério. Usava brincos que caíam paralelos ao pescoço longo. Ao levantar os braços para prender os cabelos, Gilberto notou a arma fixa na cintura da jovem.

— Você está armada? — perguntou, aproximando-se da moça.

— Era do meu pai. Você sabe... Diante das circunstâncias, de tudo o que aconteceu, não posso facilitar.

Houve um silêncio. Gilberto não sentiu naquele momento que estava diante de uma aluna, e ela parecia também não estar diante do professor. Ele deu alguns passos curtos na direção da moça.

— É melhor que isso fique comigo — e puxou a arma rapidamente da cintura da moça com rapidez.

— Me devolva! — pediu agarrando-se ao braço de Gilberto. — Você não tem o direito de fazer isso. De se apossar do que não é seu. Me devolva!

Gilberto não disse nada; apenas tentava se esquivar da moça. Agora estavam muito próximos, o olhar intenso entre os dois. Os corpos nunca antes tão perto.

— O que está planejando fazer de sua vida, menina?

Tamires nada respondeu. Permaneceu ilhada pela força de Gilberto, sentindo a respiração do professor, o olhar dele estudando seu rosto. Foi então que a jovem se esquivou de Gilberto, deu um passo para trás e viu quando ele guardou a arma no bolso da frente depois de descarregá-la.

— Uma arma tão perigosa não pode ficar em mãos tão delicadas.

— Se não o conhecesse, acharia que está me cantando.

— É minha aluna — falou ao se aproximar dela, com o rosto quase colado ao da moça. — Não se esqueça disso.

— Veio aqui para me desarmar, então? Pode voltar — falou debochando e virando as costas em direção à casa. — Já sei! Não precisa dizer nada. Só terei a arma que foi do meu pai quando algum responsável for à escola. Agora, você precisa explicar com que autoridade faz isso em minha casa...

— Eu não faria isso. Sabe disso. Não sou esse monstro que você pensa que sou. Não sou cruel também. É por sua segurança. Fiquei preocupado quando soube que não assistiu à aula hoje. Tem faltado muito.

— Eu sei. Problemas, Gilberto. Quem não os tem? — fez uma pausa e refletiu rapidamente que não o chamara de professor, contudo, não corrigiu. Não se sentiu diante do professor.

— Sei o que passou, mas...

— Sabe? Ninguém sabe o que passei ou o que passo. Ninguém. A dor é singular.

Silêncio.

— A arma fica comigo por enquanto. Quero o seu melhor — disse, afastando-se de costas e sorrindo. — Espero você amanhã na aula, moça. Vai querer perder mais um ano?

Tamires nada disse. Ficou séria, vendo-o sair e sumindo de seus olhos. Depois, abraçou o corpo, com lágrimas nos olhos. Deixou que o vento suave as secasse e entrou em casa.

— Era o professor Gilberto? Eu vi — disse a mãe de Tamires. — Tão bonito. Eu vi tudo pela janela. Se não fosse casado, diria que está interessado em você.

— Pare de bobagem, Tamires. Não é mais uma adolescente boba. O cara é casado. Trate de tirar isso da cabeça. Casado!

— E infeliz... Posso lhe garantir. Eu me lembro de quando ele se casou com Alberta, por pura pena da doente e por influência de Deusa.

— Que é um cara bonito, não há dúvidas — Tamires sorriu e pegou o gato no colo, abraçando-o e fazendo o felino escapulir dos apertões.

Ainda rindo, Tamires correu para seu quarto atrás do gato e viu o porta-retratos. A jovem repetiu o gesto anterior, passando, carinhosamente, os dedos sobre os rostos ali estampados. As lágrimas apareceram em abundância.

A mãe de Tamires aproximou-se e sentou-se na cama, ao lado da filha. Ela acariciou os cabelos da filha, assistindo à sua tristeza.

Capítulo 9

— Desculpe-me, Samuel. É que fiquei assustada em vê-lo em meu quarto...

— Relaxe, menina. Vim chamando lá do portão. Sua tia passou por mim, mas não falou nada. Parecia em transe — falou rindo. — A casa estava aberta e fui entrando até que achei você. Acabei de chegar. Bonita essa casa.

Vitória ficou tímida, sem jeito, pensativa.

— Fico preocupada com o que minha tia vai dizer quando vir um menino no quarto. Acabei de chegar à cidade. Ela vai me achar moderninha demais...

Os dois acabaram rindo.

— Legal o seu quarto — falou correndo os olhos pelo cômodo e depois se aproximou da estante. Samuel começou a mexer nos discos ali guardados.

— Tia Marília é muito legal. Ela abriu a porta de sua casa como se fosse minha. Disse para eu fazer do quarto meu lar. Hoje, colocou essa estante para eu guardar minhas coisas. Poucas coisas na verdade. Estou apenas passando uma temporada aqui.

— Que coleção você tem! Internacional e nacional...

— Eram de minha mãe — respondeu, posicionando-se ao lado do rapaz e observando atenta a forma como ele manuseava os discos, como se conhecesse os cantores.

Samuel falava com ar de conhecedor dos cantores, das músicas.

— Você conhece? Nem conto para meus amigos, pois ririam de mim.

— Gosto dos anos 1970, 1980... As músicas são maravilhosas. Foi a forma que encontrou de tê-la por perto?

— Não, eu gosto também — depois de uma pausa, completou: — Você falou algo que eu não tinha pensado. De fato, é uma forma de ter minha mãe por perto.

Os dois ainda ficaram alguns minutos conversando, quando uma voz surgiu de fora do quarto. Era Marília.

— Vitória, minha querida... — bateu na porta antes de abri-la.

— Oi, tia — Vitória virou-se para Samuel e, receosa, perguntou: — E agora? Ela vai vê-lo aqui, e não sei o que dizer.

Samuel apenas sorriu. Vitória caminhou lentamente para a porta, já com mil ideias de como contaria para a tia o motivo de o rapaz estar em seu quarto. A jovem, por fim, abriu a porta encorajada a contar a verdade.

Marília abriu um sorriso e abraçou a jovem ao entrar no quarto. Vitória recebeu o abraço constrangida. Naquele momento, fechou os olhos já esperando os comentários da tia sobre a visita de Samuel ao seu quarto.

— Rafaela virá jantar conosco hoje. Quero muito que a conheça...

Vitória estava alheia à novidade, mas notou que a tia não comentara nada sobre Samuel. A jovem virou o corpo para trás e vasculhou o cômodo rapidamente com o olhar. Por fim, respirou aliviada ao notar que Samuel não estava mais ali. Viu as cortinas balançando com o vento e percebeu que ele fugira pela janela.

"Meninos! Sempre tão espertos. É claro que não ficaria aqui para me prejudicar", pensou rindo.

— Vitória, você parece distante.

— Desculpe-me, tia. É que estava pensando na escola, nas novidades de Balneário.

93

Marília abriu um sorriso ao abraçá-la. Era uma mulher doce e carinhosa, e Vitória sentia-se acolhida ao seu lado. A jovem começou a lembrar-se do quanto sua mãe falava da amiga e viu também como seus olhos brilhavam ao falar de Rafaela, a filha que pouco a visitava e que preferiu o pai a ela.

— Você vai gostar de Rafaela. Ela é um tanto exótica... — parou de falar e o sorriso de Marília desapareceu, como se ela tivesse se lembrado de algo. Ela respirou fundo e depois continuou: — Daqui a uma hora, tudo bem? Acho que virá com um amigo. Um amigo que para ela é algo mais... Mas o coração dele não é dela.

— Como sabe? Se andam juntos, são ficantes...

Marília riu. Achava tão distante a palavra "ficante" para duas pessoas que se gostam. Tão descartável. Era a nova geração. Não cabia julgamento. Preferia pensar assim.

— Respondendo à sua pergunta: eu sinto.

Marília saiu do quarto sorridente, como quando entrou. Saiu apressada, ansiosa pelo jantar, em organizar a recepção para a filha.

Vitória fechou a porta do quarto, recordando-se da primeira impressão que tivera de Rafaela, mas preferiu não comentar com Marília. Depois, correu para a janela, onde se debruçou e ficou olhando a trilha pelo gramado à procura de Samuel.

A jovem voltou ao interior do quarto, certa de que o rapaz já partira. Ela, então, correu para o armário e ficou olhando as roupas. Qual deveria usar? Optou por um vestido azul bonito, de alça e decote. Nada extravagante que pudesse chamar a atenção nem tão simples que pudesse desvalorizar sua beleza. Na cômoda apanhou um colar de couro preto, o seu favorito, e foi então que avistou Samuel próximo da janela. Vitória sorriu.

O rapaz devolveu o sorriso e partiu.

***

Quando Vitória saiu da loja com Elis, Maria Andréia notou que seu celular tocava. Era seu marido.

— Diga, senhor Leandro Bonelli. O que deseja? — brincou ao atender, mas, quando ouviu a voz do filho, sentiu o sangue fugir-lhe do rosto. — Fabrício, meu filho! O que houve? — perguntou e fez silêncio para ouvi-lo. Depois, não dando importância às moças que estavam à sua volta, perguntando se ela estava bem, Maria Andréia desligou o celular e jogou-o na bolsa. Saiu apressada, sem se despedir, deixando as vendedoras curiosas.

Poucos minutos depois, a mulher desceu do carro no pátio do estacionamento do *shopping*. Estava linda e não passava despercebida, principalmente dos olhares masculinos.

Maria Andréia apanhou o elevador panorâmico e apertou o último andar. Com olhar superior e perdido, saiu indiferente aos cumprimentos.

Passou pelas palmeiras quase as derrubando e acessou o corredor que levava a uma sala. A secretária levantou-se apressada.

— Dona Maria Andréia, que bom que a senhora chegou. Ele se recusou que eu a chamasse, mas Fabrício estava aqui na loja... — falava acompanhando Maria Andréia.

— Como o deixaram entrar aqui?

— Quando me dei conta, Taciano já havia passado por mim. Estava furioso. Passou a chave, não consegui entrar...

Maria Andréia posicionou-se diante da porta de madeira imensa, em que se via o nome do marido talhado: "Leandro Bonelli – presidente". Em seguida entrou na sala, deixando a secretária para trás e temerosa por seu emprego.

A secretária mentira. Na verdade, facilitara a entrada de Taciano. Revelou-lhe qual era o melhor horário e não fez nada para interromper a briga que aconteceu no interior da sala. Viu o quanto Taciano estava furioso e, como não gostava de Leandro, não impediu que ele tomasse um corretivo.

Agora, no entanto, estava grudada na porta, arrependida e com medo de perder o emprego.

Maria Andréia entrou e, depois de dar um beijo suave no rosto do filho, foi para perto do marido, que parecia bem.

— Você não viu como eu o encontrei.

— O que houve? O que Taciano fez? O que o fez entrar aqui?

— Veio tomar satisfação por conta da brincadeira de Fabrício.

— Não foi nada de mais. A menina se assustou. Depois, não foi de propósito — vendo o olhar confuso da mãe, revelou: — A filha do Taciano e da Dorinha. Acabei esbarrando nela com a moto. Não foi nada de mais.

— Estava se divertindo, Maria Andréia. Taciano fez tempestade em um copo de água.

— E você fala assim, numa boa? Você socorreu a menina, meu filho? — viu Fabrício balançando a cabeça negativamente e prosseguiu: — Você está proibido de pegar a moto. Não tem habilitação para isso. Depois, o pai da moça tem razão! Quanta irresponsabilidade! Fez o que fez e nem a socorreu! Sabe que eu e seu pai respondemos por você. Sabe que seu pai irá se candidatar a um cargo na política e não faz bem que seu nome esteja envolvido em escândalos...

— Acabou? — perguntou Fabrício nem um pouco abalado.

— Ele é jovem, Maria Andréia. Vai querer prender o menino dentro de casa agora?

Notando que o pai o apoiava, Fabrício foi até ele, deu-lhe um beijo na testa e repetiu o gesto com a mãe.

— Aonde você vai? — perguntou Maria Andréia.

— Vou a um encontro. E já estou atrasado para ele. Posso?

Maria Andréia nada disse e viu o filho saindo sorridente, como se não fosse o pivô de toda aquela situação. Ela, então, sentou-se na cadeira e ficou olhando para o marido, agora já recuperando a cor, parecendo melhor.

— Estou bem. Taciano chegou aqui dizendo tanta coisa. Eu não estava esperando por isso. Fiquei abalado...

— Ele agrediu você?

— Verbalmente, mas já resolvi isso — levantou-se e chegou perto da esposa, apertando sua mão. — Obrigado por ter vindo. Só de você chegar, já fiquei bem.

— Quer ir ao hospital?

— Bobagem! Estou ótimo!

Ela sorriu, retribuindo o olhar de Leandro. Os anos haviam passado, mas ela se viu diante do mesmo jovem que conhecera um dia. Sempre pedindo socorro, precisando de apoio, do seu amor.

— O que você fez? Disse que já resolveu isso...

— Eu o demiti! — Leandro interrompeu a esposa, revelando a ação tomada. — Não quero mais falar disso. Pelo visto, Fabrício tem um compromisso! Poderíamos jantar fora, o que acha?

***

Vitória tomou um banho demorado e, quando saiu com a tolha presa na altura dos seios, tratou de secar os cabelos com um secador, enquanto ouvia o disco que fora de sua mãe. Arrumava-se na suíte de seu quarto, com a porta aberta. Quando terminou de secar o cabelo, viu duas ligações perdidas de Lilian, sua tia. Ainda estava chateada com ela, por isso preferiu não retornar. Poderia acabar magoando-a em resposta ao seu descaso, a não aceitá-la em sua casa. O tempo a faria esquecer-se disso, e ela poderia conversar com a tia normalmente. Pelo menos esperava que isso acontecesse.

O silêncio do intervalo de uma música para outra foi interrompido com a porta do quarto se abrindo bruscamente. A música *O meu amor* de Chico Buarque, interpretada por Alcione e Maria Bethânia, começou a tocar.

— Ops! Desculpe-me, achei que fosse o banheiro — falou Fabrício desconcertado, já dentro do quarto.

Vitória ajustou a toalha no corpo, prendendo-a com os braços.

— Já viu que não é. Agora, saia.

Ele sorriu e não deixou de apreciá-la, confirmando o quanto era ainda mais bonita do que quando a vira mais cedo, pela primeira vez. Fabrício observou o quarto da garota e achou-o bem original, até rústico, e distinto dos quartos cor-de-rosa que já vira de outras garotas que conheceu. E gostou do que viu!

— Não sei como você veio parar aqui, mas, se me der licença, estou me arrumando...

— Claro! — Fabrício sentiu o rosto ficar quente. Estranhou a sensação, pois não era comum ficar daquele jeito diante de uma garota. Fez um silêncio, e a música pareceu-lhe mais alta, envolvente. — Que música é essa?

Vitória falou com propriedade sobre a música e parou ao notar o ar de deboche do jovem.

— Nossa! Antiga para uma menina de sua idade.

— Garoto, se você não sair agora, vou começar a gritar.

Ele levantou as mãos e saiu rindo. Vitória bateu a porta do quarto e passou a chave.

— Preciso trancar essa porta. Este quarto anda muito frequentado.

"Então o famoso Fabrício deve ser o ficante de Rafaela. Só pode. Tia Marília falou que ela viria com alguém... Ele é bonito, mas é folgado demais. Por ser um Bonelli, a família tradicional de Balneário Califórnia, deve se sentir dono do mundo", pensou Vitória com ar de riso. E ao perceber que estava rindo, ficou séria.

Já pronta, com vestido, sandália e colar, Vitória começou a ouvir vozes alteradas. A jovem aproximou-se da porta, abriu-a com a intenção de ir até a sala, mas ficou ali, paralisada, ouvindo o que se passava.

— Depois me pergunta por que não venho visitar você!

— Minha filha, essa casa é sua.

— Bastou essa outra chegar para se apossar.

— Ficou assim, só porque peguei a estante de seu quarto? Você mesma tinha dito que não a queria em seu quarto, que eu me desfizesse dela. Prova disso é que, quando se mudou para a casa do seu pai, não quis levá-la.

— Calma, Rafaela. Que cena é essa? — questionou Fabrício.

— Não se meta. É assunto de família — rebateu ríspida.

— Não está mais aqui quem falou. Com licença. Dona Marília, muito obrigado pela noite, mas não poderei ficar para o jantar.

— Fabrício, não, meu amor. Eu não quis dizer isso.

Vitória ouviu passos apressados, uma porta se abrindo e se fechando, e depois a voz estúpida de Rafaela:

— Satisfeita, mamãe?! — havia ironia em sua voz.

Rafaela, então, correu atrás de Fabrício chamando-o pelo nome, e ouviu-se o choro alto de Marília tomando conta da sala.

Vitória correu até a janela que dava para o jardim e para o caminho de pedra e gramado que levava ao portão principal. Não conseguia ouvir o que estavam falando, mas pôde ver Rafaela com um vestido justo, cabelos coloridos, chorando, gesticulando, se justificando e tentando abraçar Fabrício, que também falava, desvencilhando-se do abraço da moça.

Vitória deu um passo para trás, pois não queria ser vista ali, então, saiu do quarto e foi até Marília. Ela estava aos prantos e muito bem-vestida, por certo para receber a filha. A jovem, carinhosa, aproximou-se sem dizer nada. Apenas abraçou a anfitriã, que aceitou seu apoio, e confortou-a com seu carinho.

Quando a viu mais calma, Vitória foi à cozinha e preparou um chá, que tomaram na varanda observando o céu estrelado. A jovem ofereceu sua companhia sem dizer nada; apenas tratou de escutar Marília.

— Vocês têm a mesma idade e nasceram no mesmo dia. Você é tão doce, mas Rafaela... — preferiu não completar a frase. Depois, com os olhos emocionados, disse: — Eu fiz muita coisa errada, como todo mundo um dia faz e se arrepende. Porém, acertei também. Carina a educou tão bem. Você é tão jovem, contudo, é madura.

Vitória ficou curiosa para saber o que Marília teria feito para se arrepender, mas não disse nada. Limitou-se apenas a abraçá-la.

— Quando Jordan me pediu que a recebesse para passar uma temporada comigo, fiquei pensando se daria conta da responsabilidade de cuidar de você, já que fracassei como mãe. E veja que ironia! Você tem sido um anjo e vem cuidando de mim.

— Minha mãe costumava dizer que essas fases passam. Em algum momento, Rafaela descobrirá o quanto você é maravilhosa.

— Somos espíritos tão diferentes. Quando ela era pequena, percebi logo o quanto Rafaela era distante. Corria dos meus abraços — começou a sorrir e lutar contra as lágrimas, que pareciam querer molhar seu rosto novamente. — Bem, isso ficará para outro dia. Obrigada, minha filha, pelo carinho. Pode se deitar, já estou bem.

Em seu quarto, Vitória estava elétrica demais para dormir. Escolheu um livro para ler, colocou-o na cama e pôs para tocar a música que estava ouvindo quando Fabrício entrou em seu quarto. A jovem aproximou-se da janela e ficou apreciando as estrelas. Um sorriso enfeitou seu rosto ainda mais.

***

Com muito custo, Rafaela desceu da moto de Fabrício, quando ele estacionou em frente à casa de Raul.

— Não quero ficar aqui. Quero ir com você para sua casa, ficar ao seu lado.

— Sem clima, Rafaela — falou secamente, querendo sair dali o mais rápido possível. — Viu como falou com sua mãe? Que cena foi aquela? Está com ciúme de Vitória? Foi isso?

— Nem me fale dessa menina!

— Você nem a conheceu! Apenas a viu uma vez na escola e por alguns minutos! E pelo que vi, foi hostil com ela.

— Por que está defendendo ela, Fabrício?

— Não estou defendendo ninguém, Rafaela, só estou tentando olhá-la com outros olhos. Com olhos diferentes dos seus. Somente isso.

— Já está encantado por ela também? Viu como minha mãe fala dela? Odeio ser comparada. Minha mãe parece fazer isso de propósito.

— Então é isso. Você ficou com ciúme. A estante foi só o estopim para dizer desaforos para sua mãe. Vitória nem havia aparecido ainda, e você já estava em atrito com sua mãe. Não é à toa que foi morar com seu pai...

— Você está encantado pela novata, mas vou lhe contar uma novidade, Fabrício, se é que você não sabe ainda. Essa menina linda está pronta para denunciar à polícia o que você vem fazendo em Balneário com sua moto.

— Vai me denunciar? — divertiu-se Fabrício, sem dar importância à novidade. Por fim, mudou o assunto: — Não mude o foco. Viu como deixou sua mãe? Não tem remorso?

— Somos muito diferentes.

— Ela foi gentil, delicada, a tratou tão bem. Faltou pegá-la no colo. Sua mãe não é o monstro que você pinta.

— É porque você não sabe do que é capaz. Não sabe.

— Melhor você entrar, dormir e refrescar essa cabeça.

— Me deixe ir com você. Por favor.

Fabrício não disse nada; apenas a olhou até encaixar o capacete na cabeça. Depois, ligou a moto, fez o retorno e buzinou, tomando distância. Diante da porta de casa, Rafaela ficou sozinha, triste e sem o direito de reivindicar os beijos dele.

Pouco depois, entrou em casa contrariada. Tudo saíra diferente do que planejara. Rafaela culpava Marília por tudo ter terminado daquela forma. A casa estava um silêncio, e sem sono, Rafaela foi até a adega de Raul e apanhou um litro de uísque.

Em seu quarto, virou a garrafa na boca e com um sorriso falou:

— Um brinde para você, dona Marília! A supermãe!

***

Fabrício entrou em casa tentando não fazer barulho. Esperava não encontrar a mãe acordada, pois bem a conhecia e sabia do seu roteiro de observações.

Já em seu quarto, depois de tomar um banho para relaxar, o rapaz flagrou-se pensando em Vitória e recapitulou o encontro que tivera com a moça. Ela com a toalha enrolada no corpo, pés descalços, olhar assustado, mas sem perder a autoridade ao falar.

"E aquela música? Que menina estranha! Parece não viver em seu tempo. Eu vi direito? Ela tinha discos de vinil?", refletiu ao pegar o *notebook* e começar a fazer a pesquisa. "Como é mesmo o nome da música que estava ouvindo? O meu... aqui. Essa mesma!", rapidamente ouviu um trecho, comprou o arquivo de MP3 e segundos depois a canção já estava em sua pasta de música.

Fabrício colocou o fone de ouvidos e deixou-se envolver pela música, observando o céu através da janela aberta do seu quarto. Flagrou-se rindo. Em sua cabeça só vinha o rosto de Vitória.

Ouviu a música uma, duas, três vezes...

Capítulo 10

Dorinha acabou adormecendo no sofá da sala à espera de Taciano. Quando despertou, se viu no silêncio do cômodo parcamente iluminado pela claridade que vinha da rua. Levantou-se sonolenta e viu o marido deitado no quarto.

Ao se deitar, Dorinha perdeu o sono. Lembrou-se das ligações que vinha recebendo, nas quais alguém lhe dizia que Taciano tinha outra mulher. Uma amante! Não conseguia aceitar que havia alguém na vida do marido. Não admitia uma coisa dessas, contudo, preferiu ignorar que isso pudesse estar acontecendo.

Na manhã seguinte, enquanto se ocupava em preparar a mesa do café da manhã, Dorinha viu o marido entrando na cozinha com a cara péssima, reclamando de dor de cabeça. Falava baixo, diferente do hábito de falar alto, mas o mau humor costumeiro continuava presente e intenso.

— Poderia passar menos manteiga no pão.

— Não sabia que era tão econômico. Nunca fez comentários sobre...

— Só estou com dor de cabeça, e o pão encharcado de manteiga pode piorar — interrompeu bruscamente. — Quer saber? Não vou tomar café — e foi se levantando.

— Taciano! Volte aqui! Coma alguma coisa. Uma fruta vai lhe fazer bem — recomendava a mulher zelosa. — Você bebeu ontem? Chegou tarde.

— Bebi e cheguei tarde, sim. Qual é o problema?

— Ontem, você saiu estressado quando soube de nossa filha. O que fez?

Taciano manteve-se em silêncio.

— O que houve, Taciano? Você não está bem. Trate de melhorar seu humor, homem! Como vai trabalhar assim? Como vai atender as pessoas na loja?

— Que trabalho? Fui demitido.

— O que você aprontou? Sabia que iria fazer alguma bobagem.

— Não sou moleque, Dorinha. Fiz o que era certo: tirei satisfação com o criador, já que a criatura é só um moleque. E se eu o encontrasse na minha frente, não sei o que seria capaz de fazer.

— Perdeu o emprego. Está melhor agora? Sabe que não pode medir força com ele. É um Bonelli. Leandro é praticamente o dono de Balneário. Se quiser ter emprego aqui, terá de seguir suas ordens...

— Cansei. Simplesmente cansei. E de tudo, se quer saber.

Taciano falou isso e saiu, sem se preocupar com a filha, de levá-la à escola, como costumava fazer. Saiu sem olhar para trás e esperar que Dorinha fosse ao seu encontro no portão para lhe desejar um bom-dia.

Dorinha largou tudo para acompanhá-lo, mas o grito de Paola fê-la voltar.

— Maaaaãe!!!

***

Vitória estava saindo do quarto, pronta para ir para a escola, quando Elis entrou no cômodo.

— Me conte! Como foi o jantar com a azeda da Rafaela?

Vitória riu. Não era adepta à fofoca, mas a forma divertida de Elis fê-la contar o que ocorrera por cima, sem aprofundar ou mesmo deixar transparecer em seus comentários o que achou de tudo.

— Dona Marília está toda derretida. Ela me disse que a noite só não foi pior, porque você estava aqui. Poderosa, hein?! Olhe para meus pés! Não ficaram lindos? Foi o presente que você me deu.

Elis era assim: intensa, alegre, e, quando se encantava com uma pessoa, pronto! Amizade feita.

— Se apresse para o café. Vou levá-la à escola.

— Sério que vai me escoltar para a escola todos os dias? Não que eu não goste de sua companhia, mas vou sentir como se estivesse atrapalhando você. Entende?

— Estou adorando — disse esfuziante. Depois, com voz baixa, comentou: — Se eu tivesse de acompanhar Rafaela, já teria pedido demissão da função! Menina, você acredita que ela nem olha para mim quando vou trabalhar na casa do pai dela? Se bem que ultimamente ela tem me cumprimentado. Está se esforçando para ser simpática.

— Viu o quanto é legal. Ela quer ser sua amiga.

— Sei bem o que é. Rafaela anda bebendo! Já encontrei uma garrafa no quarto dela. E, outro dia, encontrei também uma blusa de frio de um garoto. E o medo que ela tem de que eu conte tudo para o pai dela? Onde fica?

Vitória sentiu o coração acelerado. A blusa poderia ser de Fabrício. Será? E por que estava se sentindo assim? Tensa com a novidade. Os dois eram ficantes! Se bem que se esforçava para manter-se na realidade, pois não tinha nada com ele. Por que, então, estava preocupada? Talvez por Rafaela. Embora não demonstrasse simpatia, sentia afeição por ela.

— Vamos nos apressar, Elis, já estou atrasada. Ah! Essa sacola é para você. Acho que vão ficar perfeitas em seu corpo. Usamos o mesmo número.

Elis quase chorou.

À mesa do café, Vitória encontrou Marília alegre, disposta, bem diferente de como a vira na noite anterior, chorando na varanda.

Vitória ganhou um abraço apertado e beijos estalados. A moça saboreou o suco e o bolo fresco feito por Marília. As duas conversaram sobre alguns assuntos, mas nada sobre a noite anterior. Vitória foi delicada ao perguntar, quando se despedia para ir à escola:

— Está tudo bem?

— Já está ficando, meu bem.

Vitória, então, seguiu de bicicleta para a escola na companhia de Elis. Na porteira de madeira, ornada por flores amarelas que saltavam das folhagens verdes enramadas, Vitória olhou para trás e pôde ver Marília na varanda, rindo e acenando para as duas jovens.

Vitória retribuiu o gesto e ficou pensando por que Rafaela odiava a mãe, a ponto de tratá-la daquela forma. Preferiu, contudo, não falar nada. Fez o caminho da escola embalada pela divertida Elis.

— Anotou meu telefone direitinho? — perguntou Elis sorrindo. — Qualquer coisa, me chame. Sabe que tem um tarado solto por aqui. É só me chamar que apareço.

— Mandei uma mensagem para você. Registre meu número em sua agenda. Na saída, gostaria de conhecer mais Balneário. Topa acrescentar na função de babá a de guia de turismo?

As duas começaram a rir.

— Vou aproveitar para passar uma mensagem para Paola — comentou já digitando o texto. — Espero que ela esteja bem. Acho que na companhia dela vai ser mais fácil enfrentar o que me espera do outro lado do muro. Fiz outro amigo também, mas ele não é da minha sala — concluiu rindo.

Esse final de conversa aconteceu quando a moça chegou ao local. Vitória estava amarrando sua bicicleta e se despedindo de Elis, quando Fabrício chegou.

— Bom dia! — o rapaz cumprimentou as duas e depois fixou os olhos em Vitória. — Podemos conversar?

***

— Menina, quer me matar de susto?! Que grito foi esse de acordar o quarteirão? — questionou Dorinha ao encontrar Paola no banheiro, em pé na balança, quase aos prantos.

— Oito quilos, mãe! Sabe o que isso significa?

— Que...

— Estou carregando no corpo quase dois sacos de arroz de cinco quilos! — interrompeu Paola sentida, dramática, a ponto de fazer Dorinha rir.

— Menina, você já é uma mocinha. Dezesseis anos! É normal que seu corpo esteja se modificando, transformando...

— Olhe essa calça. Veja bem! É a última vez que a coloco. Tenho certeza de que não vou mais colocá-la. Pode colocar na sacola de doação. Nem vou almoçar hoje. Se apertar, é capaz de servir na Vitória. Que inveja! Aquele corpo perfeito — Paola foi interrompida pelo barulho do celular vibrando sobre a cômoda. Apressada, a jovem riu depois de ler a mensagem enviada pela amiga e comentou com a mãe enquanto digitava a resposta: — Falando nela, era Vitória perguntando se estou melhor. Como ela é legal!

A moça disse isso e saltou apressada da balança. Falava e gesticulava como se estivesse com o maior problema do mundo. Enquanto isso, Dorinha seguia a filha, falando sobre a natural transformação do corpo, mas a jovem a ignorava.

— E já está bem para ir à escola?

— Maravilhosa! — falou rodando o corpo quase na ponta dos pés. — Comecei a melhorar depois de ter sido carregada nos braços por aquele deus maravilhoso, o professor Gilberto! A *selfie* fez sucesso! Foram várias curtidas. Vitória fez a foto no melhor ângulo.

— Agora chega, minha filha! — saiu quase num grito. Ouvir o nome de Gilberto fez Dorinha se recordar do último encontro que tivera com o ex-namorado e lembrar o quanto ele significou em sua vida. Era um segredo guardado em seu coração. — Melhor correr porque seu pai já saiu... — ia contar à filha que Taciano estava desempregado, mas preferiu não dizer nada. Paola já tinha as próprias preocupações e a ansiedade poderia piorar a situação. Preferiu poupá-la.

— Um favor que o pai fez. Melhor ir andando para queimar calorias. Do jeito que estou, acho que vou rolando mesmo.

Dorinha não deixava de rir. A filha, sempre divertida, era capaz de tirá-la dos momentos de tristeza. Sempre fora assim. Quando Pedro deixou a casa, Paola abraçou a mãe e, secando as lágrimas do rosto de Dorinha, disse,:

— Mãe, não fique assim. Olhe pra mim! Estou valendo por duas. Olhe o tamanho que estou ficando. Viu como Deus é generoso? Sempre terá dois filhos.

Aquele pensamento a fez se lembrar de Pedro e que teria de esperar alguns dias ainda para ouvir a voz do filho. As lágrimas rolaram por seu rosto.

— Mãe, já sei por que está chorando. Pare! A senhora logo, logo vai conversar com Pedrinho. Ainda bem que ele não está aqui para debochar de mim. Já pensou se me vir assim?! Ele que é todo atlético, de despertar corações. Mãe! — gritou por fim.

— O que foi, menina?

— Melhor eu ir correndo para a escola. Já que rolando posso me machucar e andando não vai surtir o efeito desejado.

Dorinha, ainda com lágrimas nos olhos, não deixou de rir. Mesmo com problemas, era agradecida pelos filhos.

Paola apanhou a mochila e saiu apressada, recusando o café da manhã. A moça, no entanto, não rejeitou o dinheiro que Dorinha lhe deu com a recomendação de que comprasse algo na cantina da escola.

— Coma algo! Não vá ficar com fome, passar mal...

A menina beijou o rosto de Dorinha e saiu correndo pela rua, acenando para a mãe.

Dorinha esperou a filha dobrar a rua e voltou para o interior da casa. Tirou a mesa, lavou a louça e, quando estava secando um prato, ouviu o telefone tocar. Como sempre, à mesma hora. Recusou-se a atender. Já tinha preocupações demais. Fazia ideia de que era a voz misteriosa, inventando histórias para destruir seu casamento.

"Meu Deus, me fortaleça nessa fase difícil. Pedro naquele lugar, meu marido desempregado e alguém querendo destruir meu casamento...", pensou isso e de repente teve uma ideia. Pôs um vestido que ainda não usara, sapatos novos e saiu.

Minutos depois, parou em frente à casa da família Bonelli. A empregada veio atendê-la.

— Preciso falar com Maria Andréia. Diga que é Dorinha. Nós nos conhecemos de outro carnaval — notando a indecisão da empregada, Dorinha avançou à porta e foi entrando. Por alguns segundos, ficou fascinada com o que viu: a área gramada, as rosas, a casa de dois andares com elevador panorâmico. De repente, ouviu alguém:

— Dorinha, você aqui?! — perguntou Maria Andréia, quando a viu se aproximar do deque da piscina onde tomava sol.

***

— Vender essa casa! Achei que não soubesse, mãe — comentou Gilberto no momento em que saboreava o café na casa de Deusa. — Alberta me contou sobre o interesse em vender e achei...

— Sim. Sua mulher veio aqui. Estava simpática. Viu, filho, como eu tinha razão? Podia tardar, mas logo ela me receberia na casa de vocês.

— Está disposta a deixar sua casa? — perguntou isso ciente da paz em que a mãe vivia e que ele não encontrava ao lado da esposa.

— Desde quando você aceitou se casar com a moribunda. Deus me perdoe! Estava só pele e osso! Eu nunca

109

poderia imaginar que ela fosse revigorar com o casamento. Credo! Nem tudo saiu como eu queria, mas...

— Mãe, você desejava a morte da Alberta?

— Não! — tentou disfarçar, rodando o pano de prato no ar, com o velho hábito de espantar as moscas. Tentava evitar o olhar questionador do filho. — É que da forma que estava não se esperava mais nada além disso. A mãe dela mesmo me disse isso.

— Às vezes, me pego pensando em Dorinha. Em como teria sido minha vida ao lado dela.

— Pobre, com filhos dando problema, ao lado de uma mulher envelhecida. E você, com certeza, não estaria formado, dando aula e vivendo no centro de Balneário. Deixaria a faculdade para sustentar os filhos e trabalharia como vendedor no *shopping*.

— E seria feliz, mãe. Seria feliz.

Gilberto ficou na casa da mãe por alguns minutos e depois partiu. Assim que o filho saiu, Deusa voltou apressada para dentro de casa e abriu a porta do quarto, que manteve fechada durante a visita do filho. Lá estavam várias caixas. Muitas delas com seus pertences já embalados. Depois, percorreu a casa e viu o que mais poderia armazenar nas caixas.

Por fim, pegou o telefone e ratificou o combinado de horas antes.

— Isso mesmo. Anotou o endereço certinho? Não quero atraso. Ouviu bem? Já disse que o pagamento será no destino. Preciso repetir mais uma vez?

Disse isso e bateu o telefone. Ria emocionada.

— Adoro fazer surpresas!

***

— É rápido. Não vou tomar muito do seu precioso tempo — falou Dorinha, deixando transparecer o quanto a outra levava uma vida fútil.

Maria Andréia pegou a saída de banho e aproximou-se de Dorinha.

— É sobre Taciano...

— Eu soube. Lamento muito que um desentendimento entre nossos filhos tenha acarretado isso...

— Fala como se fosse algo simples. Seu filho, um irresponsável, atropelou minha filha.

— Indelicado de sua parte entrar na minha casa para destratar minha família.

— Vou dizer para você o que é indelicado. Indelicado é dar uma péssima educação ao seu filho e permitir que ele faça o que quer pela cidade, como se fosse o dono do mundo.

— Pelo que sei, você não está em posição de ser exemplo. Veja o que aconteceu com seu filho. Onde Pedro está mesmo?

— Na casa da minha irmã — sentiu que não fora convincente e prosseguiu: — Meu Pedro pode ter errado, feito o que fez, mas não se iguala a seu filho. E os dois andavam juntos! Pedro, no entanto, é incapaz de machucar alguém.

— Fisicamente, pode ser, mas...

— Maria Andréia, não vim aqui discutir a educação de nossos filhos. É seu filho. Faça o que bem achar melhor. Meu marido precisa do emprego de volta. Vim lhe pedir que devolva o emprego a Taciano.

— Depois do que ele fez? — perguntou rindo.

— Seu filho fez pior e nem desculpa ouvi. Um pai grita para defender seus filhos. Se coloque no lugar de Taciano.

— Não sei, ele magoou muito Leandro.

— É impressionante como a família Bonelli ainda se coloca como vítima. Como se fossem. Você mudou muito. Pena que não foi para melhor.

— Se vai me ofender, vou pedir que se retire.

— Não precisa me pedir duas vezes. Já estou de saída — Dorinha fez uma pausa, estudou o rosto de Maria Andréia e falou: — E já fomos amigas um dia! Quando penso que estive presente naquele episódio.

— Não sei do que está falando.

— Esqueceu? Que bom, pois eu não esqueci. Lembro-me muito bem do dia em que você abortou. Você tinha engravidado de um homem comprometido e por isso...

— Fale baixo — pediu Maria Andréia constrangida, com a voz mansa. — Por favor, não desenterre isso. Não quero que ninguém ouça — falou isso e viu Dorinha silenciar. Ela, então, continuou: — Você veio até aqui me chantagear.

— Não. Sinceramente não vim aqui com essa lembrança, mas sua arrogância me fez lembrar. Só isso. Vim lhe pedir como mãe e esposa para devolver o emprego para meu marido, que foi injustamente demitido. E no fundo você sabe disso, porque conhece o marido e o filho que tem.

Dorinha saiu sem olhar para trás. Maria Andréia ainda deu alguns passos, mas desistiu de alcançá-la.

Duas horas depois, o celular de Taciano tocou. Era do *shopping*, pedindo o seu comparecimento no setor. Estavam o readmitindo.

O homem estava na rua e deu saltos de alegria.

Capítulo 11

Vitória ficou alguns segundos olhando para o rosto de Fabrício, procurando um motivo para terem aquela conversa logo cedo. Por fim, quem quebrou o silêncio e a troca de olhares entre os dois foi Elis.

— Gente, vou indo, pois tenho muito o que fazer. Na saída, estarei aqui, Vitória.

— Você não é um pouco grande para ter babá, não acha? — provocou Fabrício. — Mimadinha...

— Era isso que você tinha para me dizer? Não poderia esperar outra coisa de um moleque babaca — desafiou Vitória. Depois, sem tirar os olhos de Fabrício, completou: — Pode ficar, Elis. Não tenho nada para falar com ele.

— Preciso falar em particular com você.

— Não tenho segredo com meus amigos. Elis fica. Quanto a você, seja breve. Já estou atrasada para aula.

Elis abriu um sorriso e cruzou os braços ao lado da amiga, comportando-se como uma protetora e sentindo-se valorizada.

Fabrício sentiu algo diferente, afinal, nunca fora tratado daquela forma. Sempre teve as meninas que quis, usou-as e descartou-as sem nenhum problema. A maioria delas dependia de uma forma ou de outra da família Bonelli, de sua família, então, era comum fazer prevalecer suas vontades.

Por fim, vendo que Vitória o olhava, esperando o que ele tinha a dizer, Fabrício foi direto:

— Soube que está querendo levar a sério a brincadeira que fiz ontem, que quer levá-la adiante. Uma bobagem...

— Bobagem? Então é assim que vê suas graças pela cidade? Alguém tem de dar um basta na sua ousadia.

— Quem? Você? — debochou.

— E por quê não? — Vitória falou firme, confiante.

— Menina, é melhor parar por aqui. O pai da garota já perdeu o emprego, então, melhor deixar como está. As consequências...

— Está me ameaçando? — Vitória questionou dando um passo à frente, chegando bem perto de Fabrício. Ousada, ainda ergueu a cabeça para melhor encará-lo.

— Gente, calma. É melhor... — pediu Elis sem ser ouvida.

A discussão dos dois tomou força.

— Veja só a besteira que vem fazendo! Quer dizer que o pai de Paola perdeu o emprego?

— Ele foi afrontar meu pai. Ele é louco!

— Louco é você, seu idiota! Não percebe que tudo foi por conta de sua irresponsabilidade? Uma pessoa está desempregada por sua causa. Não se sente culpado por isso?

— Ele agrediu meu pai! O cara entrou enfurecido no escritório! — Fabrício tentou justificar-se, o que irritou Vitória ainda mais.

— O cara se chama Taciano. Cheguei há pouco tempo na cidade e sei o nome dele. Você tem dificuldade de tratar as pessoas pelo nome? De tratá-las com respeito? Por acaso, acha que só existe a família Bonelli? Sinto informá-lo que não!

— Taciano agrediu meu pai! — Fabrício falou com dificuldade. Não era do seu feitio tratar quem não fosse de seu círculo de amizade pelo nome. Era o cara da loja tal, o porteiro, o segurança, o motorista, os empregados de sua família. Era assim que considerava os moradores daquela cidade. — Tenho certeza de que você...

— Quem agrediu quem primeiro? Outra coisa! Você falou "o pai da menina". Ela tem nome. Chama-se Paola! E é provável que vocês se conheçam há muitos anos, desde o berçário. Por que a trata com esse desprezo? Como se tivesse atropelado um saco de lixo na rua? Você deve ter se preocupado apenas com a possibilidade de ter ralado sua moto. Nem desculpas a ela foi capaz de pedir.

— Muito mimadinha — Fabrício falou rindo. Era típico do rapaz provocar quando não tinha argumentos.

Nesse momento, a tensão era grande entre os jovens. Seus corpos estavam separados apenas por um palmo de distância. Estavam ligados pelos olhares.

— Não, meu querido, eu não sou. E você nem merece resposta. Elis está me acompanhando para eu conhecer melhor a cidade e já ficar alerta da existência de filhinhos de papai mimados que há por aqui, de tipos como você. Agora saia da minha frente, pois tenho mais o que fazer.

Vitória despediu-se de Elis e, já a dois passos adiante, vendo Fabrício paralisado com um sorriso no rosto, ela voltou e completou:

— E, se for capaz, me faça um favor. Quando me vir na rua, finja que não me conhece.

Fabrício não retrucou; apenas ficou observando Vitória distanciar-se. A jovem estava linda e nervosa e andava ainda mais apressada, fazendo seus cabelos balançarem. Ele encostou-se na parede e sentiu a boca seca. Fechou os olhos e viu Vitória com a toalha fixa na altura dos seios. A música que envolvia aquela cena se fez presente.

***

Quando chegou ao centro de Balneário Califórnia, devidamente acomodada na boleia do caminhão, Deusa abriu os vidros e respirou fundo, querendo inundar o pulmão com novos ares. Ela fez o motorista parar na esquina da casa do filho e da nora.

— Não tenho o dia inteiro, minha senhora. Vou cobrar taxa extra.

A mulher nem ligou. Estava muito feliz com seus planos. Muito!

— Pronto, pode encostar o caminhão — anunciou, ao ver o carro de Alberta sair acelerado na contramão.

Deusa saíra de casa com toda a sua mudança. Quando os carregadores chegaram ao local, ela puxou uma das cadeiras e sentou-se para assistir à movimentação dos móveis sendo colocados no interior do caminhão. Enquanto os homens trabalhavam, ela tecia comentários, enquanto rodava o pano de prato no ar para se livrar das moscas. Em outro momento, acomodava o pano encardido no ombro.

— Devagar! São minhas porcelanas! Todo cuidado, por favor. São copos importados!

Os copos importados, na verdade, eram remanescentes de copos de geleia, de massa de tomate, todos de tamanho desigual, e as porcelanas resumiam-se a cinco pratos, que ela insistia serem de valor.

— Cuidado com a geladeira! É antiga, mas tem um motor que não se encontra igual.

O carregador olhou para a peça vermelha, descascada, com ferrugem tomando conta, e só balançou a cabeça.

Os vizinhos começaram a aparecer ao notarem a movimentação dos móveis e Deusa sentada na cadeira, ora no quintal, ora na calçada, ditando ordens.

— Quantos anos aqui? Até perdi a conta. Vim moça para cá e estou saindo velha. Ainda bem que estou partindo com vida.

— Muitas alegrias, né, comadre? — perguntou uma senhora tímida, com a mão na boca, tentando encobrir a falta dos dentes.

Às vezes, Deusa esquecia por que se tratavam de comadres, mas depois lembrava que fora madrinha de um dos dez filhos da vizinha. A criança de quem fora madrinha morrera meses depois do nascimento, por isso Deusa apagara a ligação com a vizinha.

— Os piores da minha vida. Vou fazer questão de esquecer rapidamente desses anos. Vou para a casa de minha nora. Ela me chamou. Tão bondosa... Finalmente reconheceu que me deixar aqui não estava certo. Graças a Deus vou me livrar deste lugar horrível.

Quando o motorista, já estressado, foi fechar a porta do caminhão, Deusa gritou que ainda faltava por uma cadeira no veículo. Na sequência, os vizinhos reuniram-se para se despedir de Deusa.

Ela foi distribuindo abraços, sorrindo, secando as lágrimas das vizinhas com seu pano de prato e confortando-as a seu modo. O motorista, então, deu a partida. Deusa encerrou suas despedidas e correu atrás do caminhão, que parou diante do portão vizinho. Ela entrou fazendo comentários:

— Bem se diz: "Quer ser bom morra ou mude". Preciso mudar mais vezes — olhou para o pano de prato e jogou-o pela janela. — Deste lugar não quero nem os trapos.

Assim, o caminhão partiu com Deusa sorrindo. Ela sentia-se vitoriosa, enquanto via as crianças correndo atrás do veículo e as vizinhas entregando-se aos prantos.

***

Taciano não conseguia conter a felicidade de ser readmitido em seu emprego de vendedor na loja do *shopping*. Precisava compartilhar aquela notícia. Ele, então, pegou o celular e, depois de passar por diversos contatos, entre eles os de Dorinha, Paola e Pedro, deslizou, apressado, o dedo até o nome que queria.

Foi atendido no primeiro toque.

— Amor! — a palavra veio com emoção, repleta de carinho.

— Consegui! Me devolveram o emprego! Estou de volta, meu amor...

Taciano falou por mais alguns minutos até comunicar, com a voz triste, diferente do entusiasmo inicial:

— Preciso desligar, amor. Tenho que ir. Vou passar em casa, almoçar, pois retorno ao meu posto hoje à tarde. Quero vê-la hoje. Temos de comemorar essa volta.

Vinte minutos depois, Taciano já estava em casa, sentado à cabeceira da mesa, falando, enquanto Dorinha servia o feijão sobre o arroz, a carne malpassada ao lado, guardanapo do lado direito, o copo de refrigerante com pedras de gelo do lado oposto, tudo a seu gosto. A esposa só faltava lhe levar a comida à boca.

— Eles viram que precisam de mim! Que sou bom! O melhor funcionário do *shopping*, que conheço muito...

— Você não é insubstituível, Taciano.

— Parece que não está feliz com minha conquista, Dorinha. Você poderia estar vibrando por eu ter conseguido o emprego de volta, mas não! Fica com essa cara triste, com a voz lamentosa.

— Desculpe-me, não estou bem. É só isso. Parabéns pela conquista. Você merece.

— Você é incapaz de se colocar em meu lugar, de entender o sofrimento que senti quando fiquei sem emprego — resmungou.

— Você não sabe do que sou capaz por nossa família, Taciano. Não seja injusto — falou isso e forçou um sorriso. — Parabéns. Você é pai de família, bom funcionário...

— E muito bom! Eles sabem que faço um trabalho exemplar... — constatava rindo, com a voz exaltada. — E aquela camisa verde? Está passada? Vou com ela! — falava com a emoção do primeiro dia de trabalho.

Dorinha saiu da cozinha e foi ao banheiro, deixando o marido sozinho, falando, vangloriando-se da suposta conquista. Taciano estava tão empolgado que nem deu falta da mulher.

No banheiro, Dorinha recordava-se da conversa que tivera com Maria Andréia. Ela sentiu um aperto no peito e acabou chorando. Tentava sufocar as lágrimas, evitando fazer barulho. Já mais calma, lavou o rosto, secou-o e viu-se refletida no espelho. Arrumou os cabelos e saiu em direção à cozinha. Taciano já não estava mais lá; saíra para o trabalho. Teve essa certeza ao ver que as chaves e a carteira do marido já não estavam mais sobre a estante da sala.

Com o aspecto cansado, Dorinha consultou o relógio. Lembrou-se de que a filha passaria o dia na escola, então, tirou a mesa, pôs a louça na pia e, depois de sacudir a tolha de mesa e dobrá-la, colocou-a na primeira gaveta do móvel.

Sentiu o corpo tão pesado, que decidiu mudar o roteiro. Não lavou as louças, foi para a sala e deitou-se no sofá.

Minutos depois, adormeceu. Aconteceu o desdobramento, e seu espírito desprendeu-se do corpo físico. Em instantes, Dorinha estava em um lugar bonito com um extenso gramado a se perder de vista, com casas simples e coloridas e rosas das mais diversas cores.

Dorinha apreciava toda aquela beleza, quando Carina chegou com seu sorriso de sempre, o mesmo da adolescência, quando se encontravam na praça para irem juntas à praia.

— Que saudade, minha amiga — falou Carina bem próxima de Dorinha.

Dorinha ficou emocionada e tentou pegá-la, pois queria sentir a amiga, ter seu abraço caloroso, que por ocasiões especiais lhe trouxe tanto conforto, mas não conseguiu. Cada vez que tentava aproximar-se de Carina, era como se ela desse um passo para trás, mas sem tirar do rosto seu sorriso.

Percebendo isso, Dorinha não cobrou o contato físico; ficou parada, apreciando o rosto e o olhar da amiga. Era como se ainda fossem jovens.

— Por que carrega essa culpa, minha amiga? Está com o coração pesado.

— Fui procurar Maria Andréia para pedir pelo emprego de meu marido. Taciano se desesperou, agiu por impulso, colocou-se como pai que é e foi tirar satisfação com Leandro. Lembrou-se somente do desentendimento dos meninos e se esqueceu de que estava diante do dono do *shopping*, seu chefe. Foi demitido em resposta aos seus desaforos...

— Não está feliz com a conquista de seu marido? Sei que ele conseguiu o emprego novamente.

— Não é só isso, você sabe. Fiquei mal em fazê-la reviver o passado. Eu não deveria ter falado da época em que ela fez o aborto, de quando éramos amigas. Eu não tinha esse direito, entende? Algo tão pessoal, da particularidade de Maria Andréia.

— Minha querida, não se culpe por isso. Esqueça. Você não a fez lembrar-se de nada, afinal, Maria Andréia nunca se esqueceu do que houve. Lembrou-se, porque foi um fato marcante da época em que todas nós éramos amigas, só isso. Você não tem responsabilidade sobre isso.

— Foi como mexer numa ferida. E eu fiz isso quando toquei naquele assunto e disse que foi uma escolha dela.

— Não devemos nos responsabilizar pelas escolhas alheias, sofrer, absorver a dor do outro por algo pelo qual ele decidiu passar ao escolher determinado caminho. É o livre-arbítrio se fazendo presente.

— Suas palavras me acalmam. Eu vi Vitória — Dorinha comentou mais animada. — Ela é linda como você. Tem muito de você.

— Você sabe da verdade, Dorinha — observou rindo, com uma cumplicidade que só existe entre amigos.

— Não importa. A convivência, a educação, os valores que passou para sua filha fizeram de Vitória uma moça encantadora. Briguenta, também tomou as dores do ocorrido com Paola sem conhecê-la. Emprestou a blusa para a menina, acompanhou-a até nossa casa, se preocupou em saber como ela estava...

— Vitória é muito especial. Cuide bem de minha menina.

Carina disse isso e desapareceu. Dorinha ainda tentou encontrá-la novamente. Correu os olhos pelo local e viu algumas pessoas envolvidas em suas tarefas. De repente, ouviu um barulho de telefone, que de baixo foi ficando alto. Foi então que despertou do sono.

Dorinha sentou-se ainda sonolenta e pegou o telefone. Atendeu à ligação querendo se lembrar do sonho, mas aquele encontro não lhe vinha à cabeça. Pensou em Pedro ao dizer alô, mas não era seu filho.

— Ele conseguiu o emprego de volta. Vai deixá-la em breve...

Dorinha desligou o telefone sem se dar o trabalho de perguntar quem era. Já sabia que não teria resposta.

***

Paola apressou os passos, quando avistou Vitória na cantina, pagando pelo suco de laranja e sentando-se em seguida a uma das mesinhas que tinha por perto.

— Amiga! — exclamou Paola eufórica, distribuindo beijos para Vitória como se fossem velhas amigas. Vitória compartilhava do mesmo sentimento, pois foi logo contando o encontro que tivera com Fabrício havia poucos minutos.

— Percebi que estava tensa. Ainda está vermelha — comentou Paola, pegando o espelho em sua mochila e abrindo na frente da outra. — Lindo, maravilhoso, deus grego, o homem mais lindo de Balneário Califórnia. O mais lindo e o mais ordinário também. Como assim ele a ameaçou?! Perdeu vários pontos em meu conceito. Vários, amiga.

— Melhor nos esquecermos disso. Vamos para a sala, pois já estamos atrasadas. E você, como está? Melhorou? Fiquei tão nervosa com isso que nem...

— Eu entendo. Estou ótima e ansiosa para a aula de educação física com o professor Gilberto. Aquele sim é um homem bonito e elegante — suspirou Paola.

Vitória começou a rir e levantou-se da cadeira. Paola acompanhou-a e viu o copo de suco de laranja pela metade.

— Que desperdício! Não quer mais? Eu quero, então! Estou de regime, e esse meio copo é ideal! Está vendo essa calça apertada aqui? Vou ter que ajustá-la ao corpo. Pode anotar. Minha meta é cair dois números. Essa calça não é para meu corpo...

Vitória divertia-se com a amiga. A moça não quis comentar, mas passou por sua cabeça que a nova amiga poderia não ter muito dinheiro, então decidiu se atentar a isso e, se preciso fosse, dividiria com ela seus lanches.

Quando entraram na sala — Vitória na frente seguida de Paola —, o professor iniciava a aula. Raul fez algum comentário, mas as duas jovens ignoraram-no e acomodaram-se uma ao lado da outra.

Vitória ficou pensativa com a conversa que tivera com Fabrício. Quando entrou na sala de aula, percorreu o olhar ao redor e seus olhos logo encontraram os do rapaz, que fez questão de tirar os óculos escuros ao vê-la entrar. Os dois ficaram se encarando por alguns segundos. Não havia raiva nem ressentimento entre eles. Era só. Mais nada.

— Chegou a novata! O circo está completo! — provocou Rafaela, ao notar o olhar perdido de Fabrício.

— Agora fiquei com medo, sabia? Eu aqui, sentado ao lado da mulher-cobra — comentou Fabrício em um tom audível, que provocou o riso de seus discípulos, que sempre se sentavam à sua volta.

A aula seguiu tranquila, sem novidades, até Raul anunciar um trabalho em grupo. As famosas panelas logo se aglomeraram, e com Paola não foi diferente. A moça puxou Vitória e duas amigas das antigas para seu grupo.

O professor esperou os alunos se acalmarem e perguntou:

— O que é isso? Cada um no seu lugar.

— Não é trabalho em grupo, professor? Estamos montando o nosso. Pode jogar o tema — falou Paola descontraída e cochichou para Vitória: — Não estou aguentando olhar para o todo-poderoso e lindo do Fabrício. Ele está fazendo meu estômago embrulhar.

— Para mim, está difícil também. Não sei explicar. E nem lhe contei. Ontem, ele entrou no meu quarto, e eu estava só de toalha.

— Menina! Me conte os detalhes! Como assim?!

A voz de Paola sobressaiu na sala, e Raul cerrou o cenho, o que a fez silenciar. A jovem decidiu esquecer o assunto por ora, contudo, a curiosidade era maior que o tema do trabalho em grupo.

— Não, hoje será diferente — Raul começou a ditar as regras. — Cada um em seus lugares. Eu definirei os grupos.

Mesmo sob protestos, Raul seguiu. Fez uma conta rápida da quantidade de alunos e anunciou a quantidade de grupos que queria e o número de participantes. Ao ver que todos estavam acomodados, aproximou-se dos alunos sentados e começou:

— Guardem seus números — e começou a contar os alunos. — Você é o número um. Você, o dois. Você, o três... — ora batia no ombro, ora na carteira, ora no celular, ao notar alguém com os olhos grudados no visor do aparelho. Depois de passar pelas fileiras e atribuir um número a cada estudante, anunciou: — Agora, por favor, quero os números iguais juntos.

Daí por diante foi um rebuliço. Os alunos começaram a procurar os números iguais aos seus.

— Amiga, sou número dois! — lamentou Paola. — Estou no grupo da mulher-cobra.

As duas começaram a rir.

— Eu sou do grupo um. Preciso ver onde ele está formado — Vitória disse isso e passou o olhar examinando a turma. Não demorou muito para ver Fabrício sorrindo-lhe e levantando a mão.

— Aqui é o grupo um, princesa Vitória! Seja bem-vinda.

Capítulo 12

Envolvida por uma felicidade que até então desconhecia, Deusa, ao ver o carro da nora afastar-se, orientou o motorista do caminhão a estacionar em frente à casa.

— Minha casa! Aquela lá foi só uma temporada.

O homem, cansado, bufou sem dar importância ao comentário de Deusa. Ele desligou o caminhão e saltou do veículo, deixando-a falando sozinha, contando vantagens.

Ao ver que a mulher continuava falando para o nada e gesticulando, ele voltou e, debruçado na janela do caminhão, falou:

— Posso colocar suas tralhas na rua mesmo?

Foi então que Deusa despertou e, em um impulso juvenil, desceu do caminhão, colocando-se em frente à casa. Ela começou a gritar até que duas das empregadas apareceram.

Deusa não perdeu tempo. Tomou o molho de chaves das mãos de uma das empregadas e deu instruções para o motorista do caminhão e seus auxiliares para descarregarem a mudança.

As empregadas ficaram paralisadas com a novidade e sabiam que aquela hóspede não era convidada de Alberta. Tiveram a confirmação da própria Deusa.

— É surpresa!

As mulheres trocaram olhares. Previam que uma guerra estava prestes a acontecer.

Deusa estava ocupada com sua felicidade. Ela orientava o grupo sobre onde colocar os móveis, ora divertida, fazendo as empregadas rirem, ora brava, advertindo os rapazes que lidavam com sua mudança.

— Cuidado! É herança de família! Valor inestimável. Se quebrar alguma coisa, descontarei do pagamento de vocês.

— Bem lembrado. Estamos acabando. E é bom ir providenciando o pagamento do frete.

Sorrindo, Deusa pegou o celular de uma das empregadas e discou para o filho, pedindo-lhe que fosse para casa com urgência.

— Não posso, mãe. Estou no meio da aula — explicou abafando a voz.

— Quer dizer que existe algo mais importante que sua mãe? Nunca lhe peço nada!

Quinze minutos depois, Gilberto estacionava o carro em frente à casa.

Ele entrou assustado na casa ao ver o caminhão parado à sua porta, aqueles homens estranhos em seu quintal e as empregadas rindo das histórias de Deusa.

Quando viu o filho, a mulher correu ao seu encontro.

— Vim morar com vocês, meu filho! Sei que parece que foi uma decisão precipitada, mas, depois da oferta de sua esposa, não aguentei esperar — Deusa abraçou o filho e murmurou a seu ouvido: — Venho esperando por isso há muitos anos. Você sabe disso — ao desvencilhar-se do abraço, falou alto: — Minha querida nora tem interesse naquele terreno, então, juntou o útil ao agradável.

Vendo que não teria como convencer a mãe do contrário, Gilberto pagou a mudança e agradeceu ao dono do caminhão. Deusa, de longe, apenas acenou.

— Mãe, caminhão fechado é mais caro!

— Não seja sovina com sua mãe! Depois, com caminhão aberto eu poderia ser saqueada no meio do trajeto.

125

Imagine se aquele povo visse meus móveis! Eu chegaria aqui com uma mão na frente e outra atrás. Não! Eu sou uma mulher precavida.

Horas depois, quando já estava instalada no sofá ao lado do filho, Alberta chegou. Sua chegada, como sempre, foi alarmante. Ela gostava de buzinar na rua para que as empregadas já lhe providenciassem a banheira com água quente e lhe trouxessem algo para beber ou comer. Adorava ser paparicada. Nesse dia, estava mal-humorada, contudo, mesmo assim, manteve seu ritual e ainda acrescentou os gritos que faziam seu rosto ficar ainda mais feio.

— Temos visita? — questionou Gilberto com o olhar severo.

— Vim morar com vocês. Quis fazer uma surpresa — revelou Deusa sorridente.

Frágil entre as duas mulheres, Gilberto tentou apaziguar a situação, ajudando a mãe com seus argumentos. Para sua surpresa, Alberta, que permanecera em silêncio, com o olhar atento às explicações, apenas disse:

— Seja bem-vinda, minha sogra. Sinta-se em casa — disse isso e seguiu para o quarto.

Gilberto fez menção de segui-la, mas Alberta tornou áspera:

— Me deixe sozinha! — ao ver que exagerara no tom, que demonstrava toda a sua fúria, a mulher fez uma voz mais amena ao completar: — Dê mais atenção à sua mãe. Ela acabou de chegar e precisa se acostumar ao novo lar.

Alberta esboçou um sorriso e seguiu para o quarto, deixando Deusa radiante e avessa à raiva da nora, apreciando cada detalhe da sala.

Já em seu quarto, Alberta trancou a porta e jogou a bolsa longe. Estava furiosa. Jamais aceitara Deusa como visita e muito menos a aceitaria vivendo em seu lar. A tensão era tanta que Alberta rasgou a camisa ao tirá-la, sem ter a delicadeza de abrir-lhe os botões. Ela pegou o celular e discou para o advogado.

— Os papéis estão prontos? Não me interessa. Pago-lhe muito bem para ter tudo pronto quando precisar. Pela fortuna que lhe pago, você deveria ser mais proativo, o que não consegue ser. Você é um banana! Quero os papéis na primeira hora. Não quero saber! Não durma! Redija o documento. Quero-o na minha casa na primeira hora.

Falou isso e desligou o telefone.

— Se prepare para a guerra, Deusa, pois ela está só começando.

***

Vitória chegou em casa exausta. A moça recusou o almoço oferecido por Marília, pois almoçara com Elis no caminho de casa. E, pela primeira vez, Marília ficou admirada com a felicidade da jovem. Não comentou nada, mas sorria ao ouvir os relatos dos últimos acontecimentos.

"Pela primeira vez, ela está se sentindo em casa. Será que sabe que nasceu aqui, em Balneário? Carina soube educá-la tão bem", Marília refletiu emocionada diante da menina.

— Não vi tanta beleza nos lugares para onde viajei, tia — a jovem relatava fascinada.

Não era por menos. Viviam em um recanto onde havia poucas casas e não muito distante dali estava a praia. Caminhando alguns metros conseguiam ainda avistar a serra de onde brotavam cachoeiras de encher os olhos de emoção pela beleza de suas quedas. Folhagem e flores raras surgiam, tornando tudo ainda mais colorido. Era um local de beleza irretocável, ainda no original feito por Deus, sem a intervenção das mãos desajeitadas dos homens. Era uma área preservada. A família Bonelli bem que tentara fazer dali um centro comercial para melhorar o turismo, mas não tivera êxito.

Elis mostrou-se ser uma excelente guia de turismo. A jovem narrou a Vitória fatos históricos da região, como os que se referiam à praia do Menino.

Vitória riu do nome da praia, mas Elis, séria, tornou:

— Era um jovem encantador. Ele foi assassinado. Imagine! Um crime neste paraíso! Ele praticava surfe aqui e era muito ligado a esportes, tanto que já vinha despertando o interesse da família Bonelli em patrociná-lo em campeonatos fora da cidade. Aqui ele venceu todos os campeonatos. Não o chamavam pelo nome, diziam que o menino...

Elis silenciou, emocionada. Vitória quis saber mais detalhes, quem era o rapaz, o que de fato acontecera, mas Elis, mesmo depois de tantos anos, ainda se sensibilizava com aquele fato. A jovem, então, preferiu não insistir.

Depois de um instante de silêncio, Elis pegou na mão da amiga e saiu puxando-a pela beira da praia. A jovem parou, tirou as sandálias, e Vitória fez o mesmo. E, com os pés descalços, correram pela beira-mar de braços abertos e ao sabor do vento, sentindo as ondas curtas cobrirem seus pés.

Cansadas e rindo, as duas amigas jogaram-se na areia e apreciaram o céu azul, livre de nuvens.

— Me leva até onde você mora? Gostaria de conhecer — pediu Vitória.

A casa de Elis ficava no lado oposto da chácara onde Vitória estava hospedada, no centro de Balneário, não muito longe da praia. Até lá, as duas jovens gastaram alguns minutos de caminhada. Elis seguia na frente, ora em silêncio, ora falante, e Vitória imaginou que a moça estivesse nervosa, talvez até envergonhada, para apresentar à amiga o lugar onde morava.

Da praia, o único acesso até a casa se dava por uma estrada principal, que cruzava a cidade. Vitória especulou sobre a iluminação, considerou-a ruim e imaginou como seria à noite.

— Este é o lugar onde nasci — Elis apresentou a casa simples com um dos braços abertos, girando pela rua de asfalto precário.

Vitória entrou na casa e, sem cerimônia, sentou-se na cama da amiga. Elis ofereceu-lhe água, pois não havia mais que isso para ofertar à visita inesperada.

— Moro com minhas tias. Elas trabalham na praia, e nessa época do mês...

— Estou adorando ficar aqui com você. Não se preocupe comigo. Recebeu minha mensagem do celular?

— Sim, recebi! — confirmou esfuziante.

Depois de mostrar o bairro e as ruas para Vitória, Elis levou a amiga para um ponto de onde era possível vislumbrar a beleza de Balneário.

— Que vista privilegiada vocês têm daqui. Podem apreciar as casas... É tudo tão lindo. O mar...

— Professor Gilberto morava aqui até se casar com aquele monstro — Elis comentou, e as duas riram.

Vitória chegara a ver Alberta na escola e demorou a acreditar que ela era a esposa de Gilberto.

— Uns dizem que ele se casou com Alberta por interesse, outros dizem que a mãe dele armou a união, e há quem diga ainda que professor Gilberto se casou com aquela mulher por dó, pois ela estava morrendo. Pelo que conheço do professor, acho que ele se uniu a ela por dó. É um homem muito generoso. Foi ele quem me ensinou a ler e escrever. Mesmo depois do casamento, ele continuou a vir à vila e manteve os amigos. Gilberto montou um grupo de estudos, e foi assim que comecei a ler — Elis ficou emocionada ao relatar o passado. — Menina, você me faz chorar ao recordar...

Vitória abraçou-a.

— Puxa, você é tão diferente de Rafaela. Sempre achei que ela era indiferente a mim por conta da idade e da posição social, mas você tem as mesmas condições ou até mais que ela e não é arrogante como essa moça.

— Não podemos comparar as pessoas. Somos singulares, e cada um tem seu momento de amadurecimento. Nós crescemos com as circunstâncias que a vida nos apresenta, quando enfrentamos os desafios por ela impostos.

***

Uma hora depois, na chácara de Marília.

— Que disposição a Vitória tem! — comentou Elis, sentada segurando um copo de água nas mãos. — Ela me fez percorrer toda a cidade depois da aula.

— Não sabe como estou feliz, Elis. Fazer Vitória feliz me faz feliz também. Você a levou à Gruta do Suspiro?

— Não invente, dona Marília! Se ela ouvir isso, vai querer ir lá agora!

— Por quê não?! — brincou Vitória.

As três riram.

Depois de conversarem um pouco mais, cada uma foi cuidar de seus afazeres. Marília foi para o quintal conversar com suas plantas e verificar a estufa. Elis foi para a cozinha para preparar um bolo para o café da tarde, e Vitória foi para seu quarto.

Lá, a jovem colocou uma música para alegrar o quarto. Fez isso lembrando-se de sua mãe que sempre dizia: "A primeira coisa que faço quando entro em casa é colocar uma música para alegrá-la". Vitória cresceu e passou a seguir essa orientação.

A jovem apanhou um livro na estante, mas não conseguiu ler. Lembrou-se de Fabrício e, sem que ela percebesse, um sorriso surgiu em seu rosto. Um barulho na janela, no entanto, tirou-a de seus pensamentos. Era Samuel.

— Oi. Como vai, moça?

— Samuel! — exclamou feliz a moça ao vê-lo. — Você não tem ido para a escola. Procurei por você...

— Procurou? Como? — quis saber ao pular a janela com facilidade, entrando no quarto como se fosse seu.

— Procurei você em sua turma, na sala de que falou, mas não o vi.

— Não estava bem, mas agora estou melhor. Não se preocupe. E quanto a você? Me parece feliz! Se reconciliou com o *bad boy* do Fabrício Bonelli! O trabalho em grupo aproximou vocês, não?

— Fala como se estivesse na minha sala, ou como se eu tivesse lhe contado o que aconteceu.

Houve um momento de silêncio entre os dois.

— Fui à porta da escola hoje para pegar uns livros para Tamires, minha irmã, lembra? Ela me pediu para eu apanhar, então, vi vocês conversando na saída — e a justificativa prolongou-se. Se aquilo viesse de outra pessoa, Vitória teria desconfiado de algo estranho, pois sempre acreditou que justificativas longas são usadas para encobrir algo. Samuel, contudo, fora convincente.

— Confesso que foi legal, sim. Houve um trabalho em grupo e nos aproximamos.

Vitória contava todos os detalhes para Samuel, que fazia cara de surpresa, escondendo que já sabia de tudo.

— Achei que isso não daria certo, que ele fosse diferente, mas não... — a moça levantou-se e desfilou pelo quarto, revelando-se apaixonada. Samuel ouvia a nova amiga falar, enquanto fazia um trabalho com o papel que tirara do bolso. — Ele entrou no meu quarto, e eu estava só de toalha, ouvindo *O Meu...*

— *O Meu Amor.*

— Como sabe?

— Pela sua coleção de discos. Vi a capa do vinil em sua cômoda. Você deve ter ouvido a música hoje cedo, antes de ir à escola. Acertei?

— Nossa! Você está impossível hoje!

Os dois riram, e Vitória continuou contando a Samuel sobre a presença de Fabrício em seu quarto, na escola, no trabalho em grupo e de quando o flagrou o rapaz estudando seu rosto, enquanto ela falava. — Eu estava falando sobre um dos tópicos, quando percebi que ele, sério e com os olhos brilhantes, fitava meus olhos e minha boca. Eu percebi...

— Desejo?

— Sei lá! — Vitória pareceu confusa, encabulada. A jovem percebeu que estava demasiadamente animada ao se dar conta de que Fabrício Bonelli, aquele que quase a machucara com sua moto e que ferira sua amiga, a estava apreciando.

— O que sente por ele, princesa Vitória? — perguntou Samuel com os olhos fixos no papel que ele dobrava em forma de coração.

— Tenho raiva dele, isso sim. Você falou princesa...

— Parece que hoje ele lhe passou outra imagem, impressão? — quis saber Samuel, sem responder à moça o que ela lhe perguntara.

— Ele é um cara arrogante e insensível, Samuel. Uma pessoa incapaz de pedir desculpas à minha amiga. Fabrício fez o que fez e ainda a tratou como se ela não existisse na sala de aula.

Samuel examinou o trabalho feito com o papel em forma de coração, todo delicado, e revelou:

— Você está gostando de Fabrício, Vitória.

— Quem? Eu?! — perguntou séria, sentindo o rosto corar.

— Ele é seu primeiro amor?

— É melhor parar, Samuel! Daqui a pouco, você vai querer saber se nos beijamos.

— Aquele otário de quem você pensou gostar e que ficou com sua melhor amiga não conta.

— Como sabe disso?

— Você me contou — Samuel falou com tanta firmeza que deixou Vitória confusa. A jovem não se lembrava de ter contado detalhes sobre sua última desilusão amorosa, contudo, não se atentou ao fato.

— Foi uma traição. Se quer saber, Samuel, eu não gosto de Fabrício; apenas o vi com outros olhos. O vi como um rapaz inteligente e bonito, que tem alguns pontos de vista que se assemelham aos meus.

— Sei — falou rindo de uma forma que desconcertou Vitória.

— Vitória, está tudo bem aí? — era a voz abafada de Elis, que vinha do corredor.

Samuel, apressado, entregou o coração de papel dobrado para Vitória e correu em direção à janela. Antes de sair por onde entrara, o jovem voltou e fixou Vitória por alguns segundos. Ele deu um beijo no rosto da amiga e saiu pela janela. Fora ousado, mesmo percebendo os passos e a voz aproximando-se do quarto da moça.

Nesse momento, Elis abriu a porta e entrou. Vitória ainda olhou para a janela, viu a cortina sendo sacudida pelo vento, mas não havia nem sombra de Samuel, o que a fez respirar aliviada. Não se sentia preparada para revelar à amiga que um rapaz estava em seu quarto.

— Jurava que você estava conversando com alguém.

— Música! Pode ter sido isso. Eu estava ouvindo a música e cantando.

Elis riu e apanhou o pano de prato que estava em seu ombro. Já diante da porta, viu nas mãos de Vitória o origami em formato de coração.

— Que lindo! Você sabe fazer?

Vitória estendeu a mão, revelando o papel dobrado em forma de coração. Elis apanhou-o e examinou a perfeição do trabalho, que parecia profissional.

— Um amigo me ajudou a fazer.

— Você não tinha me falado desse novo amigo. Estou curiosa — divertiu-se Elis.

— Samuel. Não lhe falei dele?

Vitória contou a Elis sobre quando conhecera o rapaz na porta da escola, sobre as poucas vezes em que se viram e sobre como ele fora receptivo. A jovem só não tivera coragem de revelar para a amiga que Samuel vinha visitando seu quarto.

Elis perdeu a cor ao ouvir a amiga. A jovem, sem jeito, forçou um sorriso e saiu do quarto, fazendo de tudo para que Vitória não percebesse sua surpresa. Na cozinha, ela deixou o corpo cair sobre a cadeira, sentindo as mãos trêmulas que mal seguravam o copo de água. Ela, então, balbuciou:

— Samuel? Não é possível... É coincidência. É claro que é!

133

***

Dorinha vinha se sentindo farta daquelas ligações anônimas e daquele casamento de aparências. O que a sustentava de pé eram os filhos. Sofria por ter Pedro distante e alegrava-se com Paola. Os dois receberam a mesma educação, todavia, eram muito diferentes e trilharam caminhos diferentes. Pedro vivendo longe da família; Paola surpreendendo-se com as mudanças de seu corpo, não as aceitando e descobrindo, completamente assustada, a transição para a fase adulta. Em meio a isso, as ligações e a frase daquela mulher martelando sua cabeça e impedindo-a de pensar em outra coisa: "Ele conseguiu o emprego de volta. Vai deixá-la em breve".

Naquele momento, Dorinha lembrou-se de Carina, sua amiga. Que falta sentia dela. O tempo, as mudanças, as decisões da vida as distanciaram. Mesmo distantes, no entanto, nunca deixaram de se gostar. Quando se encontravam, parecia que tinham se visto horas antes.

Dorinha fechou os olhos e voltou no tempo. Voltou para sua juventude, época em que se encontravam no coreto de Balneário para darem voltas pela praia.

— Não acredito que Gilberto fez isso! Ele deixou o filé-mignon para ficar com a costela? — Carina comentava, fazendo a amiga que chorava rir.

Carina era divertida e prática.

— Largue tudo! Vamos para São Paulo! Chega!

— Você vai se casar com Jordan e quer me levar na bagagem?

Séria, Carina pegou na mão de Dorinha e falou:

— Quer dizer que vou me casar e ser feliz e deixar você aqui, presa a essa infelicidade, vendo aquele covarde, filhinho da mamãe, desfilando com aquela costela seca debaixo do seu nariz? Não, senhora. Pode arrumar suas coisas.

— Já sei o que vou fazer... Taciano tem se mostrado tão bom comigo... Ele é um homem tão gentil...

— Você o ama?

— Ele vai me assumir, mesmo depois de tudo o que aconteceu. Vai me dar um nome.

— Parece minha avó falando, Dorinha! Já se esqueceu de que prometemos nos casar por amor?

— Ele me ama! — falou com lágrimas nos olhos.

— E você? O ama?

Dorinha abriu os olhos emocionada. Sentia-se tão feliz por ter conhecido Carina um dia. Chegou a agradecer por isso com uma oração e pediu conforto ao espírito da amiga. Quando acabou, sentiu o corpo pesado, o que a fez deitar-se no sofá e adormecer rapidamente. O espírito de Dorinha desprendeu-se do corpo físico, e ela imediatamente se viu em um lugar já antes visitado. De repente, deparou-se com Carina, sorridente, emocionada e agradecida por estar presente nas lembranças da amiga.

— Que alegria me encontrar com você, minha amiga. Que falta...

— Dorinha, você nunca me respondeu se amava ou não Taciano — Carina observou a amiga encabulada e prosseguiu: — Se o ama, lute por ele e por seu casamento. Reconquiste-o! Pense sobre em que ponto pode tê-lo perdido. Será que não deixou que os problemas se sobressaíssem ao amor?

— Depois que os filhos nascem, o casamento esfria, tudo se modifica, tudo vira obrigação.

— Se existe amor, isso não acontece. Você tem se deixado de lado. Onde ficou sua vaidade? Você transformou-se em uma mulher diferente da que ele conheceu.

— Eu envelheci, Carina. Todos nós envelhecemos. Ele também não é mais o mesmo.

— Volto a dizer: quando há amor entre duas pessoas, isso não tem importância. Você o ama?

Nesse momento, a campainha tocou e Dorinha despertou. Ela levantou-se morosamente e, ao olhar pela janela da sala, não viu ninguém. Do sonho lembrou-se de que estivera com Carina e isso foi o bastante para deixá-la bem e disposta.

135

Dorinha foi ao banheiro, lavou o rosto e ficou alguns segundos se olhando no espelho. Abriu o armário, viu o batom de Paola e se deu conta de que não tinha mais um seu. Passou o bastão nos lábios levemente, e um sorriso apareceu em seu rosto. Dorinha olhou os cabelos desajeitados e prendeu-os de lado, o que lhe conferiu um aspecto jovial. Depois, indo para o quarto, considerou que estava usando um vestido muito gasto pelo tempo, então, escolheu outro melhor, mais curto e justo ao corpo.

Já estava na cozinha, sentindo-se jovial e orgulhosa pelo vestido de anos ajustar-se ao seu corpo, quando Taciano chegou mal-humorado e bufando. Chegara para apanhar algo que esquecera e mal olhou para a esposa que o acompanhava, puxando assunto, tentando ser vista de alguma forma.

Já no portão, ouviu dele:

— Melhor tirar o batom de Paola, pois ela vai ficar brava com você. Está velha demais para se comportar como uma adolescente. E esse vestido está fora de moda, não acha? — falou isso e caminhou em direção ao carro, indiferente ao quanto magoara a esposa. Antes de entrar no veículo, avisou: — Não me espere para o jantar.

Taciano acelerou o carro, deixando Dorinha com lágrimas nos olhos. A voz ao telefone estava certa. Ele conseguira o emprego de volta e iria deixá-la. Foi o que pensou ao se trocar, devolvendo ao corpo o vestido gasto.

Dorinha respirou fundo e, em meio àquela cena do marido ao portão, indiferente a quem pudesse ouvir as coisas que ele dissera e à possibilidade de estar expondo a esposa ao ridículo, foi tomada por uma certeza: agora saberia responder de pronto se o amava ou não. Sua vida estava prestes a mudar.

Capítulo 13

Alberta estava trabalhando na escola, onde ocupava um cargo na secretaria, quando o mensageiro de seu advogado chegou com um envelope. A mulher arregalou ainda mais os olhos grandes, o que fez o rapaz recuar temeroso. Na sequência, abriu um sorriso que a tornou ainda mais feia, enrugando o rosto, espalhando o nariz pela face. Após examinar o conteúdo, guardou no envelope o documento e só então se deu conta de que o rapaz permanecia diante dela.

— Ainda está aqui, menino? Suma daqui!

O rapaz saiu apressado, assustado, andando de costas, esquecendo-se de apanhar o protocolo.

Alberta pouco se importou. Apanhou sua bolsa e saiu sem avisar ninguém. Estava acostumada a fazer isso, a agir como se fosse dona da escola. Já em casa, deparou-se com Deusa sentada em sua poltrona favorita, abanando-se com o pano de prato. Não bastasse isso, ficava ordenando as empregadas a mudarem os móveis de lugar.

— Nora, querida, esta casa precisa de um ar-condicionado urgentemente! — depois, engrossou a voz e ordenou para uma das moças: — Não é possível, criatura! Ali, ao lado do aparador! Aliás, nós precisamos comprar móveis novos.

— Eram da minha avó, passaram por minha mãe e ficaram aqui — disparou Alberta, tentando controlar a irritação.

Observou os quadros e notou que a disposição da maioria deles fora alterada e que outros foram retirados. Respirou fundo, enquanto pensava: "É por pouco tempo. Vou deixar ela se sentir a rainha do lar. Está perto de ser decapitada!".

Em meio às ordens que dava para as empregadas, Deusa não percebeu o estado da nora e continuou fazendo o que queria na casa com ainda mais fôlego. As empregadas tinham a esperança de que Alberta cessasse aquele exaustivo trabalho, o que aconteceu minutos depois.

Apertando o envelope com os dedos ágeis, Alberta pediu às empregadas que saíssem da sala e abordou Deusa de uma forma amistosa. Ela entregou os papéis para a sogra, pedindo que a mulher os assinasse. Alberta esclareceu a seu modo, rapidamente e sorrindo, que aqueles papéis tratavam da casa de Deusa, que, já se sentindo a dona da casa da nora e tomando conta da poltrona que um dia fora de sua amiga, nem se importou com o que estava assinando.

Mais tarde, quando Gilberto chegou do trabalho, notou as mudanças que a mãe fizera na casa — mudanças com as quais Deusa sonhara por tantos anos — e pensou que ela realizara um excelente trabalho. Alberta entrou na sala em meio aos elogios do filho para a mãe, e, feliz pelo feito, Deusa anunciou que iria tomar banho.

— Outro banho, sogra? Você acabou de sair do banho!

Confusa com a afirmação da nora e com o silêncio do filho, Deusa voltou a afirmar que não tomara banho.

— Como não, Deusa? Acabei de sair do banheiro. Nós nos encontramos no corredor.

— Não! Nós não nos encontramos no corredor!

Alberta, séria, saiu da sala e voltou rapidamente depois de borrifar água na toalha.

— Olhe aqui, meu bem, sua toalha está úmida. A senhora deve estar estressada. São as emoções da mudança. Normal. Fique tranquila.

Alberta disse isso e entregou a tolha para a sogra, que saiu sem entender o que estava acontecendo. Ela virou-se para o marido, assustado com a situação.

— Sua mãe não está bem, Gilberto. Ela perguntou hoje pela mamãe, sobre quando ela chegaria — mentiu, simulando estar sentida com a situação. — E agora essa do banho.

— Vou levá-la ao médico.

— Pode deixar que farei isso. Acho que, como sou mulher, ela ficará mais à vontade comigo.

Em um raro momento, Gilberto, ainda confuso, abraçou a esposa agradecido. Depois, sem dizer nada, caminhou até a porta de acesso à rua.

— O jantar vai ser servido, Gilberto.

— Estou sem fome. Vou correr.

Alberta reparou que o marido usava camiseta, tênis e uma bermuda justa, que ressaltava suas coxas. Estava ainda mais bonito do que quando se casaram. Ele abriu a porta e ficou alguns segundos olhando Alberta. Agradeceu novamente e saiu.

Ela manteve-se em pé onde estava, rindo, e disse:

— Eu que agradeço.

***

Dorinha tirou a roupa, triste. Sentira-se bem naquelas roupas, mas as palavras do marido deixaram-na insegura. Já de volta à cozinha, em meio à louça e vestida com as roupas habituais, recordou-se de sua juventude. Apanhou o telefone e ligou para Marília.

— Como é bom ouvir sua voz! Tem ideia disso? — perguntou Marília, quando reconheceu a voz de Dorinha.

Amigas de juventude, Dorinha, Marília, Carina e Maria Andréia muitas vezes juraram amizade eterna. Suas vidas, no entanto, tomaram rumos diferentes.

Marília mudara muito com a gravidez e depois com a separação, ainda que amistosa, de Raul. Tornara-se voluntariamente prisioneira da chácara onde morava, e poucos a viam. Ela parecia gostar do isolamento e era respeitada por isso.

— Época de goiaba. De novo, vou pedir a alguém que leve o doce para você, já que não vem aqui buscar.

Dorinha começou a rir.

— Não como outro doce de goiaba que não seja feito por você. Ninguém tem mãos iguais.

— Precisamos nos encontrar! Sinto falta de nossas conversas em sua varanda e de nossas confidências sendo assistidas por suas lindas plantas — fez uma pausa e falou: — Sonhei com Carina hoje. Foi tão bom. Foi como na época em que trocávamos nossas experiências.

— E como foi? Sinto tanta saudade dela, de nossos momentos. Acho que a mais distante é a entojada da Maria Andréia.

As duas riram. Sabiam que o aborto e a reprovação das amigas foram o motivo do distanciamento, mas não tocaram no assunto.

— Carina faz muita falta — Marília revelou.

— Não me recordo dos detalhes, mas a vi rindo, tão bem. Lembra-se de que uma vez brincamos que quem fosse primeiro teria de voltar em sonho para nos contar como é?

O riso tornou-se ainda maior, descontraído. As duas mulheres tinham lágrimas nos olhos.

— Sim. E Carina cumpriu o prometido. Tínhamos um acordo. Que em sua ausência eu contaria a verdade. Se eu não o fizesse, ela não apareceria em meus sonhos. Falava com tanta propriedade... Parecia que tinha certeza de que iria primeiro que a gente.

— Ela acreditava nisso, e a gente só ria. Ultimamente, no entanto, tenho prestado mais atenção nisso, e as coisas têm feito sentido. Você falou em verdade, e eu me lembrei de Vitória. Está linda! Lembra a mãe. Como está o relacionamento dela com Rafaela? — Dorinha perguntou.

— Nem me fale. Rafaela está com ciúme dela. E eu ainda coloquei Vitória no quarto que Rafaela deixou. Sabe como é difícil nosso entendimento. Será que um dia terei coragem de contar a verdade, Dorinha?

— No momento certo, sim. Você conseguirá.

Houve um momento de silêncio entre as duas mulheres.

— Falando em filhos, e o Pedro? Como ele está?

— Bem, na medida do possível. Quero vê-lo ainda este mês. Tem sido tão difícil... Quando vou visitá-lo, sempre volto acabada. Falamos ao telefone, apenas por alguns minutos. Quando alguém pergunta por ele, digo que está na casa de minha irmã. Não digo a verdade — Dorinha revelou.

— Tem ido sozinha até lá? Já falei que posso ir com você.

— Obrigada. Sei que pode, mas sei também que tem seus problemas. Não quero atrapalhar.

— Você fez e faria o mesmo por mim. Já deu provas disso.

A emoção silenciou as duas.

— Agora que Vitória está perto, a verdade pode vir mais fácil — falou Dorinha. — Entregue nas mãos de Deus e que tudo aconteça da melhor forma.

— Espero! Acho que isso dará paz para muita gente, inclusive para Carina, para mim... Se precisasse, eu faria tudo de novo. Não tenho arrependimento algum. Sabe que...

A campainha da casa de Dorinha tocou nesse momento. Marília ouviu e tratou de se despedir.

— Também foi muito bom conversar com você, minha amiga. Cuidado com esses calmantes. Não abuse. Sei que anda tensa, mas não exagere. Você já me disse que, quando toma, não acorda por nada — rematou Dorinha, ouvindo a campainha novamente. — Deve ser meu querido e amado marido ou Paola, que sempre esquece a chave.

As duas amigas desligaram o telefone, e a campainha tocou novamente, insistente. A pessoa do lado de fora da casa começara a bater na porta também.

— Que desespero! Já estou indo!

Dorinha abriu a porta e sentiu com o ar vindo da rua as pernas bambearem e o coração acelerar, o que a fez levar a mão ao peito.

141

— Que foi, dona Dorinha? Está branca como papel, mulher! Sou eu! Pedro, seu filho! Estou de volta! — o rapaz deixou a mochila cair no chão e, com um sorriso imenso, abriu os braços. — Venha cá! Cadê meu abraço?

***

Vitória vinha tentando entrar em contato com a tia por celular, mas não tivera sucesso. Recebia apenas mensagens curtas e pensava em Lilian, nos intervalos das reuniões, escrevendo no celular uma mensagem curta, de poucas linhas, sem os cumprimentos iniciais, sem beijos ou outra manifestação de carinho. Por conta disso, Vitória não tinha pressa em responder as mensagens que recebia. Era também breve e pensava em uma resposta para o caso de a tia lhe perguntar algo sobre o distanciamento entre as duas.

— Assim como não tem tempo de conversar por aqui, pouco deve ter tempo para ler minhas mensagens. Por isso "está tudo bem", é o bastante.

Ao contrário do que Vitória pensava, Lilian nunca cobrara atenção da sobrinha. Todo o seu afeto era doado aos seus "filhos", seus cachorrinhos.

As mensagens que trocava com o pai eram um pouco diferentes. Eram breves, mas amistosas, carinhosas. Ele mandava-lhe beijos e dizia sentir saudades da bagunça da filha. Vitória ria e não rebatia. A jovem era muito organizada e era ela quem brigava com o pai por ele ser bagunceiro.

Naquele dia, Vitória conseguiu falar com o pai pelo computador e ficou feliz em vê-lo. Não lhe fez cobranças sobre a promessa que ele fizera de se verem dia sim, dia não por meio do equipamento. Jordan era meio desligado com a ferramenta ainda. Era a secretária quem fazia o acesso. Vitória podia ver as mãos da moça passando pela tela, enquanto Jordan, ao fundo, se arrumava, ajustava a gravata no pescoço. Estava ainda mais bonito, forte, bronzeado, expondo os dentes brancos e enfileirados, o que tornava seu sorriso perfeito.

— Está bonito, pai. A fila de pretendentes deve ter aumentado! Não se esqueça de que faço parte da seleção. Não poderá aprovar uma namorada sem minha permissão.

Os dois riram alto.

— Saudade de sua bagunça — Jordan disse parecendo tímido. — Tenho uma conferência com Portugal daqui a pouco, mas tenho tempo ainda. Está gostando de Balneário Califórnia? Marília me disse que você tem feito amizades, conhecido muita gente. E Rafaela? Têm saído juntas, curtido praias, cachoeiras?

— De boa.

— Sei — foi o que saiu de Jordan, decepcionado. Ela achava que iria ouvir um relatório longo, como os que a filha comumente fazia dos passeios da escola. A jovem costumava esperá-lo chegar do trabalho para fazer seus relatos, com detalhes, sem pausa, sem se preocupar ou mesmo sem notar o ar de indiferença de Jordan.

— Tudo muito bonito aqui. Há um contraste grande entre o belo e o esquecido — comentou, ao se lembrar do luxo de Balneário e da vila onde Elis morava.

— E os jovens, a galera de sua idade? Fez muitas amizades?

— Fiz — foi o que disse. Como diria ao pai que em pouco tempo já fora "visitada" por dois garotos em seu quarto? E que um a vira coberta apenas por uma toalha? Pensou em falar. Quem sabe ele mandasse um jatinho para resgatá-la daquele lugar? A ideia fê-la rir.

— Por que está rindo, filha?

— Bobagem. Fiz amizade com Paola. Ela é divertida, muito legal. É filha da Dorinha. Acho que o senhor a conhece.

— Sim, era amiga de sua mãe. Eram muito amigas. Dorinha é uma ótima pessoa. Está bem entrosada, então! Certamente vai gostar de todos.

— Toda regra tem exceção, senhor Jordan — silenciou e viu o pai rindo. — Tem um menino terrível aqui. Não suporto ele. É o Fabrício Bonelli.

— Família Bonelli, sei... São os donos daquele restaurante que vimos quando estávamos chegando à cidade.

— E de mais da metade da cidade. É um sujeito insuportável, arrogante, que se sente dono da verdade. Precisa ver.

— Se é assim, mantenha distância dele.

— Como?! Somos da mesma sala! No último trabalho de classe, ficamos no mesmo grupo.

— Peça para mudá-la de grupo. É fácil. Se quiser, posso...

— Não! — a negativa saiu tão rápido que ela ficou surpresa. — Pode deixar. Vou resolver do meu jeito. Sabe que adoro um desafio, não sabe? Não fujo de uma boa briga, e esse menino está me desafiando.

Vitória estava séria, enquanto Jordan se desmanchava em risos.

— Seu aniversário está chegando, e eu não estarei no país.

— Não será o primeiro — rebateu e depois se arrependeu ao notar o rosto triste do pai. Tentou consertar: — Mas sei que, onde estiver, se lembrará de sua filha preferida.

Os dois riram.

Segundos depois, ao notar que a filha estava séria, falou:

— Sinto sua falta, de verdade. Aconteça o que acontecer, saiba que, onde eu estiver, estarei com você em meu coração.

A menina emocionou-se e disfarçou. Não gostava de chorar na frente do pai. Sentia-se frágil e não queria ser vista assim: como uma garota frágil. Ela, então, suspirou e sorriu ao dizer:

— Já conversamos muito. Hora de se preparar para sua reunião. Cuide bem dessa cadeira! Assim que eu sair desse presídio em que o senhor me colocou, entrarei em uma universidade e assumirei essa cadeira.

— Não sabe como me orgulha ouvi-la dizer isso, Vitória.

Foi a vez de Jordan se emocionar e, assim como a filha, ele tentou disfarçar.

Assim se encerrou a conexão entre pai e filha. Vitória fechou o *notebook* e colocou-o sobre o móvel. A moça pôs uma música e adormeceu rapidamente.

Vitória acordou pouco tempo depois, com uma mensagem chegando em seu celular. Era de Elis e dizia: "Socorr...".

***

Maria Andréia sempre desejou constituir uma família, e esse desejo aumentou quando ela usou de seu livre-arbítrio para optar pelo aborto. Apesar de se submeter ao procedimento contrariada, seguiu por esse caminho e isso se tornou um fardo em sua vida. Depois do ocorrido, Maria Andréia foi tomada pela urgência de se casar e ter filhos, como se isso pudesse apagar o passado.

Era jovem ainda quando conheceu um fazendeiro da cidade vizinha durante um concurso de miss. Ele era um jovem bonito, sedutor, endinheirado, e esse conjunto a atraiu. Quando iniciaram um relacionamento, ele pediu a Maria Andréia que o mantivesse em sigilo por um tempo. Para ela, pouco importava, pois acreditava que poderia ser vítima de inveja. Além disso, ainda tinha em jogo o concurso de miss, o que a fez pensar que seria melhor manter sua vida pessoal longe dos olhos dos outros.

Maria Andréia acabou engravidando do rapaz, que, enfurecido, lhe revelou que era casado e não tinha intenção de deixar a mulher e uma filha e ainda a proibiu de invadir sua vida de contos de fadas. Por fim, ele desapareceu, deixando-a grávida.

Quando Maria Andréia optou pelo aborto, suas amigas foram contra a decisão e isso a fez sentir-se sem apoio. Ela, então, decidiu afastar-se. Queria ganhar o concurso de miss e queria também ter o filho, mas tinha de escolher. Certa noite, em meio a essa confusão, resolveu ter a criança, no entanto, durante uma consulta médica descobriu por meio de exames que o feto tinha má formação e que não resistiria à gestação.

Além disso, seria um risco para sua vida levar adiante aquela gravidez. Maria Andréia, então, abortou a criança, mas não contou para as amigas o real motivo que a fizera tomar aquela decisão.

Ela estava em seu quarto, terminando de se arrumar para o jantar, quando foi envolvida por uma sensação boa, por um vento suave, que a fez fechar os olhos e respirar fundo.

— Minha amiga, por que se pune assim? Por que leva esse fato como uma culpa? É aceitável que não quisesse sacrificar sua vida. Livre-se desse peso e não dê ouvidos aos julgamentos. Nós fomos tão injustas em julgá-la. Quem somos nós para julgar alguém? — posicionada atrás de Maria Andréia, Carina disse isso em um tom baixo, suave. — Seria válido ocupar seu tempo com crianças. Seu filho já cresceu. É um homem que segue seus passos. A caridade cabe em seu bolso e faria bem ao seu espírito.

Ao ouvir isso, a mulher sentiu-se bem, leve, e saiu do quarto sorridente. Ao entrar na sala, viu o filho arrumado, perfumado, falando ao celular, enquanto procurava algo apressado.

— Você está louco, cara? Eu gostando de Vitória? De onde tirou isso? Quero distância daquela garota! — fez uma pausa para ouvir o amigo do outro lado da linha e depois riu. Viu que a mãe estava na sala folheando uma revista e falou para o amigo: — Você já me contou isso, que ela fala sozinha. Deve ser maluca. Não mudei de grupo porque... porque... — demorou alguns segundos para achar uma justificativa plausível: — Porque esperava que ela tomasse essa atitude, o que não aconteceu. Bem, vou desligar. Depois conversamos melhor. Estou chegando, espere. Não vou ver Rafaela, a garota chiclete — riu ao desligar o telefone.

— Tudo bem, filho? O que está procurando?

— Minha carteira. Não sei onde a coloquei.

— No seu quarto, na jaqueta. Será que não a deixou lá?

— Já sei. Devo ter deixado a carteira na casa de Rafaela. Estive lá à tarde — falou beijando a mãe e saindo apressado.

— Vai sair sem os documentos, Fabrício? Não vai jantar? Parece que vai chover, poderia ficar em casa...

O rapaz já estava longe, acenando com um sorriso no rosto.

Segundos depois, Leandro entrou na sala, também pronto para sair. Falou da necessidade de ir ao *shopping*, pois tinha de estudar uns documentos para uma reunião que aconteceria no dia seguinte. Maria Andréia pensou em se oferecer para acompanhá-lo, mas viu-o tão apressado que desistiu da ideia.

Quando todos saíram, Maria Andréia ficou sozinha na sala, sem sua família. Naquele momento, sentiu-se só e falou baixinho, como se compartilhasse com alguém a ideia que passava por sua cabeça.

— Eu poderia abrir um lar para crianças. Isso me ocuparia o tempo e me encheria de alegria. Crianças são sempre fonte de alegria — ela abriu um sorriso com a possibilidade, fechou a revista e foi até o aparador, onde mantinha um porta-retratos da família. Na imagem ela aparecia sentada ao lado do marido e do filho. Era a única forma de ver a família reunida: em uma foto.

***

— Correndo por aqui a essa hora, professor? — perguntou Tamires, quando viu Gilberto na calçada de sua casa. A moça estava recolhendo a correspondência no momento em que o professor se aproximava correndo e esperou-o na calçada para perguntar.

— Vim ver se está tudo bem — falou, procurando recuperar o fôlego. A testa de Gilberto estava suada e alguns fios de seus cabelos estavam molhados. Deles exalava um perfume bom, que Tamires aspirou com um sorriso. A jovem não deixou de provocá-lo.

— Não sabia que o havia contratado para fazer a segurança.

147

— Não seja mal-agradecida, menina — Gilberto falou sério e deu alguns passos, ficando a poucos centímetros do rosto de Tamires.

— Não pedi sua proteção. Sei muito bem me virar.

— Sabe mesmo? — questionou irônico.

— Por que insiste em me proteger? Já pegou minha arma e agora fica rondando minha casa. Não é a primeira vez que faz isso.

— Sua família me agradeceria por isso.

Ele abriu um sorriso que a deixou desconcertada e nada disse. Os olhos de Gilberto encontraram-se com os de Tamires, que não desviou do olhar do professor. Pouco depois, ele tomou a iniciativa e colou seus lábios aos dela. O beijo começou devagar, depois, ao ser correspondido, foi tornando o encontro mais forte, intenso. Um encontro de sentimentos, de coração aos saltos. Ele tocou a cintura da moça e puxou-a contra seu corpo.

Tamires recuou, mão sobre o peito, contendo a respiração. Os cabelos que estavam soltos foram presos pela moça em um coque, deixando seu pescoço à mostra. Gilberto deu mais um passo em direção à jovem e a abraçou. Foi um abraço forte, caloroso, como há tempo a moça não sentia.

— Desculpe-me. Eu não deveria...

Antes de Tamires falar algo, Gilberto saiu correndo pela rua escura como um adolescente depois de dar um beijo apaixonado.

Tamires, por sua vez, encostou o corpo trêmulo no muro e não entrou em casa enquanto não o perdeu de vista.

A moça entrou em casa sorridente, feliz.

— Que pouca vergonha foi essa, Tamires? — disse exaltada a mãe da jovem. — Vi tudo pela janela. Não eduquei filha minha para ser amante! Está me ouvindo?

— Nunca senti algo assim, tão intenso, forte. O que é isso, meu Deus?

— Se afasta dele, por favor. Não alimente esse sentimento. Tem ideia da consequência desse romance? Sabe quem é Alberta Pereira? Do que ela é capaz?

Tamires, ainda sorridente, fechou a porta do quarto e jogou-se na cama. A moça recordou-se do beijo e rodou o corpo pela cama. De repente, viu o porta-retratos com a foto da família. Pegou o objeto e, como de hábito, passou os dedos carinhosamente pela imagem da mãe e do irmão, o que a fez começar a chorar.

— Por que a felicidade não pode ser completa?

Nesse momento, a chuva começou repentinamente e forte.

Capítulo 14

Surpresa com a novidade, Dorinha abriu os braços e, em lágrimas, abraçou carinhosamente o filho. Ele, divertido e ainda que tomado também pela emoção, perguntou:

— Por que essas lágrimas? Me diga que são de alegria por ver seu filho favorito.

Dorinha riu e balançou a cabeça positivamente, deixando as lágrimas banharem seu rosto.

— Que bom tê-lo de volta, meu filho.

— Onde estão o pai e Paola? Espero que ela não esteja em casa, porque se me ouvir falando que sou o favorito...

— Por acaso ouvi meu nome por aqui? Como é bom ser popular! Meu nome está sempre presente! — brincou Paola ao chegar em casa. A moça também ficou surpresa ao ver Pedro e correu para se jogar nos braços do irmão, como fazia quando ficavam muito tempo sem se ver. — Vamos ver se está forte e ainda aguenta comigo! Engordei, viu? Uma coisa de louco, menino. Aliás, preciso ir para onde você estava! Você voltou mais magro, bonito.

— Não diga isso nem de brincadeira — Pedro fez uma pausa e trocou um olhar com a mãe, encontrando em Dorinha cumplicidade. Ele prosseguiu: — Está linda, minha irmã.

— Pesando horrores! Estou como uma recém-nascida! Só perdendo roupas.

Os três riram, e Dorinha aproximou os filhos, agasalhando-os em um abraço e distribuindo-lhes beijos. Como se sentia feliz em tê-los por perto.

Foi nesse instante que Taciano chegou. Ele não foi receptivo com o filho. Limitou-se a medir Pedro, dizer-lhe um punhado de palavras grosseiras e apertar a mão do rapaz, que esperava um abraço fraterno.

— Juízo! Veja o caminho por onde está andando, rapaz. Dependendo da escolha, não tem volta — falou. Taciano já estava saindo, quando voltou e completou: — Acho que já havia dito isso pra você, não?

Vendo o marido tomar o caminho da rua novamente, Dorinha chamou-o de volta.

— Não vai esperar o jantar? Está pronto. Vou só por a mesa. Acho que o momento pede um jantar em família. Não acha?

— Família? — o deboche era claro em sua pergunta. — Que família, Dorinha? Não espere por mim.

Vendo o marido sair, Dorinha virou-se sorrindo para os filhos. Não queria estragar o momento.

— Ele está ainda pior do que quando saí daqui.

— Não dê importância a isso, meu filho.

— Sabemos bem o motivo, não é, mãe?

— Não quero que se preocupe com isso. Não é nada do que está pensando — abraçou o filho e beijou-o. — Ele anda assim. Vem para casa e sai dizendo que não precisamos esperar por ele.

— Espere um pouco — pediu Paola. — Parece que perdi um capítulo importante da história. Que motivo papai teria para ficar assim? Se for por causa do Pedro...

— Nada de mais, minha filha. Ele só está preocupado com o trabalho. Sabe como é... Seu pai é um provedor preocupado em não faltar nada dentro de casa — preferiu não dizer o que realmente pensava sobre as ausências do marido, que talvez estivesse àquela hora nos braços da amante. Ainda

151

pensava que Taciano estava apenas usando a casa como hotel e a esposa como empregada para cuidar de suas roupas.

— Mas e o amor? Esse está em falta há algum tempo — considerou Pedro sério.

Dorinha ficou olhando para os filhos e pensando até quando conseguiria manter aquela família unida. Se é que poderia chamar de união aquele arranjo em que vinham vivendo.

***

Vitória ficou em pânico ao ler a mensagem no celular. Era Elis pedindo socorro. Certamente, a jovem estava em apuros, motivo pelo qual nem conseguira completar a palavra. Esse fato deixou Vitória ainda mais angustiada.

A jovem começou a ligar para Elis, mas não a amiga não atendia às suas ligações. Vitória apertou a tecla de rediscagem, deixou o aparelho no viva-voz, e correu para vestir-se. Colocou *shorts*, uma camiseta larga e uma sapatilha. Do celular ouvia a mensagem da caixa postal.

Vitória ligou para a casa de Raul, mas ninguém a atendeu. A jovem, então, saiu do quarto discando o número de Elis novamente. Precisava falar com a amiga.

A jovem foi até o quarto de Marília, que estava dormindo. Chegou a chamá-la, mas não conseguiu acordá-la. Ao ver a caixa de calmantes ao lado da cama, deduziu que ela estivesse medicada e que por isso não acordaria fácil. Vitória estava desesperada. A jovem consultou o relógio. O tempo passava, e ela não conseguira entrar em contato com Elis. De repente, a jovem teve sua atenção chamada por uma chave de carro. Tinha noção de direção, porque, mesmo sob os protestos de Jordan de que ela era menor de idade, Carina a ensinara.

— Precisa saber desde já! Quando for tirar a habilitação, já terá noção — defendeu-se Carina ao ensinar a filha a dirigir no sítio de propriedade da família.

"Mamãe tinha razão. Ela fez bem em me ensinar. Me ajude, mãe, pois vou precisar me lembrar. Sei que falou para eu dirigir somente quando tivesse habilitação, mas a essa hora, de bicicleta... É por uma boa causa."

Vitória apanhou a chave do carro e partiu. Abriu a porta e seguiu sentido à porteira. Embora tudo estivesse muito iluminado, a jovem sentiu o coração disparado. Respirava fundo como se assim pudesse controlar o medo. Em poucos minutos, já estava cruzando a porteira.

"Vamos lá, Vitória! Você consegue!"

Antes de seguir, pegou o celular e ligou novamente. Fizera oito ligações para a amiga e nada. Aquilo a deixou desesperada.

A poucos metros da chácara, viu um vulto à frente do carro e apressou-se em fechar os vidros.

"Só falta ser *blitz*. A essa hora, neste lugar?"

Ao se aproximar, reconheceu o sorriso de Samuel e parou o carro.

Quando o rapaz entrou no carro, ela, com um nó na garganta, contou tudo em poucas palavras ao amigo e confessou:

— Eu vou voltar. Não está certo.

— Elis está precisando de você. Vou acompanhá-la — Samuel falou tão convicto e passou tanta segurança para Vitória que ela deu novamente partida no carro e pegou a estrada sendo guiada pelo amigo.

— Você conhece bem aqui. Até parece nativa — falou rindo.

— Passei com Elis por aqui. Droga! Começou a chover. Era só o que me faltava!

— Você gosta mesmo dela para se arriscar assim. Admiro amigos verdadeiros, que são capazes de fazer tudo um pelo outro. Vá mais devagar. Olhe o buraco! — gritou de repente, o que fez os dois rirem. — Tenha mais cuidado para que o carro chegue inteiro. Com chuva, deve redobrar o cuidado. Você vai ser uma boa motorista.

— Tente ligar de novo, por favor.

— Vire aqui! — falou rápido, sério. Depois de percorrer alguns metros, Samuel continuou instruindo Vitória com propriedade. — Eles estão por aqui. Vire o carro, saia da via e se jogue no mato. Posicione o farol sobre eles, rápido!

Vitória fez.

Não demorou muito para que Vitória e Samuel vissem uma movimentação no meio do mato. Um homem saiu correndo para um lado, e Elis, com as roupas rasgadas, correu para o outro. Vitória pensou em seguir o homem, em outro momento em descer do carro e ajudar a amiga, mas seguiu, no entanto, o conselho de Samuel de que deveriam partir.

— Podíamos ter ajudado Elis. Você viu como ela estava.

— Você fez o que pôde, Vitória. Esqueceu que é menor de idade?

— E você tem 18 anos. Poderia ter dito...

— Mais uma mentira? Não. Vamos para casa.

— Vou deixá-lo em casa....

— Não, eu a acompanho até a chácara e depois vou embora.

— O que estava fazendo ali a essa hora?

— Gosto de caminhar à noite, Vitória, e sempre volto para casa com folhas de pitanga para minha mãe fazer chá — havia emoção em sua voz.

Vitória estava tão eufórica que não percebeu nada.

— Deixamos o cara fugir.

— Mais uma vez ele fugiu — havia mágoa em sua voz.

— Mais uma vez. Bem, o importante é que Elis conseguiu sair com vida — Samuel falou isso calmo, dobrando um papel que rapidamente se transformou na imagem de um gatinho, que ele ofereceu para a amiga, que recebeu o presente sorrindo.

A chuva cessou, e Samuel acompanhou Vitória até a chácara. A jovem agradeceu o suporte do amigo e ficou observando-o desaparecer depois da porteira. Tudo aconteceu muito rápido. Vitória piscou e não o viu mais, mas atribuiu isso ao cansaço e à tensão do ocorrido.

A jovem entrou em casa e colocou a chave do carro no local em que a encontrara. Estava tão tensa que não conseguiu dormir imediatamente.

Acordou no dia seguinte com Marília entrando em seu quarto.

— Bom dia, minha querida. Você soube o que aconteceu? — Marília contou nos detalhes o que sabia. — Elis foi atacada. Sorte que saiu viva. Está em estado de choque. Parece que o que a salvou foi um carro que passava na estrada e jogou o farol alto no matagal...

— Eu sei... Fui eu quem jogou o farol do carro no mato.

***

Raul chegou em casa tarde da noite com a roupa molhada pela chuva, chamou a filha, mas não teve retorno. Aquela situação vinha preocupando-o. Não era a primeira noite que Rafaela não passava em casa.

Intimamente, ele sabia que não tinha muito jeito para criar filhos e atribuía a isso as ausências da filha. Na realidade, Raul nunca quis ter filhos, por isso a gravidez de Marília foi para ele uma surpresa, já que isso não fazia parte dos planos do casal.

Rafaela fora morar com o pai no centro de Balneário — a poucos minutos da chácara onde Marília morava — por desentender-se constantemente com a mãe. Em comum acordo, a jovem encontrou na casa de Raul a liberdade de ir e vir. O que os pais não viam era que ela fazia de tudo para chamar a atenção de ambos, porque precisava ser freada, precisava de regras.

Raul, preocupado somente com o trabalho, só observava as atitudes da filha, mas, na escola, sentia-se incomodado com o jeito de Rafaela. Tentava repreendê-la, contudo, seus esforços eram inúteis.

Naquela noite, quando chegou em casa, Raul estava exausto. Ainda pensou em passar pelo quarto da filha, saber

155

se estava tudo bem com ela, mas decidiu tomar um banho e ir direto para a cama.

No dia seguinte, percebeu o silêncio na casa, o que não era comum, pois Rafaela adorava acordar a casa com suas músicas. Ao chegar perto da porta do quarto, Raul viu algo que o deixou paralisado. Ele ficou alguns segundos parado, assimilando o que via, quando então pegou o celular e ligou para Marília.

— Marília, bom dia! Sou eu, Raul. Pode vir até aqui? Precisamos conversar.

Quando desligou o telefone, ele perguntou:
— Que novidade é essa?

***

— Você o quê? Como assim você jogou o carro no mato, Vitória? — perguntou Marília, sentindo as pernas bambearem, o que a fez sentar-se na poltrona que havia no canto do quarto, perto da janela.

Vitória contou tudo o que acontecera. Falou da mensagem que recebera de Elis, de ter pegado o carro e de, por fim, ter devolvido a chave ao local onde a encontrara.

— Que irresponsabilidade, Vitória! Estou desapontada com você. É menor de idade e está sob minha responsabilidade. Como pôde fazer uma coisa dessas? Olhe o risco. Meu Deus! À noite, sozinha, guiando sem habilitação um carro. E se tivesse acontecido alguma coisa? Não quero nem pensar nisso.

— Desculpe-me, agi errado mesmo. Agi por impulso, mas, quando vi a mensagem da Elis, fiquei desesperada. Já a tenho como amiga e sei que a senhora também faria o mesmo por uma amiga.

Marília, naquele momento, sentiu-se orgulhosa de Vitória. Orgulhou-se da coragem, honestidade e dos valores da jovem, contudo, não demonstrou. Estava diante de uma adolescente de 16 anos, embora a maturidade que demonstrava fosse de alguém mais velho.

— Que isso não se repita. Meu coração acelera só de pensar que alguma coisa pode acontecer a você.

— Desculpe-me, tia. Isso não vai se repetir.

Marília manteve-se firme. Pensou em abraçá-la, mas o gesto demonstraria que intimamente ela apoiava Vitória pelo que ela fizera. Por alguns segundos, Marília estudou a moça bonita, corajosa, decidida à sua frente e viu uma grande diferença entre Vitória e Rafaela.

— Quem era esse rapaz que acompanhou você?

— Samuel, um amigo da escola.

Marília conhecia a maioria dos jovens da escola, porque Rafaela sempre levava grupos de amigos à chácara para um banho de piscina, então, considerou que se tratasse de algum aluno novo. Tentava buscar alguém com esse nome na memória, quando seu telefone tocou. Era Raul. A ligação foi tão breve que ela nem teve tempo de se manifestar.

— Era Raul — comentou para Vitória. — Estava sério e me pediu que eu fosse até a casa dele. Ele costuma vir tomar café comigo, mas parece que algo aconteceu. Vou até lá e mais tarde vou visitar Elis. Quer vir comigo?

— Claro!

Capítulo 15

Dorinha estava ao tanque, lavando os sapatos de Taciano, que estavam sujos de lama, quando ouviu a voz do marido reclamando do café frio.

— Só um minuto, vou esquentar. Taciano, onde você esteve? Onde achou tanta lama? Estou com vontade de jogar seus sapatos fora. Vou deixá-los de molho — falou isso e foi para a cozinha, onde encontrou o marido queixoso. Dorinha esquentou o café e serviu-o para o marido mal-humorado.

— E seu filho, cadê? Já ganhou a rua? Espero que não apronte nada.

— Acordou cedo, tomou café e saiu com Paola. Não vou manter meu filho prisioneiro.

— Sabe o que ele fez. Só espero que não repita.

— Chega, chega, por favor — explodiu. — Tudo o que ele precisa agora é de um voto de confiança e ser tratado com confiança e respeito.

— O que não teve com a gente quando fez o que fez. Já se esqueceu? Pois eu não esqueci!

— Ele precisa de amor, Taciano, e você foi indiferente a ele, tratou-o friamente. Já não bastava seu distanciamento? Nunca foi vê-lo, nunca quis falar com Pedro ao telefone nem mesmo perguntou por ele.

— Seu filho...

— Meu filho, sim, com muito orgulho! — saiu num grito.
— E você sabia disso desde o início, quando me tirou do mar e me ofereceu seus cuidados.

— Você não me amava.

— Não e isso nunca foi segredo. Você sabia disso, Taciano, mas com o tempo aprendi a amá-lo e respeitá-lo. Eu via como você tratava Pedro, como se fosse seu filho. Contudo, depois percebi que você estava se distanciando, ofertando carinho somente para Paola.

— Minha filha, claro...

— Não foi isso que me falou quando me convenceu a me casar com você. Disse que daria amor ao *nosso* filho. Você usou essas palavras! Que o teria como seu filho também — nesse momento as lágrimas já rolavam pelo rosto de Dorinha. — Mas você não cumpriu essa promessa.

— Não foi fácil vê-lo crescer com a cara do pai, bonito, diferente. Tinha medo de que o pai verdadeiro descobrisse algo e que fosse perdê-lo.

— E por isso se afastou? Para se proteger? Para poupar-se da dor de vê-lo chamando Gilberto de pai?

— Chega! — Taciano falou isso e levantou-se apressado, saindo quase correndo da cozinha.

Dorinha ficou abraçando o próprio corpo, tentando conter a emoção. De repente, se perguntou:

— O que fomos em outra vida para termos esse encontro assim, dessa forma?

***

— E esses rastros de barro pelo quintal? — reclamou Alberta para as empregadas, ao ver o quintal através da janela da sala. Depois, ríspida, exigiu: — Quero tudo limpo. Vou sair daqui a dez minutos para o trabalho e, quando passar por aí, não quero nem lembrar da sujeira que estou vendo — as empregadas saíram correndo, e Alberta sorriu satisfeita.

159

Gilberto apareceu abraçado com Deusa na sala, quando Alberta comentou do barro no quintal.

— Fui eu. Saí para correr e peguei chuva no caminho. Peguei um atalho, e houve um desmoronamento em uma das ruas. A terra cobriu a pista.

— Não quero nem ver o tênis dentro de minha casa! Jogue fora! — falou gargalhando. — Para isso tenho dinheiro.

Deusa ficou olhando para a nora e teve vontade de quebrar os dentes da mulher, pois ainda não engolira o episódio do banho. Ela percebeu o jogo da nora e falou:

— Faria o mesmo. Bom, vou tomar meu café, pois estou faminta.

Alberta viu Deusa saindo e encostou-se em Gilberto para comentar:

— De novo?! Quando acordei, fui tomar água, e ela já estava tomando café. Esqueceu que já tomou. Não que eu regule comida, Deus me livre disso, mas sua mãe vai ficar como uma leitoa fazendo cada refeição duas vezes.

— Já marcou o médico?

— Vou providenciar isso — falou e saiu sorrindo em direção à cozinha. — Deusa, minha sogra, o café está bom?

Gilberto deixou o corpo cair no sofá e lembrou-se de Tamires. Um sorriso surgiu em seu rosto. Não conseguia explicar o que estava sentindo, então, resolveu sentir apenas.

***

Quando chegou à porta do quarto de Rafaela, Marília experimentou a mesma sensação que Raul tivera. Ficou paralisada por alguns segundos, olhando, lendo e relendo o papel fixado na porta: "Proibida a entrada de maiores de 18 anos."

— E mais: a porta está trancada. E Deus sabe onde está nossa filha — falou Raul. — Depois que conversamos pelo telefone, procurei a cópia da chave e não a encontrei. Rafaela deve ter pegado.

Marília ficou sem saber o que dizer. Ela passou rapidamente os olhos pela sala de Raul e viu rastros de barro pelo piso. Antes que ela perguntasse algo, Raul se justificou:

— Ontem, eu saí para ir ao laboratório. Peguei chuva no caminho. Faltou energia na rua, e acabei pisando num lamaçal.

— Precisamos entrar no quarto, Raul — Marília disse por fim, convencida da resposta e preocupada com a filha.

Quando Raul começou a tentar arrombar a porta, Rafaela entrou na sala com um aspecto de cansada, como se tivesse passado a noite em claro.

— Reunião de família? Nem me convidaram. Onde está sua hóspede, dona Marília? Não veio também? Assim, a família feliz estaria completa.

— Chega, Rafaela! — repreendeu Raul. — Não é dona Marília, é sua mãe. Exijo que tenha respeito.

A moça desatou a rir descontroladamente, o que assustou Marília. Ela sentiu como se estivesse diante de uma pessoa estranha e não diante da filha amada, chegando a pensar que Rafaela estivesse sob a influência de algum espírito maldoso.

— Minha querida, o que está acontecendo? — perguntou Marília com carinho, aproximando-se da jovem, que recuou ao sentir o braço da mãe envolvendo seus ombros. Marília sentiu cheiro de álcool e não deixou de questionar:
— Você estava bebendo? Onde estava, Rafaela? — e olhou para Raul buscando auxílio.

— Onde esteve, Rafaela? Queremos saber.

— Por aí, nos barzinhos da vida.

— Que lugar é esse que vende bebida alcoólica a menor de idade? — perguntou Raul. — Barzinhos da vida? Que modos são esses, Rafaela? Vou tirar sua mesada e seu celular. Ficará somente de casa para a escola!

— Papai, está preocupado comigo?! — ironizou. Seus olhos estavam rasos de lágrimas.

161

— Claro, meu bem, nós nos preocupamos com você. Queremos seu bem — falou Marília, que foi interrompida com a fúria da filha.

— Mesmo?! Achei que estava muito preocupada com sua hóspede — e começou a falar vários desaforos, que eram respondidos carinhosamente por Marília. E, em meio à conversa, Rafaela revelou: — Na madrugada, sua queridinha estava andando com seu carro por Balneário. Ela tem a chave do seu carro, e eu não posso ter a chave do meu quarto na casa do meu pai? É isso?

Raul olhou para Marília, que foi rápida:

— Já sei o que aconteceu, e Vitória foi repreendida por isso — depois, firme, revelou o real motivo de sua presença na casa de Raul. — E esse cartaz na sua porta? O que ele significa? O que tem aí que não podemos ver?

Rafaela começou a rir, como se o efeito do álcool agora fosse ainda maior. Ela pegou a chave na bolsa que tinha em um dos ombros e ficou brincando com ela no ar.

— O segredo de Rafaela. Quem quer saber meu segredo?

Cansado daquilo, Raul apanhou a chave das mãos da filha e abriu a porta, o que lhes revelou uma surpresa. Marília, atrás de Raul, levou uma das mãos à boca e ficou emocionada com o que seus olhos viam.

***

— Conheci Pedro, irmão de Paola. Ficamos um bom tempo na praia. Ele é muito legal — comentou Vitória para Marília, que guiava o carro em silêncio. Estava bonita, de óculos escuros e cabelos presos. — Tia, está me ouvindo?

— Desculpe-me, meu bem. Ouvi apenas um trecho do que você falou.

— Ainda está chateada comigo por eu ter pegado o carro?

— Não fiquei feliz com isso, pode acreditar, mas já conversamos sobre isso. Sei que compreendeu o que disse e sei que isso não vai se repetir — Marília olhou rapidamente para a jovem que balançava a cabeça positivamente, sem retrucar.

"Como elas são diferentes. Como Vitória e Rafaela são tão diferentes?", pensou Marília.

— Aconteceu algo na casa do Raul. Depois lhe conto — e mudou de assunto. — Dorinha deve estar muito feliz com a volta do filho. Conversei com ela, mas não me disse que Pedro estaria de volta.

— Ele chegou de surpresa. Achei estranho que ninguém fala claramente onde ele estava. Perguntei, e eles trocaram um olhar, falaram qualquer coisa combinada. Deu para perceber que era ensaiado. Não quis especular.

— Fez bem — finalizou Marília, que preferiu não revelar o que sabia. Nesse momento, ela estacionou o carro.
— Chegamos!

Marília e Vitória foram muito bem recebidas pelas tias de Elis, que ofereceram as duas únicas cadeiras da casa para que elas se sentassem. Ofertaram o que tinham, e não era muito. Eram semelhantes, um ano apenas as separavam no nascimento, mas era notório que uma era mais falante e a outra reservada. Foram muito educadas, o que não era surpresa para quem conhecia Elis.

— Como está Elis? — perguntou Vitória, ansiosa em ver a amiga que estava no quarto.

Vitória soube por uma das tias da amiga, a mais despachada e sorridente, que a jovem não estava bem e que chegara em casa chorando, com as roupas molhadas e rasgadas. Elis contou às tias que fora abordada por um homem e que, depois de alguns minutos de conversa, ele quis acompanhá-la pela avenida e de repente a atacou no mato, à beira do asfalto. Por fim, ela disse que sua sorte foi que um carro passava pela estrada e iluminou o local, assustando o homem, que partiu correndo.

Nesse trecho, Marília olhou para Vitória, que sorriu convencida de que fizera a coisa certa.

163

Marília ofereceu-se para levar Elis ao médico e soube, então, que a jovem já passara pela delegacia, registrara a ocorrência e fora também ao hospital. Sobre o agressor, a jovem dissera não ter ideia de quem era e que ele não conseguira consumar o ato. Após o fato, Elis estava calada, com o olhar distante.

Depois do breve relato das tias de Elis, as visitas foram conduzidas ao quarto da jovem, que estava sentada na cama, com o olhar perdido na janela. O rosto denunciava que chorara muito.

Marília e Vitória abraçaram com carinho Elis, que não falou nada pois estava em choque. As duas, então, ficaram observando Elis em lágrimas, incapazes de trazerem de volta a moça alegre de antes.

Quando já estavam de saída, recebendo os cumprimentos das tias de Elis, Vitória decidiu voltar ao interior da casa e foi direto ao quarto de Elis.

— Você vai superar isso, minha amiga. Preciso lhe dizer que recebi sua mensagem e que fiz o que pude. Fui eu quem acendeu o farol do carro.

Elis, chorando e com o corpo trêmulo, abraçou Vitória.

— Obrigada. Você é uma menina de ouro — foi a frase mais longa que Vitória conseguiu extrair de Elis até aquele momento. — Você estava dirigindo?

— Sim! É uma longa história. Não poderia ter pegado o carro, pois sou menor de idade — olhou para os lados para se certificar de que não estava sendo ouvida por mais ninguém e falou: — Por você, faria tudo de novo.

— Você se arriscou por mim, Vitória. Tão tarde da noite. Sozinha...

— Não! Samuel estava comigo.

— Quem?!

Nesse momento, Vitória ouviu Marília chamando seu nome e, na sequência, a buzina do carro.

— Amiga, tenho que ir. Cuide-se! Ah! Vamos descobrir quem fez isso com você.

— Não é uma pessoa conhecida, e eu também não saberia descrevê-lo. É melhor esquecer — falou com o olhar triste, sem coragem de fitar o rosto de Vitória.

— Você está muito machucada, no corpo e na alma. Se pego quem fez isso com você...

— Nosso corpo é nosso santuário. Nele não pode entrar qualquer um. Para lhe ter acesso, é preciso a chave chamada amor.

Vitória abraçou e beijou Elis e, apressada, saiu correndo.

No silêncio de seu quarto, Elis viu o carro de Marília se afastar. Logo depois, ouviu os passos das tias em seu quarto.

— Elis, você está bem, minha querida? — vendo a moça confirmar, prosseguiram: — Não falou nada, né?

— Não, tia.

— Melhor assim. Vamos achar uma solução — falou a outra, a mais calada.

As duas saíram do quarto e fecharam a porta.

Sozinha no quarto novamente, Elis recordou-se de Vitória falando de Samuel.

"Só é o mesmo nome, claro!"

Depois, a jovem apanhou o celular e releu a mensagem: "Espero que nosso segredo fique entre a gente. Sabe bem o que pode acontecer, não sabe?".

Elis começou a chorar, passando o dedo pelas outras mensagens que já recebera.

***

Marília estava muito aflita quando a porta se abriu. Era notória a preocupação em seu semblante. A respiração dela estava rápida e havia nervosismo na forma como levara as mãos ao peito.

Ela entrou no quarto da filha logo atrás de Raul, e Rafaela passou por eles, sorrindo e abrindo os braços, como se estivesse prestes a apresentar um espetáculo. O quarto da jovem estava um pouco escuro, mas havia claridade suficiente para que Marília e o ex-marido notassem várias armas entre os pertences da filha.

Rafaela apanhou uma delas e começou a se exibir, mostrando aos pais como sabia manusear as armas e como tinha habilidade para prepará-las para disparar.

— Veja como é fácil! É só um clique. Têm ideia disso? Com um indicador apenas, sou capaz de...

— Pare com isso, Rafaela!

Com lágrimas represadas nos olhos, a jovem abriu um sorriso e disparou contra Raul, que caiu. Marília correu na direção do homem sagrando e depois se virou para a filha.

— O que você fez, Rafaela? Ele é seu pai!

A jovem não disse nada. Séria, ela secou as lágrimas que escorriam pelo rosto, mirou Marília e apertou o gatilho.

— Não! — Marília gritou alto.

Ela acordou do pesadelo com o próprio grito, voltando à realidade. O grito também chamou a atenção de Vitória, que logo correu para o quarto de Marília.

Quando ela viu Vitória, começou a chorar contando-lhe o pesadelo que tivera.

— O que viu na casa do tio Raul deve ter mexido com seus sentimentos, tia. Vou preparar um chá para acalmá-la.

— Não precisa. Vou ficar bem, Vitória.

A moça beijou o rosto de Marília e, quando já estava saindo do quarto, foi chamada de volta.

— Vou lhe contar o que aconteceu, Vitória.

Capítulo 16

— Taciano já chegou? — perguntou a voz para Dorinha, logo que ela atendeu ao telefone. — Eu acho que ele pegou a sacola errada. Comprei uma camisa para Taciano e outra para meu irmão. É aniversário dele amanhã.

— Quem está falando? — perguntou Dorinha apertando o fone com força.

— Você sabe, meu bem. Diga a Taciano para não tirar a etiqueta da camisa, se não for a dele. Se ele pegou por engano a de meu irmão, pode não servir e terei de trocar. A numeração do Taciano eu conheço bem. Só de abraçá-lo já sei qual é.

— Que absurdo! Quem é você, sua maldita?

— Engraçado! Ele também usa essa palavra para se referir a você.

Aquela frase atingiu o peito de Dorinha, que se curvou lentamente como se estivesse recebendo uma facada. Pronta para desligar, ainda ouviu mais um desaforo da mulher.

— Se for a camisa de Taciano, tenha cuidado para lavar. Deixe-a secando na sombra para não desbotar, viu? Tenho achado as roupas dele ressecadas. Use mais amaciante, por favor. Ou está economizando para seu filho usar você sabe como — falou isso e disparou a rir.

Dorinha, sem palavras e pega de surpresa com tanta ousadia, desligou o telefone trêmula.

Minutos depois, Taciano entrou na casa. Sorridente, jogou uma sacola na direção de Dorinha, que a apanhou no susto.

— Lave — ordenou. — Vou usá-la amanhã em um aniversário.

Dorinha tirou a camisa da sacola, que estava com etiqueta. Ela identificou a numeração do marido e depois, sem dizer nada, se limitou a ouvir o marido contar alguma história do serviço. Estava de bom humor.

— Aniversário de quem?

— De um funcionário da loja — falou depois de pensar um pouco. — Só a gente mesmo. Nada de mais.

Dorinha nada disse nem exigiu participar da festa, até porque, como ele mesmo dissera, era uma comemoração para poucos, "só a gente mesmo". Ao pensar nisso, imaginou Taciano chegando à casa da amante com a camisa lavada, para um jantar à luz de vela, com massa e vinho. Tentou conter as lágrimas, engolindo em seco e tentando desfazer o nó na garganta.

Depois de jogar a camisa no tanque, voltou para a cozinha, aproximou-se do fogão e fez o prato do marido. Ao servi-lo, ouviu dele:

— Camisa boa, de marca, caríssima! Deve ter custado os olhos da cara.

— Não viu o preço quando comprou?

— Sim, não, é que passei no cartão. Vi na vitrine, Dorinha, e você sabe como sou! Quando me apaixono, não vejo o preço.

— Sei... Assim como não sabia o preço de ofertar o amor, quando me tirou do mar.

— Não vamos falar mais disso, por favor — Taciano pediu, já cerrando o cenho. — E não seque a camisa ao sol! Capriche no amaciante, hein!

— A vendedora deve ter dito isso, suponho.

— Sim — falou satisfeito, com a boca cheia.

Dorinha teve vontade de virar o prato na cabeça do marido. Pela primeira vez, sentiu nojo de Taciano. Quando viu que ele comia, foi até a lavanderia, viu a camisa no fundo do tanque e não pensou duas vezes: pingou água sanitária pela camisa. Considerou que não era o bastante. Tirou o conta-gotas da garrafa e, num acesso de fúria, esvaziou todo o produto na camisa.

Ela sorria enquanto amassava a garrafa, extraindo dela as últimas gotas de água sanitária. Depois de alguns minutos, já séria, pegou o tecido ainda molhado e foi para a cozinha, sem se importar com os respingos no chão.

— Taciano, aconteceu uma tragédia! Deixei cair água sanitária em sua camisa — Dorinha observou o rosto do marido ficando vermelho. — Foi sem querer! Fui pegar o sabão e a garrafa de água sanitária caiu sobre a camisa. Não vá me achar a maldita! — fez uma pausa e observou os olhos de Taciano aumentarem de tamanho em seu rosto vermelho. — Acidentes acontecem. Lamento.

Taciano levantou-se furioso e falou alguns desaforos para Dorinha, que não se abalou.

— O próximo presente... — falou e ficou observando o rosto dele se transformar. — Quando se der o próximo presente, lave-o você mesmo. Fiz tanto, por tantos anos, que mereço compreensão por uma peça perdida em meio a milhares que já lavei.

Nervoso, o homem saiu sem dizer nada, batendo a porta da sala. Dorinha, então, sentou-se no sofá rindo, mas as lágrimas depois molharam o seu rosto.

***

— Quando estávamos conversando, Raul ligou... — iniciou Marília com a voz triste.

Vitória, acostumada a vê-la sempre com bom astral, animada e cuidando de suas plantas, de sua chácara, estranhou o tom de Marília, que continuou:

— Pela voz dele, percebi que era algo relacionado a Rafaela, o que me deixou angustiada.

— Não precisa falar, se preferir...

— Quero falar, sim. Falar disso com alguém vai me fazer bem, e você é uma garota tão madura, uma ótima ouvinte.

Ela começou a contar com detalhes tudo o que aconteceu. Quando Rafaela abriu a porta, Raul e Marília viram um quarto bagunçado, com roupas e garrafas de bebida espalhadas. O que mais chamara sua atenção, no entanto, foram as faixas enroladas no canto do quarto e foi até elas, enquanto Raul bradava:

— Olhe esse quarto! Uma pocilga! Não deixa Elis entrar aqui!

— E pelo jeito ficará assim por mais um bom tempo. Pegaram a coitada no mato! Estão sabendo disso? — falava debochada, rindo.

— E essas roupas? São de meninos!

— Meus amigos. Não posso receber meus amigos agora? Estou num convento e não sabia?

— Não estamos de brincadeira, menina! E essas bebidas? — perguntava, revirando os pertences da garota. — Onde tem comprado bebida? Quem está lhe vendendo isso? Você é menor de idade, Rafaela!

— Comecei a beber dentro de casa. Peguei uma garrafa de sua adega, acredita?! — Rafaela revelou rindo, observando o rosto de Raul se transformar. Ora ele ficava sem palavras, ora se envergonhava por Marília presenciar aquela cena.

De repente, Rafaela notou que Marília estava mexendo em algumas faixas.

— Não mexa aí, por favor — pediu a menina séria, sentindo-se exposta.

Marília não deu ouvidos à filha. Abriu as faixas e leu, com lágrimas nos olhos, algumas delas, feitas a mão, em uma caligrafia bonita, firme, com tinta para tecido.

"Nós amamos você, Rafaela."

"Parabéns! Muitos anos de vida para a menina mais adorada."

E muitas outras elogiando a moça.

— Filha...

Rafaela tomou as faixas das mãos da mãe e jogou-as no canto, sentindo-se constrangida.

— Não queria que vocês vissem isso.

— Minha querida, não nos esquecemos de seu aniversário. Vamos planejar algo para comemorar, reunir seus amigos? — Marília olhou para Raul, que ainda estava perplexo com a cena. Ele não fazia ideia da existência das faixas e notou que ultimamente só falava com a filha para repreendê-la e que pouco a elogiava e dizia o quanto ela era importante em sua vida. — Estive até conversando com seu pai. Vamos fazer uma festa para você no clube. Não é, Raul?

— Sim, sim. Faremos.

Marília tentava manter a conversa em um tom amigável e convencer a filha do quanto a festa seria boa. E sabia intimamente que a moça estava gostando da ideia. Rafaela era festeira.

Ainda durante a conversa, Marília acabou dizendo algo que não agradou muito Rafaela, mas ela não teve como impedir.

— Será uma festa linda! Uma festa para você e para Vitória.

— Vocês fazem aniversário no mesmo dia — Raul trocou um olhar cúmplice com Marília, que confirmou com a cabeça.

Após Marília contar a Vitória o que havia acontecido na casa de Raul, a jovem perguntou:

— E o sonho, tia? Por que ele a angustiou tanto?

— Acho que compreendi o sonho, Vitória. Rafaela anda bebendo, e acho que isso é uma forma de suicídio. Ela ataca o próprio corpo para nos atingir, para nos sentirmos culpados. Era requer atenção.

— Não sei se é uma boa ideia eu participar da festa com Rafaela.

— Ela ficou tão empolgada com a novidade que não disse nada. Já combinamos de sair, comprar algumas roupas. Quer ir com a gente?

— Acho melhor não, tia. É um momento de vocês. Pelo que a senhora comentou, Rafaela certamente se sentirá melhor com sua atenção voltada para ela.

Marília abraçou Vitória e por alguns segundos estudou o rosto da jovem. Por fim, disse:

— Carina fez um ótimo trabalho. Você não podia ter ficado em melhores mãos.

***

Era tarde da noite, e todos já haviam se recolhido. Alberta levantou-se da cama e, antes de sair do quarto, certificou-se de que o marido dormia.

Aproveitando que a iluminação da rua se refletia no interior da casa, Alberta seguiu até a cozinha. Lá, depois de se certificar de que estava sozinha, abriu as portas do armário e voltou correndo para o quarto, onde, com voz preocupada e um tanto infantil, chamou o marido.

Sonolento, Gilberto foi conduzido até a cozinha. Quando Alberta acendeu a luz do cômodo, ele apertou os olhos devido à claridade da cozinha.

— Veja isso, Gilberto! Foi sua mãe. Ela abriu as portas do armário e se esqueceu de fechar.

— Estou muito preocupado com isso.

— E não é só isso. Quando cheguei em casa, ela estava no portão, entregando as chaves da casa a um estranho.

Gilberto, tenso, passou as mãos pelo rosto. Estava triste, imaginando que Deusa estivesse doente, limitada e dependendo dos cuidados dos outros. Ao retornar para seu quarto em silêncio, ao lado de Alberta, ele passou pelo quarto da mãe e abriu a porta. Deusa estava roncando alto e vez ou outra rodava um pano sobre a cabeça, hábito que conquistara na casa anterior por conta dos insetos. Parecia serena, saudável, imagem distante da mulher frágil que vinha se apresentando.

Atrás do marido, Alberta esboçava um sorriso, pensando que logo conseguiria convencê-lo da insanidade de Deusa e de trancá-la, para sempre, em uma clínica psiquiátrica.

No dia seguinte, Gilberto e Alberta saboreavam um farto café da manhã, quando de repente ouviram um grito.

— É da minha mãe! — falou Gilberto, levantando-se apressado e deixando a cadeira cair para trás ao sair da mesa.

Alberta acompanhou o marido.

Quando entraram no quarto de Deusa, viram a mulher chorando e diante dela duas malas, sendo que uma estava aberta sobre a cama, expondo suas roupas, seus enfeites.

— O que é isso, mãe? Por que essas malas estão aí?

— Não sei, meu filho! Eu acordei, e as malas estavam feitas ao pé da cama, como se eu fosse... — começou a chorar confusa, sem entender o que estava acontecendo.

Gilberto trocou um olhar com Alberta, que fez sinal de que Deusa não estava bem. Ele sentou-se ao lado da mãe, abraçou-a e aconchegou a cabeça de Deusa em seu ombro, deixando escapar uma lágrima.

Alberta levantou-se para fechar a porta do quarto e, depois de espantar as empregadas, abriu um sorriso de iluminar um dia chuvoso de inverno.

— Meu bem, não irei trabalhar. Ficarei em casa com a sogra.

— Fará esse sacrifício? Não acho justo, Alberta. Estive pensando e eu mesmo a levarei ao médico.

— Não! — a palavra saiu em um tom alto, arrogante. — Farei isso, pois já havíamos combinado. Como lhe disse, por eu ser mulher, ela ficará mais à vontade comigo — o sorriso falso desfigurou o rosto de Alberta, deixando suas sobrancelhas enviesadas e a boca torta. Gilberto, no entanto, só enxergou na esposa bondade.

— Agora vá. É melhor não falar com ela agora. Deixe-a descansar. Mais tarde, levarei sua mãe ao médico.

"Mando a velha para a clínica e ainda ganho a admiração do meu marido. Se soubesse disso, já teria trazido a megera para dentro de casa!", pensou rindo, ao ver o marido sair de carro, agradecido por confiar a mãe em suas mãos.

— Cadê meu filho?

— Já foi, Deusa. Ele se despediu de você, beijou seu rosto e lhe deu um abraço que você até elogiou... — disse Alberta, tentando deixar a sogra confusa.

Ainda naquela manhã, Alberta falou ao telefone com o médico.

— Tenho que repetir tudo?! É! Quando o assunto é dinheiro, você sabe bem ouvir de primeira, não é? Mais tarde, passarei aí com a infeliz da mãe do Gilberto. Já deixe o laudo preparado. Laudo de incapaz, de insana. Recomende a internação na clínica — fez uma pausa, ouviu o que não gostou e devolveu. — O que estou lhe pagando é o bastante para mantê-la internada em sua clínica por esta e por mais duas encarnações!

O que Alberta não sabia era que, atrás da porta, Deusa, muito assustada, a ouvia falar.

***

Vitória abriu os olhos e logo veio a seu pensamento o sofrimento de Elis. Passou uma mensagem para amiga desejando-lhe um bom-dia e, depois do banho, apareceu com os cabelos molhados, com uma blusinha branca, justa, e usando uma bermuda que realçava sua juventude. No pescoço a jovem usava uma corrente de couro preto com pingente de prata envelhecida, que se destacava em sua pele alva.

— Parece apressada? Posso saber aonde vai? — perguntou Marília contagiada com a alegria da moça.

— Dar umas voltas de bicicleta.

— Não se esqueça da hora, escola...

— Fique tranquila. E não se preocupe, tia. Se o estranho aparecer, já sei o que farei. Usarei as técnicas de luta que aprendi — riu e, depois de tomar mais um gole de suco, saiu.

Da varanda Marília ficou vendo a menina pedalando pela estrada.

Vitória passou pela escola e procurou Samuel. Pensava em chamá-lo para por em prática um plano, mas não o viu. Encontrou Paola saindo do mercado e revelou à amiga o que planejara.

— Vitória, você é maluca? Vai bancar a detetive? — questionou Paola ao saber que a amiga tinha a intenção de voltar ao local onde Elis fora atacada.

— Claro! Estava procurando meu amigo para ir comigo.

— Eu até iria com você, mas tenho de assistir a um programa sobre emagrecimento na TV, que vai passar daqui a pouco. O cara é um especialista. Várias famosas já passaram pelas mãos dele. Preciso me cuidar, amiga.

As duas riram. Paola saiu apressada, com as compras encomendadas por Dorinha, e Vitória foi caminhando no sentido da estrada, tomada por uma coragem que não sabia de onde vinha.

Chegando ao local onde estivera naquela noite com Samuel, Vitória sentiu seu coração acelerado. Atribuiu isso ao fato de estar sozinha, o que a fez refletir, pensar em cada passo, entrar na mente do homem que fizera a maldade com sua amiga, andar por onde ele andara e arrastara sua amiga. Olhava o chão, atenta a alguma pista.

Estava pensativa, caminhando a passos lentos, empurrando a bicicleta ao lado do corpo, quando sentiu uma pedra pequena bater em sua perna. Vitória pensou que se tratasse de algum bichinho do mato, mas outra pedrinha foi arremessada. Ela sentiu as pernas tremerem.

Seu medo, no entanto, durou pouco. Fabrício logo apareceu gargalhando ao notar o rosto assustado de Vitória.

— Perdida?

— Se estivesse, você seria a última pessoa a quem pediria informação, pode acreditar.

— Pelo visto, você não acordou bem.

— Acordei melhor do que você pode imaginar — fez uma pausa e olhou o rapaz ao lado da moto caída no chão. — E você, parou para descansar?

— Se for mecânica de moto, pode me ajudar! Ainda a perdoo pela grosseria que fez.

Vitória riu e continuou andando.

— Minha moto quebrou. E você? O que faz aqui?

— Estou explorando a cidade.

— Por esses lados? Soube o que aconteceu?

— Sei mais do que você imagina — desafiou Fabrício, pensando que naquele dia ajudara a espantar o malfeitor.

— Você não vai com minha cara, né? Você não gosta de mim.

— Pela forma como me recebeu na cidade, eu não deveria morrer de amores por você... — mal terminou a frase, Vitória deu um passo para trás e tropeçou em uma pedra, o que a fez perder o equilíbrio.

Fabrício foi ágil e segurou-a pela cintura. E assim ficou ouvindo a moça falar sem parar, olhos nos olhos.

— Viu o que fez com Paola? Minha amiga...

— Sua amiga. Você é amiga daquela menina? — perguntou rindo.

— Aquela menina chama-se Paola. Acho que vocês se conhecem desde o berçário. Não preciso fazer apresentações. É tão insensível. Não o vi se desculpar, se retratar...

— Me desculpar?

— Claro! Viu a consequência do seu ato? O pai de Paola perdeu o emprego por sua causa!

— Meu pai foi muito generoso e devolveu o emprego a Taciano, mesmo depois de ter sido agredido por ele.

— Você é muito mimado, Fabrício. Isso mesmo! E não me olhe desse jeito — Vitória disse isso, tentando desfazer-se dos braços do rapaz, que a seguravam pela cintura.

— Se eu pedir desculpas, o que fará em troca?

— Eu?! Nada! Você ficará em paz com sua consciência. Isso não basta?

As mãos de Fabrício estavam na cintura de Vitória, enquanto as mãos da moça estavam sobre o peito do jovem. Ela ficou inebriada com o perfume do rapaz e pensou em como seria bom ficar mais tempo ali, nos braços de Fabrício.

— Não basta. Quero mais — falou isso quase em um sussurro, aproximando seus lábios aos de Vitória, que permitiu sentir por alguns segundos o calor de Fabrício em seu corpo.

Depois, rápida, ela se desvencilhou de Fabrício, empurrando-o com força. Rindo, ele deu um passo para trás e, sem ver a pedra, perdeu o equilíbrio e caiu em uma poça de lama. Vitória não retribuiu o gesto do rapaz, não o salvou. A jovem limitou-se a recuar, rindo da cena. Subiu na bicicleta e, ao ver Fabrício levantando-se e passando a mão suja de lama pela roupa, disse:

— Caso decida se retratar, posso surpreendê-lo. Nada de falar "foi mal" para mim. Isso não é pedido de desculpa.

Furioso por estar naquele estado, Fabrício ameaçou correr atrás de Vitória, mas a lama pesou na barra da calça que ele usava, impedindo-o de correr até ela.

Vitória seguiu pela estrada rumo ao centro de Balneário Califórnia. Sorria com as formigas que atravessavam a trilha e com a beleza do sol iluminando aquela paisagem maravilhosa. Sorriu pela vida e por suas surpresas.

Capítulo 17

Vitória chegou sorridente à chácara, o que rendeu comentários de Marília, mas a moça se limitou a listar as maravilhas de Balneário Califórnia. Vitória, no entanto, não fez nenhuma referência a Fabrício, o real motivo de sua alegria.

— Entre. Tenho uma surpresa para você — contou Marília, rindo ao mexer em seus vasos de flores na estufa.

Ao olhar na direção da casa, Vitória logo viu qual era a surpresa. Era Elis, que estava em cima de uma escada de três degraus, limpando as janelas.

— Ela já voltou a trabalhar? — Vitória perguntou a Marília, depois de acenar para Elis. A jovem estava sorridente, diferente da moça triste, banhada em lágrimas que visitara um dia antes.

— Falei para ficar com a gente e esquecer o trabalho, mas Elis me falou que prefere trabalhar, se ocupar, para não pensar em bobagem — Marília ficou séria, com o olhar fixo em suas plantas ao dizer. — Ela tem razão. Vá lá! Fará bem a Elis conversar com você.

Vitória, carinhosa, beijou Marília, que foi surpreendida pelo gesto. Como nunca recebia carinho de Rafaela, esquecera-se de como isso lhe fazia bem.

— Já de volta ao trabalho?! Se soubesse, não tinha arrumado meu quarto — brincou Vitória abraçando a amiga.

As duas jovens conversaram por mais alguns minutos, mas Vitória preferiu não tocar no assunto do que ocorrera naquela noite. Não falou da agressão que a amiga sofreu nem dos planos que tinha de desvendar o autor do crime. Vitória viu Elis tão bem, que temeu trazer com o assunto a tristeza que não combinava com Elis.

Depois de fazer companhia a Elis, Vitória seguiu para seu quarto. Pouco depois, enquanto ouvia música e arrumava seus pertences para a aula, Elis entrou séria no cômodo.

Ocupada em selecionar a música e escolher a roupa que usaria na escola, Vitória não percebeu o rosto sério de Elis nem o que a jovem trazia nas mãos.

— Quem bom que veio aqui. Queria lhe mostrar essa música e pedir sua opinião sobre qual roupa devo vestir para ir para a escola — falou sem olhar para Elis.

— Você com dúvida sobre que roupa usar? Tem alguém que está querendo agradar... Está preocupada com roupas, ouvindo músicas...

Vitória começou a rir e olhou em direção de Elis. Foi então que viu o envelope nas mãos da amiga.

— Correspondência?

Com as mãos trêmulas, como se não tivesse certeza do que estava fazendo, Elis tirou do envelope uma foto e entregou-a para Vitória.

— Você o conhece, Vitória? Olhe bem para essa foto, por favor. É muito importante...

Com um sorriso no rosto, Vitória pegou a foto. Nela estava Elis, um pouco mais magra e de cabelos compridos e presos, abraçada a um rapaz. Era Samuel segurando uma taça nas mãos, sorridente e tão bonito como Vitória o conheceu.

— Samuel! Então, você o conhece? O danado não me contou...

— É ele mesmo, Vitória? Você tem certeza disso? — os olhos de Elis estavam cheios de lágrimas.

— Sim, Samuel, meu amigo. Ele esteve comigo no dia em que acendi o farol do carro...

— Vitória, Vitória — a voz de Elis saiu embargada. A jovem sentiu um nó na garganta, quando revelou com dificuldade: — Ele, ele, meu Deus... Isso não é possível. Faz anos...

Vitória aproximou-se da amiga, preocupada ao vê-la naquele estado, trêmula. Ela pegou uma das mãos de Elis, procurando com o gesto passar-lhe força.

— Minha amiga, ele não está mais entre nós. Ele faleceu... — Elis revelou.

***

Quando Deusa ouviu a nora falar ao telefone a seu respeito e sobre o plano de interditá-la, ela entrou em pânico. A mulher correu para seu quarto e tentava pensar rápido. O que faria? Deveria fugir? Não via outra saída.

Deusa começou a arrumar as malas, pensando no que deveria levar. Lembrou-se de não levar muitas coisas, pois poderiam impedi-la de ser ágil. Ela, então, guardou na mala algumas roupas suas e as roupinhas de batizado e do primeiro ano de escola do filho, o que a deixaram emocionada. Ao tocar naquelas roupas, muitas lembranças vieram à sua cabeça. O filho querido, lindo, paparicado pelas professoras, sempre sorria para a mãe, que o deixava e o esperava à porta da escola.

As lembranças banhadas de lágrimas foram interrompidas por Alberta, que chegou ao quarto de supetão, sem bater na porta, sem pedir licença.

— Vou tomar um banho para irmos ao médico. Ele já está nos esperando, Deusa, minha sogra querida — Alberta viu a mala e a mulher emocionada e perguntou: — Vai viajar?

— Não, estou só arrumando algumas coisas que pretendo doar.

— Faz bem. Há coisas que não podemos levar conosco por a toda vida.

"Ainda bem! Um trabalho a menos quando voltar da clínica", pensou Alberta.

180

— Sogra, arrume-se. Quando sair do banho, iremos direto ao médico.

— Também vou tomar banho...

— Outro?

— Faz dois dias...

— A senhora já tomou banho, Deusa.

Alberta pensava que, se a sogra chegasse assim à clínica, ela teria mais argumentos para deixá-la lá. Diria ao médico que a sogra se recusava a fazer a higiene. Já estava tudo planejado. Assim, feliz da vida, saiu sorrindo, deixando Deusa ainda mais angustiada e confusa.

— Meu Deus, será que estou realmente ficando maluca? Ou essa cobra está me convencendo com suas mentiras? — murmurou, quando se viu sozinha e ouviu a voz da nora distanciar-se.

Enquanto Alberta tomava banho, Deusa ligou chorando para o filho. Nervosa, ela deixou claro o seu desespero e contou tudo o que ouvira. Falava com a voz abafada e apressada.

— Mãe, é para o seu bem.

Ao ouvir aquilo, Deusa sentiu-se decepcionada. Até seu filho acreditava nas invenções da nora.

— Não estou ficando louca, Gilberto!

— Mãe, calma, não fique assim — Gilberto fez uma pausa, preocupado. — Se quiser, posso ir com a senhora ao médico.

Vendo que não teria o filho como aliado e notando que Alberta agora o manipulava, Deusa respirou fundo e disse:

— Que Deus o abençoe, meu filho. E que o perdoe também — e desligou o telefone.

Deusa olhou para as malas e, antes de fechá-las, optou por levar apenas uma consigo. Escolheu aquela onde pusera as peças do filho. Em seguida, Deusa tirou as roupinhas de Gilberto, colocou-as com carinho sobre a cama e, depois de passar as mãos de leve nas peças, falou baixinho:

— Realmente... Há coisas que não podemos levar por toda a vida.

Apressada, Deusa fechou a mala e saiu arrastando-a pela casa. De repente, ouviu o chuveiro sendo desligado e a nora gritando o nome de uma das empregadas, que foi correndo atendê-la, secando as mãos no avental. Deusa, então, partiu da casa discretamente, levando consigo apenas uma mala.

Na rua, sentiu-se desamparada, mas sem tempo para chorar. Pegou o ônibus que estava de saída do ponto e que, por coincidência, faria o trajeto até seu bairro.

Fazia calor, e, ao se aproximar do bairro onde morara por boa parte da vida, Deusa sentiu o calor tomando conta de seu corpo. Ela apanhou um pano que tinha na mala e começou a se secar e se abanar.

Nunca imaginou que se sentiria tão bem em voltar para casa. Pela segunda vez, deu valor à sua casa. A primeira vez que isso acontecera foi quando Deusa se casou.

Deusa viu os vizinhos nas janelas, nas calçadas, em seus quintais, e fez questão de acenar para eles, de cumprimentá-los. Como era bom estar de volta à sua casa. Só não percebia os olhares diferentes e interpretou-os como curiosos.

— Estou de volta! Meu filho precisa de privacidade — e dizia para outro: — Eles queriam comprar uma casa para mim para ficar perto deles. Imagine! Sou possessiva! Não aguentaria ver minha nora falando algo para meu filho sem ele merecer. Uma ótima nora! Não voltei por causa disso, não...

Deusa apanhou o molho de chaves que tinha e tentou encaixar uma delas no portão. Viu que não entrava na fechadura, mas, ao forçá-lo, observou que ele estava aberto, destrancado. Ela entrou pelo quintal falando com as plantas e viu um cachorro pequeno correndo em sua direção.

— Olha só, temos um hóspede! Não gosto de cachorros, sinto muito. Terá de encontrar outro lar. Agora, fora daqui! Tenho alergia! — e começou a espantar o cachorro brincalhão com o pano.

Deusa abriu o portão e colocou o cachorrinho para fora. Vendo o animal desnorteado na rua, fugindo dos carros, ela riu e, com o mesmo pano que usou para enxotá-lo, secou o suor da nuca e do colo.

Ela deu mais alguns passos e notou que as paredes da casa estavam pintadas, o que a fez ficar bonita, renovada. As plantas estavam bem cuidadas, verdes. Deusa colheu duas rosas para colocar na cozinha. Nunca as vira tão bonitas. Ali percebeu o quanto gostava da casa. Sentiu-se verdadeiramente feliz de retornar a ela.

Deusa pegou umas pipas que estavam espalhadas no quintal, quebrou-as e jogou-as no canto. Depois, viu alguns brinquedos e tratou de jogá-los no terreno vizinho.

— O povo não respeita ninguém! Onde já se viu fazer da minha casa área de lazer de catarrentos? Devem ser os netos da vizinha. Só pode! — Deusa gritou, sem perceber que um menino assistia a tudo em silêncio e que, com medo, saiu correndo.

Quando chegou à lavanderia, viu uma cadeira, mas não se importou em questionar quem a colocara ali. Estava cansada demais para isso e só agradeceu o fato de o móvel estar ali à sua disposição.

De repente, ela ouviu uma música vindo do interior da casa, e, antes que pudesse entender o que estava acontecendo, uma jovem apareceu e gritou ao ver Deusa sentada em sua cadeira.

— Quem é você? O que faz aqui?

Além da jovem, duas crianças apareceram. Uma delas chorava por causa das pipas rasgadas, e a outra pedia pelos brinquedos. Uma reclamava que o portão fora deixado aberto, o que resultara na fuga do cachorro da família, e a outra, ao constatar a ausência do cão, começou a chorar.

— Esta é a minha casa. Eu que lhe pergunto o que está fazendo aqui! — questionou Deusa confusa.

A moça, jovem e casada, gritou nervosa:

— Saia agora da minha casa, ou eu chamarei a polícia! Vou ligar para meu marido! — falou com o celular na mão.

— Você pegou minhas rosas? Quem a autorizou a mexer no meu jardim?

A vizinha que Deusa mais odiava apareceu para esclarecer que a casa fora vendida e que ela estava diante da nova proprietária da residência.

A confusão estava armada. A vizinha falava sobre a venda da casa; as crianças choravam; a mulher, ao celular, reclamava para o marido que a casa fora invadida por uma velha que se dizia proprietária da casa; e a Deusa só restou sair apressada, arrastando a mala pela rua.

Triste, cabisbaixa e com o coração acelerado, Deusa jamais imaginara que um dia sentiria tanto por perder a casa. Ela saiu puxando a mala, sob os olhares curiosos dos vizinhos, que, desta vez, não se aproximaram para cumprimentá-la. Deusa ouvia os comentários daqueles que um dia pensou serem seus amigos — se bem que nunca fizera questão de que o fossem.

"O filho a colocou para fora de casa."

"Soube que a nora não a aguentava mais. Contou para uma amiga que trabalha na escola que ela era porca, não tomava banho."

"Coitada! Nem o filho a aguentou! Expulsa de casa pelo filho."

"Soube que, com o dinheiro da casa, a nora comprou uma loja no *shopping*."

— Tudo mentira! Estão ouvindo? Mentira! — algumas vizinhas aproximaram-se, mas Deusa estava tão assustada com as surpresas que afastou a mulheres com palavras ofensivas. Ela foi andando, gritando pela rua, chorando, rodando a mala no ar e espantando as crianças que corriam chamando-a de louca. Em um desses gestos, a mala se abriu e as roupas caíram no chão. Deusa tentou apanhá-las, mas as crianças pegaram as peças e algumas saíram correndo com elas. Vendo que não tinha controle da situação, continuou andando, abanando o pano no ar com uma das mãos, enquanto a outra arrastava a mala aberta.

Assim, envolvida pela poeira da rua e só com a roupa do corpo, Deusa sumiu arrastando sua mala aberta e vazia.

***

— Está me dizendo que Samuel morreu, Elis? Como assim? Por isso eu não o vi hoje! Mas ninguém comentou nada...

— Sim, ele está morto... — Elis respirou fundo, como se assim buscasse forças para continuar. — Há alguns anos, Vitória.

Confusa, Vitória sentiu o coração acelerado, não por medo, mas por estar surpresa com a revelação.

— Ele era o menino do mar. O nosso menino — Elis começou a falar, tentando controlar as lágrimas. — Ele era surfista. E dos bons. Vinha representando nossa cidade e havia ganhado alguns torneios fora do estado também. Foi quando a fatalidade aconteceu... Ele tinha recebido um convite para representar o país lá fora. Carreira internacional.

— Meu Deus! — Vitória ouviu toda a história com lágrimas nos olhos e pegou novamente a foto das mãos de Elis. Nela viu Samuel jovem, sorridente, promissor com a taça nas mãos e, abraçada a ele, Elis, feliz.

— Eu era a presidente do fã clube de Samuel.

— Vocês eram amigos?

Elis não respondeu, deixando as lágrimas escorrerem por seu rosto.

— Ele foi um anjo. Me ajudou com você naquele momento difícil. Não vejo outra explicação. Agora que confirmou...

Vitória sentiu-se confusa e temerosa em relação ao que aquela revelação pudesse desencadear.

— Pensando bem, Elis, eles são só parecidos — mentiu.

— O mesmo nome? Vitória, há pouco você disse que era Samuel.

185

— Coincidências. Eles devem ser sósias. O nome foi um acaso, claro — tentava levar serenidade e certeza a Elis, para acalmar o desespero da amiga.

— E os origamis. Eu os vi, Vitória.

— Tanta gente faz isso. Fala como se fosse exclusividade dele. Lamento por seu amigo, mas não é a mesma pessoa. Claro que não é.

— Ele falava que fazia os origamis para se esquecer dos problemas — Elis fez uma pausa e perguntou: — Não acredita em espíritos? Você é médium?

— Quem? Eu?! Não! — Vitória começou a rir. — Crendices. Vamos para a cozinha! Vou preparar um chá para nós duas. Os últimos acontecimentos têm mexido com a gente.

As duas amigas ficaram algum tempo na cozinha. Marília juntou-se às jovens e ficou surpresa com a revelação. Ela não ficou convencida com a suposição de Vitória, de que tudo fora apenas uma coincidência.

Vitória percebeu os olhos curiosos de Marília sobre ela, mas disfarçou. A jovem, então, lembrou-se de Carina, de quando brincavam juntas e de suas palavras.

— Minha querida, você é especial. Não tenha medo deles. Eles são amigos...

Pouco depois, sozinha em seu quarto, Vitória certificou-se de que a porta estava fechada e falou:

— Samuel, apareça. Quero falar com você.

Não houve resposta.

— Não tenho medo.

O silêncio continuou.

Vitória acabou adormecendo. Samuel, então, beijou a testa da jovem e saiu.

Capítulo 18

Vitória não teve mais contato com Samuel. Pensava nele, colocava as músicas de que ele gostava, mas não o via. Na escola, olhava por toda a parte tentando encontrá-lo.

Depois que descobriu que o amigo era um espírito, Vitória passou a percorrer a escola atrás de informações. Soube de algumas pessoas com que conversou que o jovem era admirado, querido e disputado pelas meninas, e de Gilberto colheu um depoimento marcante e emocionado:

— Ele teve uma breve passagem, mas deixou registrado seu amor nos corações de quem conquistou com seu sorriso, sua beleza e sua simpatia. Era promissor no esporte. Seu nome e seu talento edificaram Balneário — Gilberto fez uma pausa, disfarçando a lágrima que escorria por seu rosto. — Por que está interessada na história dele, Vitória? Faz anos que isso aconteceu. Imagino que nem estava em seus planos...

— Soube dele por Elis. Ela pareceu tão amiga dele, me contou tão emocionada...

— Amigos? Ela não lhe contou?

— Não me contou o quê? Que ela era presidente do fã clube dele...

— Eram noivos. A morte os separou — Gilberto passou a mão carinhosamente no ombro da aluna e partiu sem dizer mais nada.

Vitória sentiu vontade de chorar com aquelas revelações. Como gostaria de falar com Samuel mais uma vez.

— Minha querida, nem sempre tudo sai como queremos — comentou Carina, sentando-se ao lado da jovem.

— Eu sabia que você era especial e que seu retorno para Balneário não seria em vão. Prepare-se, pois mais surpresas estão por vir. E você tem de estar forte para recebê-las e tomar decisões! Que Deus a guie!

Carina disse isso e partiu. Vitória levantou-se animada e, a caminho da sala de aula, comprou um lanche na cantina. Nesse momento, Paola chegou eufórica e faminta, como ela mesma se descreveu, e Vitória, rindo, dividiu o lanche com a amiga. As duas, então, saíram correndo para a aula.

Vitória lutava para concentrar-se na aula, pois seus pensamentos ainda repassavam os últimos acontecimentos. Lembrou-se do homem atacando Elis e de que salvara a amiga com a ajuda de Samuel.

Olhou para Paola tomando o último gole de suco e pensou em contar o que acontecera à amiga, mas achou que ela a chamaria de louca e que diria que tudo era inverossímil.

Pouco depois das amigas entrarem na sala de aula, as apresentações dos trabalhos em dupla começaram. Paola e Vitória aproximaram-se do quadro negro para iniciarem a apresentação.

Com seu jeito leve e divertido, Paola mal apresentou sua parte do trabalho, mas fez os alunos rirem. A jovem foi salva por Vitória, que finalizou tudo com propriedade, sem timidez, firme. Vez ou outra, ela olhava para os colegas e procurava por Samuel. Foi assim que viu Fabrício com o semblante sério, prestando atenção ao que Vitória falava. Viu também Rafaela com cara de poucos amigos, lixando as unhas.

Quando Vitória finalizou a apresentação, todos, exceto Rafaela, a aplaudiram. E antes de as duas jovens voltarem para seus assentos, Fabrício pediu a palavra.

— Eu preciso falar, pessoal... — o rapaz iniciou sua fala assim, fazendo todos se calarem. — Gostaria de pedir desculpas à moça... — fez um silêncio ao ouvir os murmúrios dos alunos e buscou força ao ver o rosto de Vitória. Continuou: — Gostaria de pedir desculpas a Paola pelo incidente na porta da escola. Foi mal, Paola — lembrou-se de Vitória falando e corrigiu: — Ou melhor, desculpas.

Paola ficou nas nuvens, pois nunca imaginaria que o popular Fabrício Bonelli fosse lhe pedir desculpas.

— Amiga, estou passada com essa novidade! Ele mal me cumprimenta! Passa por mim como se estivesse passando por um botijão de gás esquecido na calçada, sem dar importância.

— Algo tocou o coração dele — comentou Vitória baixinho.

A sala ficou em polvorosa. O *bad boy* da escola, como era conhecido, estava se retratando?

Fabrício foi até Paola, repetiu o pedido de desculpas e, antes de ouvir o que a moça tinha a dizer, aproximou-se de Vitória e, para a surpresa de todos, a beijou. Quando se afastou da jovem, Fabrício perguntou:

— Surpreendi você?

Vitória ficou sem reação. A jovem apenas viu Fabrício se afastando, e os alunos gritando e falando como se aquele beijo fosse o acontecimento do ano.

***

Após as aulas, Vitória foi à casa de Paola.

— Amiga, o que foi aquilo? — perguntou Paola.

Vitória desconversou, mas ficou atenta à movimentação da amiga no quarto e viu Paola guardando dinheiro em uma caixinha.

— Vou fazer uma lipoaspiração. Vou sumir com tudo que não é meu e que invadiu meu corpinho.

Foi assim que Vitória descobriu que Paola recebia, sim, dinheiro da mãe para lanches, mas economizava.

— Você não precisa passar por nenhum procedimento, Paola.

— Vitória, você é contra também? Minha mãe nem sonha com isso. Outro dia, falei brincando sobre isso, e ela ficou furiosa. Tenho guardado dinheiro! Quando um dia conseguir convencê-la, terei dinheiro para a cirurgia.

— Olhe para você, amiga. Está linda. Seu corpo está apenas passando por algumas transformações naturais.

— Com os braços dessa largura! Olhe minha bunda! Ela está desproporcional. E os seios? Quero tirar metade!

— Pare com isso! Você está linda. Não percebeu ainda?

— O quê?

— Está se tornando uma mulher linda! Eu bem vejo como os meninos têm olhado para você. Tem feito sucesso. Deveria se orgulhar do seu corpo. Do corpo que Deus lhe deu. O que acha de se aceitar como é?

— Engordando?

— Não! Comece a se educar em relação à alimentação. Paola, você fica sem comer, mas, quando tem oportunidade, come além da conta. Assim, acaba repondo tudo o que não comeu antes e mais um pouco. Pular refeição não a fará emagrecer.

Paola pensou um pouco, ficou em pé, olhou-se no espelho e, pela primeira vez, se viu como mulher e gostou do que viu. Vitória conversou mais um pouco com a amiga e teve a certeza de que, com mais algumas conversas, conseguiria tirar da cabeça de Paola a ideia de mutilar o corpo sem necessidade.

— Agora, me conte! Que capítulo é esse de você e Fabrício que perdi? Que casal lindo!

***

Maria Andréia estava firme em sua ideia de montar uma creche em Balneário.

— Que ideia é essa agora?

— Isso seria muito bom para você, Leandro. Estive pensando... Muitas mulheres que trabalham aqui no *shopping* não têm com quem deixar seus filhos.

— Achei que já se ocupava bastante com a loja...

— Não quero ser vista com esses olhos, meu amor. Acho que seria mais útil oferecendo isso à cidade que tanto tem nos dado.

— Estou a desconhecendo. Você tem conversado com alguém que a aconselhou a fazer isso?

— Acho que tive — lembrou-se do dia em que tivera a ideia. Na ocasião, foi tomada por uma sensação muito boa. Lembrou-se de Carina falando sobre a influência dos espíritos amigos e que, quando estamos ligados ao bem, atraímos também boas ideias.

Empolgada, Maria Andréia falou sobre um terreno que considerava ideal para a construção e mostrou ao marido o projeto já desenhado pelo arquiteto. E falava com vontade, descrevendo tudo com detalhes.

Contagiado pela energia da mulher, Leandro, após ouvir tudo em silêncio, concordou em apoiar o projeto da esposa. Maria Andréia, por sua vez, saiu saltitando da sala do marido e, já à porta, voltou para beijá-lo.

— Aproveitando... — ela se aproximou do marido, observou-o abrindo a gaveta do lado esquerdo da mesa. — A carteira do Fabrício. Ele não sentiu falta?

— Sim, outro dia comentou comigo ao sair de casa — pegou a carteira e olhou com cuidado. — Onde estava? Aposto que esqueceu aqui.

— Um funcionário encontrou e me trouxe.

— Ele percebeu que estava sem e nem se preocupou em ir atrás, em saber onde estava. Nosso filho anda muito relaxado. Precisa ser mais cuidadoso com seus pertences — parou de falar de repente, olhou que tinha barro na carteira e completou. — Nossa! Onde estava essa carteira? Está suja de barro!

— Nem perguntei.

191

— Entendi. Meu amor, já vou. Preciso correr com o projeto. Será um sucesso. Vai dar tudo certo!

— Que seja! Que dê tudo certo.

**

De volta para casa, Vitória pegou chuva no caminho. A jovem apressou os passos, mas viu algo que a fez parar e voltar. Era Rafaela, que estava do outro lado da rua, na área de uma casa. Um garoto a rodeava, enquanto ela dava um show, segurando uma garrafa em uma das mãos, fazendo um discurso embolado que ninguém entendia e levando ao riso quem estava à sua volta. Rafaela estava com os amigos, muitos deles da escola, e um dos rapazes parecia estar se aproveitando da situação.

Antes de se aproximar, Vitória correu os olhos procurando por Fabrício, mas não o viu. No entanto, ao ver Rafaela no meio dos rapazes, logo pensou que o resultado daquela situação não seria bom.

Vitória atravessou a rua correndo, desviando dos carros e sem dar importância à chuva que caía. Sem pedir licença, ela abriu o portão e pegou no braço de Rafaela.

— Você vem comigo!

— Opa! O que é isso?! A careta paulista chegou, gente! Olha isso! Já tomou conta da minha casa, do meu quarto...

— Do seu ficante... — falou um dos meninos.

— O que disse? — perguntou Rafaela tão alcoolizada, incapaz de assimilar a frase. — Me largue, menina! Não irei com você. Saia de mim, encosto. Você apareceu em minha vida para perturbar, como se não bastasse... — parou de falar e começou a rir. Incentivada pelos amigos, Rafaela tomou um gole da bebida direto da garrafa. — Se soubesse, querida... Você não sabe da missa a metade. Me largue! — explodiu soltando-se das mãos de Vitória.

— Não está vendo que ela não quer ir? — perguntou o rapaz, envolvendo Rafaela em um abraço. — Ela está comigo.

— Sei bem — Vitória empurrou o rapaz, que caiu. Estava bêbado o bastante para ter dificuldade para se levantar. — Você vai comigo, sim! Agora! Ou prefere que tio Raul e tia Marília venham buscá-la?

— Que medo, meu Deus! — Rafaela simulou que suas mãos tremiam. — Desde quando eles são seus tios? Peraí, vou lhe contar uma historinha, caretona...

— Você está tão mal que não consegue nem ficar em pé. Vamos sair daqui.

Os rapazes tentaram impedir Vitória de acabar com a brincadeira e ainda a provocaram:

— Linda, você deveria beber com a gente. Quem sabe assim pararia de falar sozinha pelas ruas.

— Como é que é? — perguntou Vitória furiosa. Antes de ouvir a resposta dos rapazes e diante do riso debochado do grupo, ela falou: — Acabou a festa! Vou chamar a polícia. A maioria aqui é menor de idade e está bebendo desse jeito! Quem for maior terá de explicar como trouxe bebida para a galera. Aliás, quem é o dono desta casa?

Os rapazes ficaram em silêncio, enquanto viam Vitória arrastando Rafaela com dificuldade pelo portão.

— Gente, apagaram a luz! Cadê a festa? Estava tão divertida. Ei, você, não ia me levar para conhecer seu quarto? — perguntou Rafaela rindo.

Um dos rapazes aproximou-se e tentou pegar Rafaela de volta, mas Pedro, que passava na hora, interveio.

— O que está acontecendo aqui?

Os rapazes conheciam Pedro e imediatamente se calaram.

Poucos minutos depois, Pedro deixou as jovens na porta da casa de Raul e ouviu de Vitória:

— Obrigada, Pedro. Você foi nosso herói hoje. Não sei como iria conseguir tirar ela de lá nesse estado — e abraçou o rapaz, que correspondeu ao gesto.

— Se cuidem, meninas. Passei por acaso nesta rua, mas não costumo andar por ela. Foi estranho... Era como se eu escutasse alguém me dizendo para ir por ali.

Vitória lembrou-se de Samuel e sorriu agradecida. Depois, ficou observando Pedro se afastar e pensou no mistério que envolvia aquele moço. Por que ele se ausentara da cidade?

Vitória pegou a bolsa de Rafaela, abriu e apanhou as chaves. A jovem estava tão nervosa que teve dificuldade para abrir a porta.

— Minha bolsa também? Quer tudo o que é meu?

Vitória não revidou, pois não estava bem para enfrentar uma briga. Não saberia explicar onde encontrou forças, mas, minutos depois, colocou Rafaela despida debaixo do chuveiro. Após dar banho na moça, colocou com dificuldade um vestido na moça e, ouvindo suas grosserias, acomodou-a na cama.

Na cozinha, encontrou pó de café e ferveu um pouco de água. Voltou minutos depois ao quarto de Rafaela com uma xícara de café sem açúcar.

— Que é isso, sua louca?! Quer me matar?! Que troço ruim é esse? — perguntou ao provar o café.

— Você está se matando, Rafaela! Tão jovem e tomando álcool como se fosse água.

— É com seu dinheiro, meu bem? — perguntou irônica.

— Não pensa em seus pais?

— Eles pensam em mim?

— Claro que sim! Você não tem ideia de como eles sofrem. E mais! Eles sofrem por sua causa. Não pensa em como será seu futuro, se continuar trilhando esse caminho?

— Lá vem o sermão da careta! Tá bom, né? Já fez sua boa ação para encher os olhos do "tio Raul" e de "tia Marília" de alegria. Não fez? Os tios... — começou a rir sem parar. Depois, séria, com os olhos fixos nos de Vitória, disparou: — Se você soubesse o que sei.

— O que você sabe? Rafaela, acho melhor você dormir um pouco. Está péssima.

— A gente precisa ouvir mais os inimigos, Vitória. Os inimigos dizem verdades que os amigos escondem para preservar a amizade.

— Engano seu. Os verdadeiros amigos falam com a voz do coração, por isso dizem o que precisa de ser dito na medida.

Vitória ficou ao lado de Rafaela, observando a moça falar bobagens até adormecer. Consultou o relógio. Àquela hora, Raul deveria estar na escola, e Marília com suas plantas. Pensou em avisá-los, mas pensou que isso os deixaria nervosos. Preferiu, então, não dizer nada e fazer companhia à moça.

Enquanto Rafaela dormia, viu algumas garrafas de bebida, que teve o cuidado de esvaziar na pia do banheiro. No quarto, em meio à bagunça, Vitória notou uma jaqueta e uma camiseta, que certamente, pelo tamanho e modelo, não eram de Rafaela. A moça pegou as peças e sentiu o perfume de Fabrício. Ao se recordar do beijo que ele lhe dera na sala de aula, sorriu. Rindo, lembrou-se também de quando o rapaz a prendeu entre seus braços e quase caiu na lama.

Vitória pegou as peças de roupa e levou-as ao rosto para sentir o perfume e o toque da camiseta e da jaqueta na pele. O coração acelerou. Uma mensagem de Paola trouxe a jovem à realidade: "Amiga, Pedro me contou. Agora quero saber tudo de você! Que confusão foi essa armada por Rafaela?".

Vitória sentou-se na poltrona e ficou conversando com Paola por mensagem.

Pouco depois, Rafaela despertou um pouco melhor, mais séria, processando o que havia acontecido. A jovem olhou o vestido que estava usando.

— Nossa, que gosto! Nunca usei esse vestido. Deve ter pegado da sacola de doação. Foi minha mãe quem me deu. É a cara dela.

— Achei lindo.

— É seu, se quiser — riu. — Você gosta do que é meu.

— Pelo visto, você está melhor. Já vou indo. Juízo.

Vitória já estava abrindo a porta para sair, quando sentiu algo bater em suas costas. A moça virou-se e viu uma bolinha feita de meia rolar no chão.

— Vou lhe pedir um favor, Vitória, ou melhor... Vou lhe exigir — fez uma pausa e estudou o rosto de Vitória. — Está sabendo da festa de aniversário?

— Sim. Parece que querem celebrar nosso aniversário, já que fazemos no mesmo dia...

— Justamente. Não quero que você vá. Não é bem-vinda. A festa é minha, os amigos são meus. Você ficará deslocada no clube, Vitória — pensou em Fabrício. Soubera que o rapaz beijara Vitória de forma carinhosa no meio da sala de aula, algo que nunca fizera com ela. Os encontros com Fabrício eram selvagens, afoitos, nunca carinhosos. Rafaela pensou em dizer que o rapaz era dela, mas se conteve. Limitou-se a dizer: — Não quero vê-la lá.

Vitória, que estava estática na porta, pensou em sair sem dizer nada, mas resolveu voltar. Com passos firmes e confiantes, aproximou-se de Rafaela:

— Como?!

— Foi isso mesmo que você ouviu. Não vou repetir. Vou contar uma bomba no meu aniversário. Você não faz ideia do quanto será divertido! Bem, Balneário é um ovo de tão pequeno, então, vai saber rápido. As notícias correm...

— Eu vou à festa, Rafaela! — interrompeu. — Eu vou e não irei por você. Irei à festa por tia Marília e por tio Raul, que têm me recebido muito bem, ao contrário de você, que só demonstra ter ódio por mim.

Rafaela ia falar algo, mas Vitória continuou com a palavra, falando de forma ainda mais firme:

— Irei por eles. Assim como o que fiz hoje não foi por você; foi por eles. Melhoras, Rafaela. É hora de crescer!

Vitória saiu no silêncio que se instalou no quarto e fechou a porta ao sair.

Capítulo 19

— Minha mãe sumiu?! Como assim? — perguntou Gilberto, quando recebeu a notícia. Do outro lado da linha, Alberta, esparramada no sofá, tentava disfarçar sua satisfação ao telefone.

Assim que saiu do banho, já vestida para levar a sogra à clínica, Alberta foi até o quarto e não a viu. A mulher percorreu a casa, gritou histericamente pelo nome de Deusa, em um tom de voz tão alto e enjoado que os habitantes da cidade vizinha seriam capazes de ouvi-la.

Alberta colocou as empregadas na rua em busca de Deusa.

— Só voltem com ela debaixo do braço! Darei um mérito a quem me trouxer a velha! Vão! Parem de me encarar com esses olhos estranhos... Credo!

Meia hora depois, Alberta ligava para o celular das empregadas.

— Chega de bater perna! Voltem, suas inúteis.

Em casa, Alberta fez algumas ligações, não muitas, porque não tinha referência de amigas ou contatos próximos à sogra para reclamar sua falta.

Já rindo, feliz pelo acontecido, ela pensava que tudo estava acontecendo melhor do que o planejado. Alberta descobriu que a sogra saíra da casa com a intenção de não voltar.

Deduziu isso, quando não viu a mala de Deusa e deu falta de alguns pertences pessoais.

"Será que a peste me ouviu conversando com o médico?", pensou, rindo satisfeita.

As empregadas, que haviam voltado da rua sem notícias de Deusa, ficaram ainda mais assustadas ao presenciarem a dona da casa mexendo na posição dos sofás, quadros e tapetes da casa.

— As três patetas vão ficar aí me olhando com essas caras pálidas?! Sumam da minha frente! Vão limpar, cozinhar! Estou faminta. Isso tudo abriu meu apetite.

Depois disso, sentou-se no sofá, consultou algumas mensagens no *notebook*, e, finalmente, sem pressa, avisou o marido sobre o ocorrido horas depois.

— Levou a mala?! Ela não disse nada? Não deixou nenhum recado? — perguntou Gilberto angustiado. — Estou indo para aí — falou isso e desligou.

No caminho, lembrou-se da última conversa que tivera com a mãe: "Que Deus o abençoe, meu filho. E o perdoe também...".

— Ela planejava sair de casa quando disse isso — falou sozinho no carro, bravo o bastante para esmurrar a direção. — Eu deveria ter dado mais atenção a ela. Se algo acontecer à minha mãe, não vou me perdoar! Não vou.

Ao passar em frente à casa, Gilberto buzinou e, ao ouvir de Alberta, gritando da janela da sala, a resposta, saiu em disparada.

— Como não voltou para casa?! Vou procurá-la.

Alberta não teve tempo de conter o marido, e essa era sua intenção. Quanto mais o tempo passasse, mais distante a sogra estaria, e era isso que ela desejava.

Já na estrada, Gilberto deixou as lágrimas correrem pelo rosto. Lembrou-se de como a mãe era dominadora e de como só ficava feliz quando tudo saía do seu jeito, mas lembrou-se também de que ela era amorosa. Recordou-se de que, mesmo quando ficara viúva, Deusa nunca deixara lhe faltar nada, principalmente amor. Talvez seu amor era excessivo, mas dessa falta não podia reclamar.

Quando chegou ao bairro onde vivera por muitos anos, Gilberto parou o carro e saiu buscando notícias desesperadamente.

Já perto da casa onde morara por anos antes de se casar com Alberta, Gilberto soube do triste episódio e sentiu-se muito mal. Devido ao suposto estado de saúde da mãe, não lhe contara sobre a venda.

A vizinhança ficou dividida. Enquanto uns o viam como um filho ingrato, outros o viam como um filho que sofria pela ausência da mãe. Indiferente aos julgamentos alheios e por orientação de uma das vizinhas, Gilberto seguiu pelo caminho onde a mãe fora vista pela última vez.

A estrada estava coberta por uma poeira tão densa que Gilberto teve de fechar os vidros do carro. Sentindo um aperto no peito, ele foi tomado por lágrimas.

Poucos metros depois, em uma rua deserta e contornada por mato, Gilberto parou o carro. Chegara a uma rotatória. Ali, ele poderia seguir em frente ou voltar. Pegar a esquerda ou pegar a direita.

— E agora, para onde ela foi? — Gilberto ficou com o olhar perdido no vidro sujo, observando a poeira se acumular na lataria do carro. — Ela não era mulher de voltar atrás, nem de atalhos. Vou em frente. É o que ela faria. Seguiria em frente.

Gilberto percorreu a estrada por horas, sem destino. Já estava tão cansado que confundiu uma mulher com a mãe. Buscava informações com desconhecidos, mostrando-lhes uma fotografia antiga de Deusa que ele levava na carteira. Naquela ocasião, lamentou não ter uma foto atual da mãe que o ajudasse naquela busca.

Em certo ponto, desatento ao painel do combustível, foi surpreendido pelo carro parando no meio da estrada. Gilberto consultou o relógio e viu o quanto já era tarde. Não havia ninguém a quem pedir ajuda nem um posto de

199

gasolina à vista. Ele, então, saiu do carro, trancou-o e seguiu a pé pela estrada.

Estava exausto, mas sentiu-se revigorado quando avistou a casa de Tamires. A jovem estava lendo na varanda.

Quando avistou o professor, Tamires correu até o portão, pronta para lhe dizer alguns desaforos.

— Não tem hora para vigiar minha casa e minha vida, professor? — questionou Gilberto e aproximou-se. No entanto, diante do silêncio do professor e de seus olhos tomados por lágrimas, ela abriu o portão e o abraçou.

— O que houve, Gilberto?

Ele abraçou-a forte, e ela gostou de senti-lo. E, sem perguntar mais nada, Tamires conduziu Gilberto para dentro da casa, puxando-o por uma das mãos.

— Seu silêncio está me assustando. O que aconteceu? — insistiu a moça, sentindo o coração acelerado.

Tamires estudou o rosto de Gilberto por alguns segundos, seus olhos vivos e sedutores, e ele começou a contar tudo o que havia acontecido.

— Nós vamos encontrá-la, Gilberto! — a jovem falou com entusiasmo, com uma energia contagiante que o fez sorrir.

Gilberto ficou observando a moça se movimentar pela cozinha para preparar-lhe um café.

— Já comunicou à polícia? Já sei. Tem aquele terrível prazo de vinte quatro horas, não é? Passei por isso com meu pai, meu irmão...

Fez-se um silêncio entre os dois.

— Você é uma heroína por ter sobrevivido a esses acontecimentos.

Com um sorriso e emoção clara nos olhos, ela disparou:

— E quem disse que sobrevivi, Gilberto? Todos os dias, sinto a falta deles. Em dois anos, perdi minha família. Meus pais, meu irmão. Sinto muito falta deles. Muito! Não mudei nada na casa para preservar as lembranças. Deixei as roupas deles, os objetos pessoais, tudo como eles deixaram quando...

Foi difícil para Tamires conter a emoção, e as lágrimas rolaram por seu rosto. Gilberto lamentou ter tocado no assunto, mas fora tomando pelas lembranças. Quando entrou na casa, ele sentiu como se tivesse voltado ao passado, à época em que visitava Samuel. A uma época em que Tamires ainda não se tornara a moça interessante que ele via agora.

Gilberto pousou a mão quente e pesada sobre as de Tamires, que cessou o pranto, rendendo-se ao que aconteceu depois. O silêncio, a troca de olhares, os sorrisos, os carinhos.

Tamires acordou com o toque do celular de Gilberto e viu a foto de Alberta no visor do aparelho. Apressada, ela chamou Gilberto, que se levantou da cama nu, procurando as roupas que estavam espalhadas pelo quarto. Fez tudo isso enquanto falava com Alberta ao telefone.

— Meu carro parou. Acabou o combustível.

— Disso eu já sei. Acharam seu carro e me deram a notícia. Onde você está, Gilberto? Sabe como fiquei nessa última hora? Perdi minha sogra querida e você sumiu, deixando o carro na estrada! — Alberta começou a chorar.

Gilberto não se importou com os lamentos da mulher, mas apenas com o que Alberta disse sobre Deusa.

— Você disse "perdi minha sogra". Teve notícias de minha mãe?

— É maneira de dizer, Gilberto, já que ela sumiu. Ninguém teve notícias.

Gilberto não disse mais nada. Desligou e viu Tamires em pé ao seu lado, coberta por um lençol, com os cabelos soltos. Pediu-lhe desculpas pelo acontecido, estava encabulado.

— Desculpa, era a... — não quis falar. — Você viu. Pensei que tivesse notícia de minha mãe, mas não... Vou à delegacia, Tamires. Preciso prestar queixa...

— Se aconteceu algo entre nós foi porque decidimos por isso. Se quiser que isso seja esquecido, por mim tudo bem. Já estou tão bem sozinha. Além de tudo, você é casado. O que fizemos não é certo. Eu deveria ter...

— Eu quero você, Tamires. Em meio ao dilúvio das últimas horas, que tomou conta de minha vida, você foi a luz. E eu não quero perder essa luz, entende?

Eles abraçaram-se.

Gilberto teve dificuldade de sair da casa de Tamires. Sentia-se tão protegido dos males da vida ao lado da jovem, que temia enfrentar o que o esperava do portão para fora.

Depois de uma longa caminhada, ele chegou em casa. Ao vê-lo se despir e apanhar roupas limpas, Alberta soltou:

— Onde estava quando liguei, Gilberto?

— A caminho de casa.

— Parece ótimo. Um rosto bom para quem estava desesperado.

— Estou sem tempo para sabatina, Alberta — disse isso e entrou no banheiro. Gilberto fechou a porta, algo que não costumava fazer.

Ao forçar a porta e constatar que ela estava fechada, Alberta teve a sensação de que estava perdendo o marido.

— Por que fechou a porta?

— Privacidade.

Alberta notou algo diferente em Gilberto e atribuiu isso ao sumiço da mãe. Ela ficou deitada na cama, vendo ele arrumar-se. Os cabelos molhados, o pescoço molhado pela água que escorria. Viu quando colocou a camiseta, a calça de moletom e calçou os tênis. Estava tão jovial. Alberta ficou tão maravilhada que se levantou para abraçá-lo, mas Gilberto esquivou-se.

— Estou com pressa. Vou à delegacia. Quer ir comigo? Talvez possa me ajudar com alguns detalhes...

— Deus me livre. Delegacia, hospital e cemitério não combinam comigo. Ainda acho que está se preocupando à toa. Deusa deve estar muito bem. Deve ter ido passar uns tempos na casa de uma amiga.

— Sem avisar? — perguntou ao mesmo tempo em que fazia intimamente um paralelo com a atitude de Tamires, que se dispusera a ajudá-lo.

— Não conhece sua mãe? Já é adulto o suficiente para conhecer as pessoas e as loucuras que passam por suas cabeças.

— Tem razão, Alberta. Nessas últimas horas, fiz grandes descobertas. Conheci as pessoas exatamente como elas são.

— A quem se refere?

— A você!

Alberta ficou especulando o que ele quis dizer com aquilo.

Gilberto pegou uma maçã da fruteira e caminhou pela casa mordendo a fruta, enquanto se sentia seguido pela esposa. No aparador, pegou a carteira, os óculos escuros e a chave do carro. Saiu sem dizer mais nada.

Depois de ir à delegacia, Gilberto foi à escola. Conversou com amigos, que lhe foram solidários, e pediu-lhes que se tivessem alguma notícia de Deusa o avisassem.

Gilberto estava caminhando em direção à quadra para dar aula, quando passou pela frente da biblioteca e viu Tamires sentada. A jovem estava linda. Usava sandálias que deixavam seus pés ainda mais bonitos, jeans desbotados e uma camisa azul-escura. Os cabelos, presos no alto da cabeça, deixavam o pescoço da jovem à mostra, e os brincos brincavam com o vento sutil que vinha do ventilador.

— Precisamos conversar.

— Gil... professor. Acho que é melhor... Sou aluna.

— Não minha aluna. Você é aluna da escola.

Gilberto sentou-se ao lado de Tamires e disse baixinho:

— Vou me separar...

Antes que ela pudesse dizer algo, Gilberto completou:

— Para ficar com você — falou isso e saiu.

Os dias seguintes foram de buscas. Alguns amigos e alunos, inclusive Tamires, estavam ajudando Gilberto a procurar

Deusa, mas ainda não haviam obtido notícias. Alberta não se mexeu. Ficava em casa, vendo televisão, divertindo-se feliz com o sumiço da sogra.

— Aquela ali já deve ter virado comida de urubu. Espero que nem a encontrem.

Alberta não fazia ideia do que estava por vir. Das mudanças e revelações, que alterariam sua vida.

***

— Samuel! — exclamou Vitória sorrindo. — Não sei se fico feliz ou brava com você.

— Acho que está feliz e brava neste momento — o rapaz falou pacientemente, encostado na cômoda, com um sorriso que o tornava ainda mais bonito e jovial.

— Por que não confiou em mim?

— Você é clarividente, Vitória. Tem muita intuição. Deus foi generoso com os dons que lhe concedeu. Fiquei assustado quando, em seu primeiro dia de aula, você olhou para mim. Tem ideia de quanto tempo eu não tinha essa sensação? A sensação de ser visto? A princípio, fiquei receoso de que pudesse assustá-la, mas, depois, quando vi os meninos comentarem que você era maluca, que falava sozinha — Samuel começou a rir.

— Não tem graça alguma — Vitória retrucou séria, mas depois acompanhou o espírito de Samuel no riso. — Por que ficou preso aqui na Terra?

— Por conta do que me aconteceu, fiquei, de certa forma, preso, na esperança de a justiça dos homens ser feita. Não pense que foi fácil deixar para trás uma carreira promissora, interrompida por um covarde. Minha vida era o surfe, Elis, casamento, filhos, nossos sonhos, os troféus, os prêmios, que foram suspensos com aquele fim — havia um brilho de emoção nos olhos de Samuel.

— Sinto muito.

— E não só por isso, Vitória — Samuel silenciou antes de continuar. — Já ouviu falar em obsessão?

— Sim, claro. Geralmente acontece quando espíritos perseguem os vivos.

— Eu e minha mãe estamos sendo obsediados por minha irmã.

— Ocorre o contrário?

— Sim! Estamos sempre presentes na vida dela, presos às lamentações, às lembranças do passado de minha irmã. Estamos constantemente na vida de Tamires, o que a impede de seguir, e isso nos prende também. Ela vive chorando, nos chamando.

— Nossa, ela nem deve ter se dado conta disso.

— Agora, parece que Tamires está abrindo o coração. Acho que um amor está chegando. É conflituoso, mas ela está se permitindo. Minha mãe, por conta disso, tem sofrido, pois elas estão muito ligadas. Nossa mãe não aceita.

— Que ela se relacione?

— Sim, porque ele é comprometido. Minha mãe não tem a percepção da liberdade do espírito. Que mudamos o tempo todo, ajustando nosso espírito ao que a vida nos apresenta.

— Sempre a vejo na dela e achei que fosse o jeito dela. Não a vejo com amigos. Só depois que descobri o que havia acontecido a você, soube que ela vivia sozinha. Considerei que ela fosse uma pessoa reservada.

— Se não fosse você, poderia ter acontecido algo pior a Elis. Obrigado.

Vitória estava curiosa para saber detalhes do relacionamento dos dois, mas, diante da dor visível do rapaz, preferiu calar-se. Falar sobre isso era remexer o passado, que não poderia ser modificado. Restava, então, aceitar os propósitos de Deus com resignação.

— Talvez você pudesse conversar com Tamires. Quem sabe...

— Não somos amigas, Samuel. Ela mal me cumprimenta.

Samuel riu e cruzou os braços ao dizer:

— Quer me dizer que você é tímida, Vitória?

Os dois riram e depois foram tomados por um silêncio sustentado por um olhar amistoso.

— Já fomos próximos em outra ocasião? — questionou Vitória, rompendo o silêncio.

— Somos espíritos muito amigos, ligados. Já fui até seu tio. Tivemos vários encontros, e este foi um deles — Samuel notou que Vitória queria lhe fazer mais perguntas e tomou coragem para sondar: — E como você está com Fabrício?

— Não posso esconder isso de você. Estou gostando dele — admitiu. — Mas tenho receio de levar isso adiante. Não sei se aquele beijo na sala foi uma amostra de que ele, sendo popular, consegue sempre o quer. Não sei se ele me beijou para se exibir para os amigos. Depois... sei que Rafaela gosta dele...

— Está preocupada com isso? Preocupe-se com seus sentimentos e com os deles, somente. Só assim poderá ajustar o encontro de vocês.

— Está me influenciando? — Vitória indagou rindo. — Já li que os espíritos têm esse poder.

— Quando há afinidade, é possível que o encarnado ouça os conselhos, contudo a inteligência de escolher isso ou aquilo é sua. Por isso, lhe digo que ouça seu coração. Ele não falha.

Vitória ia fazer mais uma pergunta, quando ouviu a maçaneta da porta rodar depois de dois toques sutis. Era a batida calma e já conhecida de Marília.

Vitória estava deitada e abriu os olhos com a sensação real de um sonho.

— Minha querida, posso entrar?

— Claro! — Vitória falou satisfeita.

Marília trazia um catálogo com diversos modelos de vestidos. Queria que a jovem escolhesse algum e lhe sugeriu que a acompanhasse para escolher o tecido. Levaria Rafaela também para isso.

Vitória resolveu não acompanhar as duas, pois já antevia os comentários secos de Rafaela, que a via como uma intrusa. Limitou-se, então, a escolher um modelo, deixando por conta de Marília a definição sobre o tecido.

A jovem ficou contagiada com a euforia de Marília em relação à festa. Parecia até que era ela a aniversariante.

— Será muito bonito fazer o aniversário de vocês duas. Será uma grande festa. Você vai gostar de conhecer algumas pessoas.

— Tia, a senhora já teve sonhos que de tão intensos pareciam reais? — interrompeu Vitória.

— Sim — silenciou e sorriu com lágrimas nos olhos. — Você tem a mesma sensibilidade de Carina, Vitória. Ela fez um excelente trabalho com você. Tão sensível... Enquanto Rafaela...

— Ela está vivendo uma fase, tia, e fases passam — falou com ar de sabedoria, o que fez Marília sentir que estava diante de Carina.

Marília abraçou a jovem com carinho.

— Não sei com o que você sonhou, Vitória, se é que podemos dizer que foi um sonho... Eu acredito que não foi.

— Acho que estou mais sensível devido aos últimos acontecimentos — refletiu Vitória, enquanto observava o gesto positivo de Marília. — E sobre o caso de Elis? Alguma novidade?

— Nenhuma, como nos casos anteriores. A sorte é que nossa Elis sobreviveu. Ela se faz de forte, mas por dentro está bem machucada. Elis não quer demonstrar o que está sentindo, essa é a verdade. A polícia acredita que esse caso esteja ligado aos outros, pois todos têm as mesmas características. Preocupa-me o fato de o criminoso estar solto por aí para fazer mais vítimas — Marília observou o silêncio de Vitória e o quanto aquele assunto a incomodava. Ela, então, abriu um sorriso e mudou de assunto.

— Deu uma saudade do meu pai agora... — falou Vitória. — Um aperto no peito.

207

— Ligue para ele!

A jovem ligou para Jordan, que a atendeu. Conversaram rapidamente, pois, como de costume, ele estava entrando em uma reunião.

— Te amo, minha filha. Sinto sua falta. Mesmo distantes, saiba que sempre estará presente em minhas boas lembranças — foi o que Jordan disse ao desligar.

Vitória desligou o telefone sentido o coração ainda mais apertado. Dessa vez, no entanto, não quis falar nada sobre o que estava sentindo para não preocupar Marília, que estava sorridente, querendo saber detalhes da curta conversa.

Capítulo 20

— Vitória!

A jovem chegava à escola, quando ouviu alguém chamar seu nome. Em meio à movimentação dos alunos, encontrou Paola sentada perto da árvore centenária, acenando-lhe com sua alegria habitual.

Vitória e Paola ficaram sentadas sob a sombra da árvore, aproveitando os poucos minutos restantes antes das aulas para conversar.

— Recebi o convite do aniversário. Muito chique! Vai ser no clube. Você vai arrasar. Só irei por sua causa. Quero distância de Rafaela. Entojada — Paola viu Vitória rindo e perguntou. — Você está fugindo do deus lindo e maravilhoso, amiga?

— Tenho evitado, sim, confesso. Não sei até que ponto aquele beijo significou algo para Fabrício. Conheço a fama dele.

— Com quem será que ele vai dançar? Aposto que com você. Ah! Ele passou por aqui e perguntou por você — Paola disse toda sorridente.

— Sério?

— Brincadeira. Estou romanceando um pouco. Mas é verdade que ele passou por aqui. Até me cumprimentou — Paola notou que Vitória ia perguntar algo e se adiantou — Não estava sozinho. Estava com o pessoal dele, e com

Rafaela, a mulher-cobra, de sombra. Falta amor-próprio para essa coitada. Bem vi o jeito que me cumprimentou. Se estivesse só, teria me perguntado sobre você.

— É justamente isso que me incomoda em Fabrício. Ele pode ter feito aquilo, me beijado na frente de todo mundo na sala, só para mostrar poder. Só para mostrar que é o cara mais popular da escola. Autoafirmação...

— Será? Ele parece tão apaixonado... Se eu fosse você, conversaria com ele. Depois, o perfil desse garoto que você acabou de descrever cabe mais com o do rapaz que andava com meu irmão, não com o Fabrício de agora. Eram líderes, aprontavam todas juntos. Eram mais imaturos também.

— Você nunca me contou o que houve com Pedro. Por que ele foi morar com sua tia?

— Ele não foi morar com minha tia, Vitória. Aliás, aquela fofoqueira nunca soube de nada. Não soube nem pode saber!

— Fabrício tem alguma coisa a ver com isso?

— Não! Pedro passou por algo que o fez se afastar dos amigos, e acho que foi isso que o afundou. Ele descobriu um mundo fora da escola, longe dos amigos. Esse foi o perigo.

— O que aconteceu de tão grave?

O sinal soou nesse momento.

Paola, séria, segurou a mão de Vitória, impedindo-a de levantar-se.

— Amiga, vou lhe contar o que aconteceu.

***

Dorinha estava cuidando da casa, quando Taciano chegou. Nesse momento, o telefone tocou. Ela interrompeu seus afazeres e foi atendê-lo.

— Oi. Quero saber se Taciano já chegou em casa — falou uma voz de mulher, que Dorinha se esforçava para reconhecer. — Taciano esqueceu aqui em casa os sapatos que comprei de presente para ele.

Furiosa, Dorinha jogou o aparelho no marido, que, pego de surpresa, quase o deixou cair no chão. Ela ficou observando o marido atender à ligação, desconcertado, encabulado, sob o olhar atento da esposa.

— Já havia pedido para não ligar aqui para casa — a frase saiu tão baixa que ele teve de repeti-la para ser ouvido.

Taciano desligou o telefone, sentou-se à mesa e começou a fazer as exigências de sempre como se nada tivesse acontecido.

— Acha normal sua amante ligar para cá?

— Não sei do que você está falando. O feijão está frio! Dorinha, você sabe que não gosto de comida fria...

— Chega, Taciano! — Dorinha aproximou-se da mesa e despejou a panela no colo do marido. — Não me trate como uma mulher burra, Taciano! Essa foi a última vez que me fez passar por uma humilhação!

— Olhe o que você fez! Que humilhação, Dorinha?!

— A de atender ligações dessa mulher em minha casa! Ela me liga todos os dias para me dizer desaforos, para me dar dicas de como cuidar das roupas que você ganha de presente dela. Chega! Não vou mais aceitar isso! Você escolhe: ou lá ou aqui, ao meu lado, com sua família.

— Eu tenho aceitado tantas coisas em minha casa e nem por isso lhe pedi para fazer escolhas.

— O que você tem aceitado?

— Seu filho, por exemplo. Quer mais? Esse vagabundo voltou para ficar perambulando pelas ruas! Ele some, e Deus sabe por onde tem andado. Mal fica em casa. E sei que já estão sumindo coisas de dentro de casa.

— Sumindo?

— Você sabe bem do que estou falando, Dorinha. Novamente seu filho está aprontando, enquanto você lhe faz vistas grossas.

— Não fale do meu filho! Ele está bem!

— Está mesmo? Onde ele está agora, Dorinha? — Taciano levantou-se da mesa alterado, sem dar importância à calça suja de feijão. — Sabe onde ele está? O que está fazendo?

— Você não sabe o que está dizendo! — Dorinha esmoreceu, sentou-se no sofá e deixou o pano de prato no colo. Sentia-se sem forças, enquanto lágrimas desciam por seu rosto. Taciano, por sua vez, relembrava-se de tudo o que acontecera no passado. As tristes lembranças eram despejadas sem filtro, lançadas direto ao coração sensível de Dorinha.

— Seu filho é um vagabundo, um desajustado. Não se preocupa com ninguém. É um caso perdido!

— Mentira! É mentira sua!

— Eu vi! — falou sem dó de magoá-la.

— Meu Deus, eu não vou suportar isso. Eu não vou suportar ver meu filho assim novamente. E você está vendo tudo se repetir e não faz nada para ajudar! Só critica. Você está abandonado nosso filho, Taciano.

— Seu filho! E você não tem o direito de dizer que o abandonei. Quantas vezes fui... — interrompeu, batendo o punho fechado na mesa como forma de extravasar a raiva que sentia. — Será que o abandonei? Ele não merece mais minha confiança.

— Percebe que precisamos nos unir agora? É nossa família, Taciano! Não acredito que nosso filho tenha...

— Quem trilha esse caminho não sabe retornar, desconhece atalhos e mais! Desconhece quem está disposto a ajudar.

— Não acredito nisso. Tenho amor suficiente para nortear o caminho do meu filho.

O silêncio tomou conta da casa. Dorinha desmanchava-se de chorar no sofá, enquanto Taciano, em pé, tentava limpar a calça com um pano.

— Melhor eu trocar de calça — Taciano ficou parado e depois completou: — E de casa.

— O que está dizendo? — perguntou Dorinha chorosa, acompanhando-o até o quarto, rastejando como uma sombra.

Ela ficou desesperada quando viu Taciano, determinado, puxar a mala do guarda-roupa e colocar de qualquer jeito as roupas.

— Voltarei depois para buscar as coisas que deixei e para falar com minha filha.

Taciano já estava à porta de saída, quando Pedro chegou.

— Vai viajar, pai? — perguntou o moço simpático, já disposto a ajudá-lo a levar a mala até o carro. Taciano, no entanto, rejeitou a ajuda de Pedro.

— Estou indo embora — respondeu seco, direto. — Sua mãe poderá explicar — Taciano entrou no carro e ainda viu Dorinha aos prantos, sendo amparada pelo filho. E antes de partir, disparou: — Não conte mais comigo! — disse aliviado.

— Mãe, o que houve? O que aconteceu?

— Me abrace, meu filho — pediu Dorinha sendo confortada pelo filho. Depois, mais calma, apoiou a cabeça no peito de Pedro e falou: — Você jura que está bem e que não preciso me preocupar com você? Jura?

Pedro abraçou a mãe ainda mais forte e não disse nada.

***

Alguns meses antes.

— Onde ele está, Dorinha? — perguntou Taciano ao chegar em casa, no meio do expediente, depois de receber a ligação desesperada da esposa.

— No quarto.

Taciano seguiu a esposa até o cômodo escuro e ficou horrorizado com o que viu ao acender a luz.

Pedro estava vestido apenas com uma bermuda e fora amarrado na cama pelos punhos e tornozelos. O rapaz abriu os olhos com dificuldade.

— Me tire daqui, pai — a voz ainda estava alterada, provavelmente devido ao efeito das drogas e do cansaço de tentar livrar-se da prisão na cama.

— Ele chegou muito alterado, Taciano — contou Dorinha.

— Como fez isso?

— Eu dei água a ele — disse com dificuldade, tentando conter as lágrimas que corriam sem controle. — Água com calmante. Ele adormeceu, e eu o amarrei.

Dorinha pegou a camiseta suja de sangue do filho e mostrou para o marido.

— Ele se machucou? — perguntou preocupado, olhando o corpo de Pedro.

— Disse que foi uma briga. Me garantiu que foi só uma briga.

— Uma briga?! Que resultou em sangue?! Meu Deus, não quero nem pensar que algo pior tenha acontecido!

— Ele garantiu...

— Ele lá tem condições de garantir algo, Dorinha?

Considerando que Pedro estava mais calmo, Taciano, sentindo um nó na garganta, soltou o filho. Lamentava ver um rapaz tão bonito e jovem preso a uma cama.

— Pode me contar o que houve agora? — pediu Taciano, vendo o rapaz com dificuldade para sentar-se na cama, passando as mãos pelo pulso e pelos tornozelos marcados pelo lençol.

— Achou que ia me conter, dona Dorinha?! — disse rindo. — Eu deixei você fazer isso. Eu deixei! — Pedro começou a gritar exaltado. — Você me traiu, abusou de minha confiança, desprezou meu amor... Eu, que confiava tanto... — falava indo em direção de Dorinha.

— Calma, Pedro! — pedia Taciano, colocando-se entre mãe e filho.

— Taciano, esse rapaz não é meu filho. Esse drogado não é meu filho!

— Está com medo, dona Dorinha? — provocou Pedro.

— Chega, moleque! Respeite sua mãe!

A partir daí, como se ainda estivesse sob o efeito das drogas, Pedro ficou ainda mais agressivo, não só com as palavras, mas fisicamente também.

Taciano afastou Dorinha, que tentava conter a fúria do filho com os abraços, como se ele fosse apenas uma criança rebelde. Ela acabou sendo empurrada com força e, ao se desequilibrar, bateu as costas no guarda-roupa.

Com dificuldade, Taciano saiu do quarto levando Dorinha aos prantos. Pedro, então, aproveitou a oportunidade para fugir da casa. Saiu vestindo apenas uma bermuda, descalço. Taciano conseguiu interceptá-lo no quintal, abrindo o portão, e levou-o a casa novamente. Sentiu o rapaz, antes forte, magro, frágil, sendo consumido pela droga.

Pedro foi empurrado para dentro do quarto com força e caiu na cama.

— Olhe o que você está fazendo, Pedro! Um jovem tão bonito sendo consumindo pelo vício, pelas drogas.

— Você não tem nada a ver com minha vida. Nada!

— E essa briga? Me conte o que aconteceu.

— Um prego veio mexer no meu esquema.

— Traduza. O que é isso?

— Eu só o empurrei. Ele veio pra cima de mim, e rolamos no chão. Depois que fiquei de pé, ele veio para cima de mim novamente. Eu o empurrei, e ele caiu de cara no asfalto — se divertia ao contar. — Levantou com o rosto melado e veio como um bode velho em direção à minha barriga...

— Se orgulha disso, meu filho?! — Taciano observou o sorriso desaparecer do rosto do jovem. — Fiquei recapitulando em que ponto erramos com você. Em que erramos para você ter se enveredado por esse caminho? Tem um lar, estudo...

— Saia daqui... Não sou viciado. Se eu quiser, deixo a maconha, a cocaína. Está me ouvindo? Eu deixo quando eu quiser. Basta que eu queira... — falava rindo.

— Pedro, você tem o amor de seus pais...

— Você não é meu pai — falou tão alto que Dorinha pôde ouvi-lo do outro lado da porta.

Até aquele momento, Dorinha acreditava que o filho não soubesse de seu segredo e, ao ouvir isso, ficou ainda mais nervosa, sentindo-se culpada. Ela levou as mãos ao peito, em choque.

215

— Como?!

— Eu o ouvi dizer isso durante uma das brigas que teve com minha mãe. Que não sou seu filho, que apenas Paola é sua filha...

— Você é meu filho, sim! Eu o criei, eduquei...

— Belo trabalho que fez.

Aquelas palavras acertaram em cheio o coração de Taciano, que interpretou tudo aquilo como ingratidão.

— Você está sendo ingrato, Pedro. Eu o acolhi...

— Para jogar tudo na minha cara na primeira oportunidade?

— Uma vez, minha mãe falou que queria que o tempo parasse para que eu e meus irmãos continuássemos crianças, pois assim ela teria domínio sobre nós. Hoje, eu entendo o que ela quis dizer com isso — Taciano ficou quieto, vendo Pedro encará-lo com ar de riso, ainda sob o efeito da droga. — Tudo o que fizer agora será por Dorinha, por sua mãe.

Taciano já estava saindo do quarto, quando Pedro teve um surto e pulou em suas costas. Houve uma terrível briga entre os dois. O rapaz tentava dominar o padrasto, que, por sua vez, apenas se esquivava dos golpes. Vencendo o embate, Taciano saiu do quarto, deixando Pedro trancado. O jovem, enfurecido, começou a quebrar tudo o que podia até silenciar.

— Deixe-o, Dorinha. Deixe-o com a dor dele.

— Perdoe-o, Taciano. Sei que ficou magoado.

— Ele sabe, Dorinha! Desde quando ele sabe? Será que é por isso que...

— Não se culpe. Não temos culpa alguma. Pedro fez uma escolha errada, e ninguém é culpado pela escolha do outro. Se quis assim é porque achou que seria o melhor para ele naquele momento. Pedro apenas se esqueceu de que somos reféns das consequências de nossas escolhas — Dorinha confortava o marido, tentando ignorar os gritos de Pedro no quarto, que recomeçara a esmurrar a porta. — Deveria ter me atentado a ele. À falta dos mantimentos, das roupas, que ele vinha trocando por droga. Lembro-me do dia em que ele me disse que tinha perdido o agasalho novinho que lhe demos de presente. O comportamento de Pedro mudou nos últimos meses, e eu fechei os olhos para isso. Deixei correr solto.

— Nós dois fechamos os olhos, Dorinha — corrigiu Taciano. — Eu o vi no banheiro tentando conter um sangramento no nariz. Ainda comentei que poderia ser uma veia estourada.

— Ele chegou uma vez limpando o nariz, estava vermelho. Agora lembro que Paola me contou que ele havia reclamado de que seus batimentos cardíacos estavam acelerados. Ele a fez colocar a mão no peito dele. Paola estava assustada quando me contou.

— Ele limpava o nariz com muita frequência. É evidente que não se tratava de um simples resfriado. Não era! — falou bravo. — Não imaginávamos que isso pudesse acontecer em nossa casa. Sempre achamos que isso poderia acontecer com um vizinho, com desconhecidos, mas nunca com alguém de dentro de casa.

— Só tive a certeza de que algo estava errado quando, durante uma faxina no quarto dele, encontrei cocaína debaixo da cama. Havia também, para completar o *kit*, uma capa de CD, que ele usava como base para preparar a droga. Fiquei com receio até de tocar. Esperei ele chegar em casa e conversei com ele... Eu deveria ter me atentado aos sinais. Ele nos deu todos...

Dorinha, naquele ponto, deixou as lágrimas caírem e abraçou o marido.

O celular de Taciano tocou. Ele desvencilhou-se do abraço, olhou o número, mas não atendeu à ligação. Deu a desculpa de que se tratava de um número desconhecido. Depois, chegou uma mensagem, que foi lida por ele rapidamente.

"Onde você está? Estou esperando você, meu amor."

— Quem é? — perguntou Dorinha.

217

— Um cliente da loja fazendo uma encomenda — mentiu Taciano, guardando o celular no bolso da calça.

— Parece que ele se acalmou — concluiu Dorinha ao notar que o barulho cessara. — O que vamos fazer agora? Manter Pedro trancado no quarto não é a solução.

— Calma, vou resolver — Taciano falou decidido ao apanhar a chave do carro sobre a mesa. — Já volto.

— O que vai fazer?

— Vamos colocá-lo em uma clínica.

— Como? Com que dinheiro? Sabe que é caro. Já fui ver...

— Pensei no carro... — começou a falar sobre a possível solução, mas notou a reprovação no rosto da esposa. — Mas como sei que o dinheiro da venda não seria suficiente para mantê-lo lá, decidi que é melhor vender o terreno.

O terreno fora uma conquista suada de Taciano, que o comprara depois de quitar a casa onde viviam. Ele pagara a propriedade em longas parcelas e conseguira quitá-la. O terreno ficava em uma ótima localização, e Taciano levou a família para conhecê-lo com planos de construir lá uma nova casa nova.

Taciano vendou o terreno rápido, por um preço bem abaixo da tabela, pois precisava urgentemente do dinheiro. Nesse meio tempo, Pedro foi internado no hospital, e Taciano passou a noite com ele, comovido com o estado do jovem e tentando poupar o sofrimento de Dorinha. Assim, com o dinheiro da venda do terreno, Pedro foi internado na clínica, e a família resolveu que o caso seria mantido em segredo. Diriam a quem perguntasse que o rapaz estava na casa da tia.

Foi uma época difícil para a família. Taciano distanciou-se do filho, e Dorinha atribuiu o fato à perda do terreno e à indiferença de Pedro, que, durante uma das brigas, dissera que Taciano não era seu pai. Durante todo o tempo de internação, ele nunca o visitou nem permitiu que Paola fosse vê-lo.

— Não é lugar para minha filha colocar os pés.

— Vou visitá-lo.

— É seu filho. Faça o que achar melhor. Já faço o bastante em mantê-lo lá para preservar a paz em casa — disse ressentido.

Agora, nos braços do filho, Dorinha sentia-se solitária com a partida do marido e preocupada com a bomba reveladora que ele deixara: Pedro estava envolvido com drogas novamente.

"Que Deus me ajude. Agora estou sozinha para enfrentar tudo isso", pensou sentida, esperando a resposta firme de Pedro de que o pesadelo não voltaria a atacar seu lar. A resposta, no entanto, não veio, deixando-a ainda mais preocupada.

Capítulo 21

— Meu Deus, que situação! — exclamou Vitória ao ouvir a história de Pedro.

— A única coisa boa foi que emagreci horrores naquela época — contou rindo. — Que o Pedro não me ouça, mas senti falta dele. Daquele irmão amoroso, protetor.

— Passou, Paola. Foque no futuro agora.

— Falando em futuro, você me fez pensar na Califórnia. Não em Balneário. Sonho em ir para Califórnia, nos Estados Unidos.

— Eu também! — revelou Vitória eufórica.

— Vamos juntas!

— Mas não agora, pois estamos atrasadas para a aula.

Minutos depois, as duas jovens passavam pela porta da sala de aula.

— Estão atrasadas! Na próxima, não vão entrar — ameaçou Raul.

— Que insensível! Nem podemos sonhar com o futuro! — murmurou Paola, fazendo Vitória sorrir.

Quando levantou os olhos, Vitória notou os olhos de Fabrício acompanhando seus movimentos. A jovem apenas acenou com a cabeça para o rapaz, que, de onde estava, abriu um sorriso de iluminar um dia nublado.

Fabrício queria conversar com Vitória, por isso se encheu de coragem e foi procurá-la. Não o fizera antes por receio de levar um fora da moça, que poderia falar alto e deixá-lo constrangido. Pelo menos pensava assim.

Vitória, por sua vez, via-o represado pelos amigos e por Rafaela e por isso não se aproximava. Depois do episódio da bebedeira da jovem, Vitória percebeu que Rafaela não só tinha ciúme de Fabrício como também tinha da família e amigos e, devido a isso, decidiu recuar.

Não foi naquele dia, no entanto, que Fabrício conseguiu falar com a moça. Quando conseguiu livrar-se dos amigos, ele já perdera Vitória de vista. Fabrício, então, ficou parado à porta da escola, olhando ao redor à procura da jovem. Rafaela aproximou-se e pousou a mão levemente nas costas do rapaz.

"Se soubesse como o amo, não procuraria mais nada", foi o que a moça pensou ao ser abraçada por Fabrício.

***

Na cozinha de casa, Tamires saboreava o café na companhia de Vitória. A "menina de São Paulo", como Tamires a chamava, chegara ao seu portão com a desculpa de que precisava de ajuda em uma matéria. As duas se conheceram no grupo que se formou para procurar Deusa.

— Pensei que pudesse me ajudar com uma matéria — pediu com um sorriso cativante. Minutos depois, já estavam conversando como velhas amigas.

Tamires surpreendeu-se com Vitória, como se sentia à vontade para conversar com a jovem. Sentia falta de amigos. Depois das perdas, fechara-se e afastara-se de todos que pudessem, de certa forma, interferir em seu luto. Não queria ninguém dizendo o que ela deveria fazer ou lhe dando conselhos que em nada mudariam seus sentimentos, seu vazio. No entanto, depois de abrir seu coração para Gilberto, sentia-se mais forte e confiante de que a vida poderia, sim, trazer-lhe algo melhor. E Vitória vinha para agregar.

— Trouxe uma amiguinha para casa, filha? — perguntou a mãe de Tamires entrando na cozinha. — Que bom! Quem sabe ela não consiga tirar de sua cabeça esse romance com um homem casado? Um absurdo!

Vitória viu o espírito da mulher. Ela era elegante, estava bem-vestida e mantinha os cabelos bem penteados e presos em um rabo de cavalo. A mulher aproximou-se para sentar-se à mesa com as duas jovens, então, Vitória, sem demonstrar medo e agindo com a mesma naturalidade que demonstrava quando conversava com Samuel, sorriu para o espírito.

— Lamento por sua família — começou Vitória, de forma cautelosa. A jovem percebeu pelo silêncio que o assunto era delicado e pensou em mudar de assunto, contudo, foi surpreendida por uma Tamires falante, disposta a compartilhar tudo o que represara por anos.

— Eles eram minha vida. Me senti morta quando partiram. Nunca aceitei o que aconteceu.

A princípio, a mãe de Tamires não estava certa de que Vitória a vira, mas depois, notando a simpatia da moça e a forma carinhosa como ela a olhava vez ou outra, percebeu que, pela primeira vez em anos, estava sendo vista por um encarnado.

— Converse com ela, minha querida. Aconselhe-a, por favor — pediu a mãe de Tamires. — Ela está brava comigo, não quer mais falar comigo.

Emocionada, Vitória só confirmou com a cabeça.

— Eu os perdi tão perto um do outro. Não sei como estou de pé — notando que Vitória estava emocionada, Tamires pegou-a pela mão e conduziu-a pela casa. — Mantive tudo exatamente como estava, não mudei nada.

A jovem entrou em um dos quartos e abriu as portas do guarda-roupa, deixando à mostra as roupas intactas. Até um par de chinelos continuava posicionado perto da cama.

— Está tudo como deixou. É estranho as pessoas saírem de casa e não voltarem para as coisas que deixaram. É tudo tão imprevisível.

— Por que tem medo de continuar sem eles? — Vitória rompeu seu silêncio.

— Não sei — foi o que Tamires conseguiu dizer ao se sentar na beira da cama, emocionada. Nunca pensara sobre isso.

Vitória andou pelo quarto e apanhou o porta-retratos, onde Tamires mantinha uma foto em que ela aparecia na companhia da mãe e do irmão.

— Foi na formatura — revelou Samuel, que chegou de repente e abraçou a mãe sorridente.

— Estão tão bonitos! — falou Vitória emocionada com os olhos fixos em Samuel.

— Foi na formatura — confirmou Tamires com um riso emocionado. — Tenho muito carinho por essa foto, assim como os objetos que eles deixaram. Quando estou com saudade, fico horas deitada nas camas que foram deles...

— Ela abraça, cheira nossas roupas, nos chama — revelou Samuel triste pela situação da irmã.

— Meu irmão querido... morreu tão jovem, no auge do sucesso como esportista. Foi atropelado. Acho que sabe disso. Não se fala disso hoje como na ocasião. As pessoas esquecem. Eu não. Alguém deve ter lhe contado. Ele foi assassinado — havia raiva na voz de Tamires.

— Diga a ela que estou bem, Vitória, por favor.

— Ele está bem, Tamires. Acredite — Vitória disse isso e virou-se para Samuel, vendo que uma lágrima rolava pelo rosto do amigo. — Você sabe que os espíritos estão em todos os lugares, podem nos ouvir, sentir...

— Acredita nessa bobagem? Morreu, acabou!

— É estranho pensar assim, Tamires. Se é só matéria, qual é o real sentido da vida? Nossa vida aqui é transitória. Estamos aqui para aprender, nos desenvolver e nos tornar ainda melhores. Ainda teremos a oportunidade do reencontro.

— Não acredito nisso. E você não sabe da minha dor. Desconhece. Pode fazer uma ideia, mas sentir é algo tão singular... Vitória, é uma dor inexplicável.

— Eu perdi minha mãe. Um aneurisma a levou. Almoçamos felizes no *shopping*, fizemos planos, rimos muito. Depois, ela me deixou na porta da escola, me deu seu abraço costumeiro e muitos beijos. Lembro-me nitidamente do último sorriso que vi de minha mãe. Horas depois, minha tia me esperava à porta da escola para me apanhar. Minha mãe partiu sem aviso prévio, de repente.

Comovida, Tamires deixou que uma lágrima escorresse por seu rosto ao falar:

— Nunca estamos preparados para isso. Me surpreende que, depois de contar sobre sua mãe, ainda mantenha um sorriso no rosto.

— É porque sei que ela está bem. Conversávamos muito sobre o assunto. No íntimo, minha mãe parecia saber o que ia acontecer, que partiria cedo.

Vitória observou a mãe de Samuel abraçada ao rapaz. Ela estava em silêncio e parecia assustada, sentindo que algo poderia acontecer na sequência.

— Tantas roupas e sapatos sem uso... Não pensa em se desfazer deles? Cobertas! Tanta gente morrendo de frio...

— Desfazer-me dos objetos deles? Mas são eles que os mantêm vivos para mim.

— São apenas objetos, Tamires. O importante é preservar as boas lembranças que vocês tiveram no feliz encontro. E as lembranças nós guardamos na memória do coração e levamos para a vida, sem fazer disso motivo de tristeza.

— Parece fácil falar.

— Precisa de atitude! É como os sonhos, Tamires. Você não consegue torná-los reais se deixá-los presos dentro de si, em sua cabeça. Precisa expô-los, realçá-los com sua alegria e prazer. Dê o primeiro passo. Você precisa disso.

— Não sei se consigo...

— É um exercício. Comece planejando. Pense em quantas pessoas poderá ajudar se doar essas roupas. Você pode também fazer um bazar!

Vitória notou um sorriso surgir no rosto de Tamires.

— Pense no amor e na caridade. Pense no bem que fará às pessoas e que esse bem poderá retornar para você enchendo seu coração de paz.

— Você tem razão, Vitória. Venho guardando objetos que não servem para mim, a não ser para acumular pó e trazer lembranças que me fazem sofrer — concluiu depois de pensar um pouco.

— Ao se desfazer dos objetos, não estará se desfazendo do amor que tem por eles, mas vai libertá-los dessa obsessão de tê-los ao seu lado. Já pensou que esse sentimento de posse pode estar fazendo mal a eles no lugar onde estão?

Nesse momento, Vitória viu Samuel apertando a mãe em um abraço. Os dois estavam emocionados.

— Acha, em sua crença, que posso estar prejudicando eles...?

— Se lamentando, chamando por eles, mantendo-se apegada aos objetos pessoais? Sim, você pode estar prejudicando-os, porque não deixa que sigam o caminho deles. Você os mantém presos aos seus pensamentos, lamentando sua tristeza. Somos espíritos livres, Tamires. Nós nos encontramos, aprendemos, partimos e nos reencontramos em posições diferentes, por isso, o apego não é benéfico tanto para quem parte como para quem fica.

— Confesso-lhe que tenho sido possessiva. Tenho chorado muito, lamentado muito. Ando revoltada com a vida, considerando-a injusta por ter me deixado assim, só.

— Você não está só, mas pode acabar escolhendo ser só. A vida é uma grande transição. Pessoas entram e saem de nossas vidas e deixam suas contribuições positivas ou não. As pessoas nos deixam aprendizados, e é isso que deve ser sublinhado.

— É verdade. Ultimamente, tenho deixado poucas pessoas entrarem em minha vida. Venho boicotando minha felicidade.

— É hora de mudar, Tamires! Sem contar que há peças aqui nesta casa que não têm nada a ver com você. Você precisa deixar seu lar mais alegre, com sua cara, com pertences que alegrem seu espírito e inspirem sua vida.

Tamires aproximou-se Vitória e, tímida, pegou uma das mãos da nova amiga. Vitória, então, a abraçou, transmitindo-lhe uma boa vibração de força e amor.

— Estamos em constante mudança, minha caçulinha. Temos que nos adaptar a elas para sobreviver e buscar o melhor que a vida nos tem a oferecer.

— O que disse? Caçulinha? Meu irmão me chamava assim. Só ele.

Vitória riu.

— Você... como você sabe disso, Vitória? Nossa! Eu estou comovida.

Vendo as duas jovens emocionadas, Samuel aproximou-se de Vitória e abraçou-a agradecido. Sentindo um calor envolvendo seu corpo, ela sorriu.

Samuel repetiu o gesto com Tamires e foi carinhoso ao beijar o rosto da irmã e passar a mão por seus cabelos. A jovem, então, sentiu algo semelhante ao que Vitória sentira.

Vitória viu a mãe dos jovens repetir a ação com Tamires e sentiu quando ela apertou seu braço como agradecimento. Os dois, então, saíram em um facho de luz.

— Eles estão bem, não estão?

— Sim, vão ficar.

Tamires sentiu uma paz indescritível. Logo depois que Vitória saiu, a jovem colocou uma música que não ouvia havia algum tempo e começou, com alegria, a mexer nos pertences da família. Já pensava em doação, em desfazer-se de alguns móveis, mudar a cor das paredes, trocar os quadros de que não gostava. Era a sua oportunidade de mudança.

***

— Meu primeiro aniversário sem você — Vitória falou baixo, quase em um sussurro ao receber os cumprimentos. Ficou parada, apenas observando o sorriso encantador de

Carina. Teve vontade de abraçá-la, de sentir o carinho da mãe, mas algo a deixou paralisada.

— Que o amor esteja entre seus presentes e que aquele rapaz a faça muito feliz. Lembrando que a felicidade real não depende do outro, pois está em cada um de nós. E descobrimos isso quando nos amamos como somos, nos colocando em primeiro lugar.

Vitória saiu do banho, secando os cabelos e recordando-se vagamente daquele sonho, daquele encontro, das palavras de Carina. Flagrou-se sorrindo diante do espelho, feliz pelo reencontro. Seu quarto foi tomado por uma boa energia.

— Parabéns pra você... — Marília e Elis entraram no quarto de Vitória cantando, animadas, pensando que assim acordariam a jovem. Vitória, no entanto, já estava de pé, pronta, colocando o pingente no colar de tira de couro que realçava seu pescoço.

Animada, Vitória recebeu abraços, beijos e as felicitações.

— Dona Marília queria vir antes, mas eu segurei — falou Elis. — É seu dia e é sábado! Pode dormir até a hora que quiser.

— Acordei um pouco tarde hoje. Ontem, fiquei vendo séries. Depois, sem sono, acabei lendo um pouco e ouvindo música, e a madrugada passou rápido.

— Você tem que estar linda para a festa no clube. Tem certeza de que não quer ir ao salão? — perguntou Marília, apesar de já saber a resposta. Dias antes, quando fez a mesma pergunta a Vitória, ela respondeu que não via a necessidade de passar o dia no salão como uma noiva. — Rafaela já está lá. Vou logo após o almoço, para levar o vestido dela...

— Vitória não gosta dessas frescuras — Elis adiantou-se. — Vou ajudá-la a se arrumar. Ficará ainda mais bonita. Sei fazer maquiagem.

— Não vá exagerar. Vitória tem 17 anos! É uma moça — advertiu Marília.

Vitória e Elis começaram a rir, e o telefone tocou. Era Jordan, que ligava do aeroporto. Ele pegaria um voo longo e por isso decidira ligar para a filha pouco antes do embarque. Jordan cumprimentou Vitória carinhosamente, exigindo que ela escolhesse um presente, que ele prometeu enviar na primeira oportunidade.

— Ver você — respondeu a menina.

O pedido da jovem deixou Jordan desconcertado. Entre promessas, encerrou a ligação depois de anunciar que teria de embarcar.

Vitória não se abalou com a forma distante como o pai a tratava. Jordan sempre foi assim, e ela sabia que não poderia exigir que ele mudasse. Na sequência, quando desligou o telefone, viu uma mensagem de texto de Lilian, sua tia, e comentou em voz alta com Marília e Elis:

— Mais pareceu um telegrama. "Parabéns, sobrinha querida". A tia nunca foi boa com as palavras para expressar os sentimentos. Ironicamente, é dona de uma revista e escreve artigos maravilhosos. Quando tenho saudade dela, revejo suas revistas.

Elis ficou comovida, sentindo que a amiga era uma moça solitária. Marília aproximou-se de Vitória e abraçou-a dizendo o quanto ela era amada e querida.

— Não tem ideia de como estou feliz em comemorar essa data ao seu lado. No clube, com vocês duas — havia emoção na voz de Marília. Depois, tomou uma voz forte, altiva. — Bem, tenho que agilizar. Se me atrasar, Rafaela ficará ainda mais nervosa. Nos vemos no clube, minha querida. Pode ir com Elis?

— Não se preocupe. A senhora está mais nervosa que as aniversariantes — se divertiu Vitória.

Marília sorriu e saiu apressada.

— Rafaela acordou cedo hoje e veio tomar café com a mãe. Acredita? — comentou Elis, quando se viu a sós com Vitória. — Achei seu vestido mais bonito que o dela.

— Não gosto dessa competição, Elis. Aliás, nem estou empolgada para ir à festa. Vou por consideração à tia Marília e a tio Raul.

— Tem que ir sim. Vai dar esse gosto para Rafaela?

A tarde passou rápido. Vitória ficou conversando com Elis, enquanto ouviam música. A jovem, por sua vez, cumpriu a promessa de deixar Vitória ainda mais bonita. Caprichou quando fez as unhas da amiga e arrumou seus cabelos. Por fim, maquiou-a com tons leves, destacando-lhe apenas os lábios, que lhe conferiu um ar jovial, realçando sua beleza.

— Vitória! Olhe a hora! Preciso ir para casa, pois esqueci meu vestido. Meu Deus, achei que fosse dar tempo!

— Não se preocupe, minha amiga — Vitória falou calmamente. — Vá para sua casa, se arrume, e depois nos encontramos no clube.

— Dona Marília me mata se...

Minutos depois, da varanda, Vitória viu Elis desaparecer pela trilha que conduzia ao portão principal, e, ao consultar o relógio, viu que precisava apressar-se também. No quarto, abriu a porta do guarda-roupa em busca da caixa branca, onde o vestido estava guardado. Sorriu ao abrir a porta do móvel, lembrando-se das vezes em que foi provar o vestido e como o achou perfeito no corpo. A alegria foi grande quando Marília entrou no quarto trazendo consigo a caixa.

— Onde está o vestido? Meu Deus! Tenho certeza de que o deixei aqui —perguntava-se Vitória, vasculhando o guarda-roupa e revirando o quarto. Não havia, no entanto, nenhum sinal da caixa com o vestido. — Que brincadeira é essa? — Vitória pensou em ligar para Marília e Elis, mas logo imaginou que as duas já estavam preocupadas o bastante. De repente, recordou-se do que Elis comentara: "Rafaela acordou cedo hoje. Veio tomar café com a mãe. Acredita?".

— Isso só pode ser coisa de Rafaela. Claro! Ela não gosta de mim e frisou que a festa era dela. Estava muito calada... Certamente, armando algo...

Vitória via as horas passando e, por fim, ainda um pouco resistente, ligou para Marília, imaginando que ela poderia ter trocado a caixa de lugar. Caixa postal. Ligou para Elis, mas a amiga não atendeu à ligação. O carro chegou para apanhá-la, mas Vitória o dispensou. Estava pegando um vestido no guarda-roupa, quando teve uma ideia. Com o celular na mão, discou o número que tinha na memória. Segundos depois, foi atendida.

— Você não sabe o que aconteceu!

Capítulo 22

— Como você está linda, filha! — exclamou Dorinha.

Paola estava fascinante, usando um vestido de festa justo ao corpo, que lhe conferia um ar jovial. Ao mesmo tempo, era possível notar a mulher bonita que ela vinha se tornando.

— Obrigada — respondeu seca, sem festa ou sem lançar uma de suas costumeiras piadinhas. Disse isso e virou-se para o espelho para terminar de maquiar-se.

— Pensei que iríamos juntas...

— Meu pai vem me buscar.

Nos últimos dias, os diálogos entre mãe e filha vinham sendo ásperos, sem o entusiasmo de antes. As duas não compartilhavam mais conversas longas, divertidas. Esse foi o resultado da separação. Paola não administrara bem a situação.

— Amiga, você entende? É muita novidade de uma só vez! — Paola relatou para Vitória dias antes, enquanto conversavam no intervalo da aula. — Meu pai foi embora de casa do nada, e eu descubro que meu irmão é filho de outro homem! Como assim?! Estou suspeitando de que sou adotiva!

— Que dramática! — rebateu Vitória séria. — Se você alimentar esses pensamentos, Paola, logo se tornará uma mulher dramática e vítima das circunstâncias.

— Eu estou sofrendo...

— Imagino... mas acho exagerado você tratar sua mãe com indiferença e colocar seu pai como um herói escorraçado de casa.

— Você é minha amiga ou não é?

— Ser sua amiga não significa que tenho de aceitar tudo o que você faz, Paola. Nós somos únicos. E ainda bem que Deus nos fez assim. Acho que a amizade pode crescer muito com as diferenças, com pontos de vistas distintos.

— Eu vejo minha mãe como culpada. Não sei dizer...

— Você a vê assim, porque quer que alguém tenha culpa. Por isso, jogou toda a responsabilidade para sua mãe. Está sendo injusta e ouvindo seu pai demais.

— Quer que eu não o ouça?

— Quero que ouça os dois, Paola! Que seja imparcial e pare de procurar um culpado nessa história. A vida é deles. São espíritos livres que perceberam que o amor não era mais o motivo real que mantinha aquele casamento. Deixe de ser pretensiosa em achar que pode uni-los novamente com esse comportamento infantil, de menina mimada.

Agora, Paola estava ali, em frente ao espelho, maquiando-se e pensando nas palavras de Vitória. Depois da conversa que tivera com a amiga, voltara a falar com a mãe, mas ainda se sentia magoada.

— Filha, coloque aquela colar...

— Aquele que comprou pra mim? De tiazinha? De mulher de sua idade? Não quero.

— Isso é jeito de falar com a mãe, menina? — repreendeu Pedro, que vinha chegando ao quarto.

— Não sei quem o chamou na conversa. O que está fazendo no meu quarto? Você não foi convidado nem bateu na porta...

Pedro, que sorria pronto para ir à festa, não aceitou a provocação da irmã. O rapaz deu um passo para trás e chegou à soleira da porta.

— Pronto! Já não estou dentro do seu quarto, mas não retiro o que falei.

Nesse momento, em meio às caretas de Paola, ouviram a buzina do carro de Taciano.

— Seu pai chegou.

— Eu sei, já ouvi — Paola respondeu seca, passando por Dorinha com indiferença.

Ao passar por Pedro, o rapaz segurou a irmã pelo braço.

— Me solte!

— Cuidado! Não quero ver você tratando a mãe assim.

— Deixe-a, meu filho. Não quero vê-los brigando, por favor. Eram...

— Você fez pior! — falou Paola desafiadora, ignorando Dorinha. — Cuide de sua vida. Sei que tem andado lá pela Lagoinha — disse isso e saiu apressada.

O telefone de Paola tocou e ela atendeu à ligação sorrindo.

— Oi, Vitória! — depois fez uma pausa e perguntou: — Como assim sumiu?! E agora?! Podia emprestar um dos meus vestidos, mas caberiam duas Vitórias — falou rindo. — Sei que usamos o mesmo número, estou brincando...

Enquanto Paola tentava ajudar a amiga por telefone, Pedro e Dorinha conversavam.

— Você não vai com eles, Pedro? — perguntou Dorinha.

— Vou com a senhora — disse o rapaz envolvendo a mãe em um abraço.

Dorinha rompeu o silêncio com a pergunta:

— Que negócio é esse de ir à Lagoinha? Não quero você...

— Relaxe, mãe. Não fique preocupada.

— Já fui com seu pai... — fez uma pausa e corrigiu. — Já fomos buscá-lo lá. Lá, eles roubam suas cuecas sem tirar seus shorts.

— Dona Dorinha... — sorriu o rapaz carinhoso, abraçando-a novamente. — Taciano será sempre meu pai, mesmo que ele não me queira como filho.

Emocionada com a gratidão do filho, Dorinha abraçou-o.

— Filho, preciso falar com você sobre seu pai, seu verdadeiro pai.

233

***

Rindo das brincadeiras de Paola, Vitória desligou o telefone. Como apareceria na festa? A jovem buscou todas as roupas que tinha e notou o vestido que usara na festa do último aniversário de Carina. Minutos depois, estava se observando diante do espelho, com os cabelos presos no alto da cabeça, o pescoço longo, enfeitado com uma corrente fininha com um pingente brilhante. Vitória calçou as sandálias, apanhou uma bolsa de mão e saiu em busca de sinal para o celular. Pretendia ligar para alguém ir buscá-la.

Já estava perto do portão, quando foi surpreendida pelo barulho de uma moto vindo em sua direção. Ficou com medo, pois não conseguia ver quem era o condutor, e deu um passo para trás.

A moto parou segundos depois, quase colada ao corpo da jovem.

— Vamos! — ordenou com a moto ainda ligada.

Vitória nada disse. Com receio, a moça foi se afastando, pois não estava conseguindo identificar quem era a pessoa cujo voz se mantinha coberto pelo capacete.

— Vitória, sou eu.

Fabrício tirou o capacete, deixando à mostra seu sorriso.

— Venha comigo.

Vitória, que estava de vestido, pensou em sentar-se de lado, mas acabou ajustando a barra acima dos joelhos, acomodando-se, por fim, na garupa da moto. A jovem colocou as mãos timidamente na cintura do rapaz, aproximou-se do corpo de Fabrício e sentiu seu perfume.

— Como soube que eu estava aqui?

Fabrício sorriu e nada disse. O rapaz pôs o capacete na cabeça e deu partida. Quando sentiu as mãos frias e um pouco trêmulas de Vitória em sua cintura, advertiu antes de acelerar:

— Se segure com vontade, pois do contrário pode ficar no caminho. Se cair, não vou perceber — orientou rindo.

Vitória obedeceu Fabrício e colou seu corpo ao do rapaz.

Fabrício guiou a moto com cuidado, fazendo as curvas suavemente. Vitória começou a sentir-se confortável e a apreciar o passeio.

Pouco depois, o rapaz parou próximo a uma trilha.

— Onde estamos? O salão fica do outro lado da cidade.

— Se olhar para sua esquerda, poderá ver o mar imenso, iluminado pela lua. Pegamos uma noite boa para esse espetáculo! Do lado direito, você verá a serra, para onde estamos indo — falava com propriedade, ignorando a preocupação da moça.

Fabrício acelerou a moto, antes mesmo de Vitória demonstrar sua oposição.

A moto foi seguindo por uma via asfaltada e iluminada e, quando mais avançava, mais alto ficavam. A beleza do lugar destacava-se aos olhos dos jovens.

Seguindo a orientação de Fabrício, Vitória olhou para o lado esquerdo e avistou o mar bonito e agitado, cobrindo as pedras e tomando a areia. A moça ficou fascinada com a vista, tanto que nem se deu conta de que apoiara a cabeça nas costas de Fabrício. A respiração do rapaz trazia-lhe calma, e por alguns instantes ela questionou-se se aquilo que estava vivenciando era real.

Pouco depois, Fabrício fez uma curva e entrou em uma estrada de terra. Vitória recordou o que acontecera com Elis, mas não sentiu medo. Estava confiante ao lado do rapaz.

Fabrício finalmente estacionou a moto. Quando se preparava para descer, Vitória sentiu o braço de Fabrício envolvendo sua cintura.

— Aqui é o quiosque do Miró, um dos pontos mais altos de Balneário Califórnia.

— Fabrício, o clube. Todos estão me esperando.

— Você queria mesmo estar lá? Venha aqui, veja isso.

— Que lindo! — Vitória exclamou, ao ver de cima a cidade iluminada e o mar.

O quiosque fora construído com madeira rústica e era decorado por várias luminárias. As mesas, também de madeira, estavam cobertas por toalhas brancas e ornadas por vasos de orquídeas. Casais e grupos de amigos aproveitavam a noite lá.

— Este lugar é lindo. Só estou preocupada... — a jovem pegou o celular e viu que estava sem sinal.

— Não funciona aqui. Costumam brincar que, quando alguém entra aqui, volta no tempo. A tecnologia não chegou aqui. Ainda bem. Vitória, fica tranquila, pois Paola está cuidando de tudo...

— Está explicado. Foi ela quem contou...

— Sim. Ela falou sobre o vestido e que você não estava muito a fim de ir à festa. Então, achei que poderíamos...

Vitória sorriu. O lugar era perfeito. Não tinha como dizer que não estava gostando de estar ali. Além disso, Fabrício mostrava-se um cavalheiro, contando à jovem curiosidades sobre Balneário Califórnia e sua vida.

— Adoro este lugar, mas não me vejo aqui. Quero fazer engenharia civil em São Paulo. Admiro seu pai, o senhor Lancaster — Fabrício impostou a voz, o que fez a moça rir. — No entanto, meu pai me quer aqui, cuidando das conquistas dele, das propriedades que herdou do meu avô. Eu quero conquistar minhas coisas, entende?

Vitória ficou em silêncio, com ar de riso, apreciando aquele Fabrício que ela não conhecia. O sonhador, com brilho nos olhos.

— Desculpa, falei demais...

— Estou adorando.

Os dois jantaram tranquilamente, e as horas correram. Fabrício aproveitou a oportunidade e pegou uma das mãos de Vitória, que aceitou o carinho.

— O aniversário é seu, mas o pedido é meu... — sem esperar a moça responder, ele emendou: — Quer namorar comigo, Vitória?

Antes de Vitória, sorriso pronto, responder ao pedido de Fabrício, três garçons apareceram cantando parabéns. Um deles trazia nas mãos um bolo de aniversário pequeno, com uma vela fina. As pessoas que ocupavam as outras mesas também ajudaram no coro.

Vitória fez todo o ritual: assoprou as velas após a cantoria, posicionou a faca de baixo para cima no bolo para fazer o pedido e cortou o primeiro pedaço. O garçom gritou que a jovem deveria entregar a fatia para alguém especial e afastou-se.

— E entregarei... — Vitória colocou a fatia de bolo à sua frente e limpou o dedo que ela sujara com um pouco do recheio. A jovem levantou os olhos e viu Fabrício sério, com ar de quem esperava outra reação. Foi então que Vitória levantou o pratinho com o bolo e ofereceu ao rapaz: — É seu o primeiro pedaço.

— Obrigado! E que seja o primeiro de muitos pedaços!
— Eu aceito.
— O quê? Ah! O pedido! Era brincadeira — disse provando o bolo. — Está bom, né?
— O que disse? — Vitória perguntou séria.
— Foi um truque para ganhar o primeiro pedaço, sua bobinha.

Fabrício levantou-se sério e aproximou-se de Vitória.
— Vou fazê-la a garota mais feliz que já existiu.
— Costumo cobrar as promessas.

Os dois beijaram-se.
— Eu pedi para tocar *O meu amor*, mas não tinham aqui. Se soubesse, teria trazido — Fabrício ficou observando Vitória surpresa e revelou: — Você me fez gostar dessa música.

Já perto de irem embora, ele abraçou a jovem por trás, e os dois ficaram apreciando a vista. Aquele momento trazia aos jovens um misto da calma e de fúria para viver. Eles, no entanto, não queriam que o tempo passasse.

— Fabrício, antes de mais nada... gostaria que você conversasse com Rafaela.
— O que tem ela?
— Ela gosta de você. É apaixonada...
— Coisa boba, sem importância. Nunca...
— Certamente, você a trouxe aqui também.

— Eu sempre quis trazer alguém aqui, mas teria de ser alguém especial.

Vitória abraçou Fabrício e adorou sentir o calor do corpo do rapaz no seu, o perfume dele, o som da voz de Fabrício quase murmurando a seu ouvido.

— É sério. Não quero que ela nos veja juntos assim, de surpresa. Como aquele beijo na sala de aula...

— Vai dizer que não gostou.

— Claro que gostei, mas isso pode não ter feito bem a ela.

— Você está realmente preocupada com Rafaela? Está bem! Se isso a fizer se sentir melhor, atenderei ao pedido da princesa Vitória — debochou no final.

— Vou esperar você falar com ela para assumir nosso relacionamento...

— Está certo, Vitória Lancaster Certinha.

Os dois riram.

— Que horas são? Perdi a noção do tempo.

Ele consultou o relógio.

— É melhor deixá-la em casa. São duas horas já! Se Marília chegar e não a vir, é capaz de não me deixar fazer a corte para a moça.

— Seu bobo. Vamos nos encontrar na praia amanhã?

— Não!

— Por quê não?

— Amanhã está muito longe! — Fabrício revelou rindo, ao abraçá-la ainda mais forte. — Além de tudo, hoje é domingo. Vamos passar a tarde juntos.

Pouco depois, Fabrício estacionou a moto perto da porteira da chácara. Foi difícil para o casal se despedir. Vitória dava um passo para frente, mas logo os dois se beijavam novamente. Por fim, ela seguiu para a casa olhando para trás. Quando chegou à varanda, Vitória viu o rapaz observando-a. Ele acenou para a jovem sorrindo, colocou o capacete e saiu.

Vitória entrou na casa e notou que tudo estava tranquilo, silencioso. A jovem, então, tomou um banho quente, sorrindo e revivendo os últimos acontecimentos. Quando se deitou, lembrou-se de tudo novamente até adormecer.

O espírito de Samuel apareceu, arrumou os cabelos da jovem que estavam em desalinho na testa e, como em uma prece, falou:

— Que Deus lhe conceda sabedoria, força e resignação para aceitar as coisas como vão acontecer. Terá de ser forte, muito forte.

Capítulo 23

— Você não sabe o que perdeu! — contou Elis sentada na beira da cama. — Rafaela deu um show na festa. Ficou bêbada.

— Que horas são? — perguntou Vitória sonolenta.

— Desculpa. Paola chegou à festa dizendo que você não estava bem e pedindo que ninguém se preocupasse. Ela nos avisou que você tinha tomado um remédio e ficaria em casa. Rafaela adorou quando soube. Marília ficou preocupada, quis vir até aqui, mas Dorinha a convenceu a ficar. Está melhor?

— Sim, estou ótima! Como foi a festa? — perguntou sorrindo.

Vitória não gostava de mentir e teve vontade de contar a Elis sobre sua noite, mas a amiga estava tão eufórica, querendo lhe contar detalhes da festa, que ela decidiu calar-se.

— Foi um fiasco. Muita gente perguntou de você. Alguns queriam conhecê-la. A louca da Rafaela — Elis falou baixinho, com o intuito de não ser ouvida — começou a falar que tinha uma bomba para contar, então, Raul a tirou da festa. Ficamos uns vinte minutos sem vê-la. Ela voltou melhor, porém, ainda deu vexame. Na hora do bolo, disse que o merecedor do primeiro pedaço não tinha ido à festa. Houve um silêncio terrível. Raul mais uma vez colocou panos quentes na situação, pegou o pedaço da mão dela e começou a comer.

— A festa foi divertida, então!

— Muito! Eu tirei algumas fotos para que você pudesse ver — Elis sorriu ao pegar o celular, mas, quando leu uma mensagem de texto, seu semblante mudou. A moça instantaneamente se lembrou das advertências da tia: "Não conte nada, é melhor assim. Deixe como está. Não contou nada para ninguém, contou?". Elis sentia-se péssima por não ter revelado a Vitória o que acontecera no dia em que fora atacada. Acabou desligando o celular sem procurar as fotos. — Eu gostaria tanto de lhe contar algumas verdades, Vitória.

— Há verdades que nem sempre podem ser reveladas, Elis. Há verdades que são só nossas — rebateu Vitória. A moça, no entanto, pensou um pouco e contou tudo o que acontecera na noite anterior.

— Meu Deus! Sua noite foi mil vezes melhor que a nossa. Ficamos enfurnados naquele clube que nem ar-condicionado tinha! — Elis riu alto, mas se lembrou novamente de seu segredo. Queria compartilhá-lo com Vitória, porém, a voz da tia ainda falava mais alto.

Depois de conversar com Elis, Vitória tomou café e anunciou que iria para a praia. Antes de sair, a jovem confirmou para Marília a história que Paola contara. Fez isso contrariada, trocando olhares de cumplicidade com Elis. Estava muito feliz para se aborrecer naquele momento com a verdade.

Antes de Vitória ir para a praia, Marília chamou-a para lhe entregar o presente de aniversário: um par de brincos e um colar, ambos delicados e de muito bom gosto.

Vitória abraçou-a agradecida, emocionada, e Marília ficou feliz, pensando que Rafaela poderia devotar-lhe o mesmo afeto.

Marília lembrou-se do momento em que entregou o presente de aniversário a Rafaela. A jovem não esboçou nenhuma reação, como se a mãe estivesse apenas cumprindo com sua obrigação. Rafaela mal abriu o embrulho, diferente de Vitória, que abriu o presente, colocou os brincos e o colar, pegou uma roupa em seu quarto e disse que o conjunto combinava e que não via a hora de estrear o mimo.

"Elas são tão diferentes... Será que, se soubesse o que aconteceu, ela teria reagido como Rafaela?", Marília pensou nisso ao ver Vitória sair feliz com a bicicleta. A jovem já estava tão entrosada com Balneário que pegava a bicicleta e andava pelas redondezas como se fosse uma nativa.

***

Vitória chegou ansiosa à praia. A jovem consultou o relógio e viu que estava quinze minutos adiantada. Mais quinze minutos se passaram, e Fabrício ainda não aparecera. Vitória só se esqueceu do relógio quando viu Paola chegar de surpresa.

— Teve um garoto lá da sala que ficou querendo graça comigo, acredita? Um garoto do bando de Fabrício.

— E você me conta essa novidade assim, sem empolgação, Paola?

— Sei lá, entreguei ao tempo. Nós nos beijamos — a jovem parou de falar e começou a rir com Vitória. — Nota sete. Ele vai ter de melhorar, se quiser ficar comigo.

Depois de ouvir o relato da amiga, Vitória contou sobre sua noite a Paola, que quis saber os detalhes.

— Ele deve estar chegando. Combinamos de curtir a praia hoje — Vitória consultou o relógio e viu o quanto Fabrício estava atrasado. Lembrou-se do sorriso do rapaz, o que a fez sorrir também. — Bem, acho que ele está um pouco atrasado.

— Eu o vi entrando na casa de Rafaela.

— Pedi a Fabrício para conversar com ela, antes que as notícias estourem por aí.

— Então, eu vou embora.

— Fique! Por que vai agora?

— Não tenho vocação para vela, Vitória. Até porque eu seria uma vela de sete dias! Engordei de novo. Ansiedade por causa das palhaçadas lá em casa.

Vitória pensou em conversar com Paola, mas estava aflita e ansiosa para ver Fabrício, por isso apenas sorriu sem dizer nada. As duas amigas despediram-se.

Para aproveitar o sol fraco, Vitória deitou-se debaixo do guarda-sol e acabou adormecendo. Acordou com o vento forte vindo do mar, as ondas avançando sobre a praia. A jovem levantou-se rapidamente e apanhou seus pertences. Não precisou consultar o relógio para notar que a tarde já estava caindo e que o sol já ia embora.

A jovem olhou para o celular. Não havia nenhuma mensagem ou ligação perdida de Fabrício. Nada! Decidiu telefonar para o rapaz, mas a ligação caiu na caixa postal. A preocupação estava estampada em seu rosto. Resolveu, por fim, voltar para a chácara.

Assim que chegou à porteira da chácara, notou um carro parado e a moto de Fabrício. Vitória abriu um sorriso, certa de que ele fora falar com Marília.

Quando abriu a porta da sala, Vitória surpreendeu-se ao ver Fabrício sentado no sofá ao lado de Rafaela, que, sorridente e animada, ora colocava as mãos nas pernas do rapaz, ora nos ombros dele. Em outro sofá, viu Maria Andréia conversando com Marília.

Vitória achou a cena estranha, e a confusão aumentou quando Rafaela veio cumprimentá-la, satisfeita.

— Pensei que não chegaria a tempo de presenciar meu noivado! — relatou sorrindo, notando o olhar de Vitória sobre Fabrício. Parecendo envergonhado, o rapaz não conseguia sustentar o olhar questionador de Vitória.

— Veja que surpresa a minha, Vitória. Fabrício e Rafaela ficarão noivos! Estamos esperando Raul e Leandro — festejou Marília.

— Adoro festas! A de ontem me inspirou, por isso achei melhor acertar tudo logo, cumprir o quanto antes as formalidades — comentou Maria Andréia eufórica.

— Felicidade aos namorados! — desejou Vitória com dificuldade.

— Noivos! — corrigiu Rafaela sorrindo.

Vitória segurou-se para não chorar ali, na frente de todos.

— Vou me deitar, não estou bem.

— O que houve? — perguntou Fabrício, deixando clara a sua preocupação.

A jovem nada disse, evitando olhar para Fabrício, pois, se o fizesse, se desmancharia.

— A dor de cabeça voltou. Não é nada de mais.

— Acho melhor procurar um médico — orientou Marília temerosa.

— Depois do que Carina teve, acho viável...

— Não fale do que não sabe — pediu Marília baixo, mas o bastante para ser ouvida por todos.

— Com licença — Vitória retirou-se rapidamente. Ao virar as costas, sentiu instantaneamente as lágrimas correrem quentes por seu rosto e ainda ouviu Rafaela falar:

— Espero que esteja bem para o jantar. Quero celebrar essa novidade com toda a família.

Vitória não deu importância ao comentário. Que importância teria agora?

***

Os dias passavam sem notícias de Deusa, e Alberta, por sua vez, mostrava-se mais feliz. As buscas, sempre frustradas e mais raras a cada dia, eram motivo de alegria para ela.

A satisfação de Alberta era imensa. Ela não se importava com a tristeza de Gilberto, que se sentia culpado pelo desaparecimento da mãe. O homem estava tão aflito que estendera as buscas nas cidades vizinhas. Gilberto saiu colando fotos pelos postes e prometeu pagar uma recompensa a quem localizasse Deusa.

— Não que tenha tanto valor assim... — Alberta falava sozinha pela casa, causando horror às empregadas, que assistiam, benzendo-se, às loucuras da patroa, a quem consideravam mais fria que gelo. — O que estão me olhando, suas desocupadas? Sumam de minha vista! — e ria de cair sentada no sofá. Depois, ficava séria, com os olhos grandes fixos nas paredes.

Nem tudo, no entanto, eram flores. Após o desaparecimento de Deusa, Alberta percebeu também o desaparecimento do interesse de Gilberto por ela, se é que um dia existira algum. A mulher notou que Gilberto estava distante, o que atribuiu inicialmente à ausência da mãe do marido. No entanto, Alberta começou a reparar no cuidado do marido com a aparência, os longos períodos de ausência, os atrasos para as refeições. Tudo isso fez a mulher ficar desconfiada.

— Vai sair? — questionou certa vez, ao ver o marido arrumado, borrifando perfume no corpo.

— Vou até a escola. Tenho uma reunião com o pessoal que está fazendo as buscas. Depois, vou correr...

"Assim, arrumado?", pensou Alberta, sem comentar nada. Ela apenas disparou:

— Gilberto, acho que devemos encerrar as buscas — Alberta aumentou o tom da voz, interrompendo o marido quando ele tentou retrucar. — Já estamos abusando da cordialidade do diretor da escola, que vem cedendo espaço para as reuniões. Há quanto tempo estamos procurando nossa querida Deusa? Sinto falta dela, mas temos de ser realistas. Acho que estamos nos enganando.

— Não vou desistir de minha mãe — finalizou Gilberto, apanhando a chave do carro para sair.

Alberta correu para alcançá-lo, mas ele saiu a passos largos, sem olhar para trás.

Em outra noite, Gilberto chegara em casa de madrugada, dizendo que saíra de carro em busca de uma pista em uma cidade vizinha.

A princípio, Alberta aceitou as desculpas do marido, mas depois que elas se tornaram frequentes, ela resolveu contratar um rapaz para segui-lo. E não demorou muito para a investigação dar resultado.

Dois dias depois de contratar o serviço do detetive, Alberta estava deitada em sua cama, sozinha, quando abriu um envelope pardo e dele tirou várias fotos de Gilberto com Tamires. Estavam tão próximos que quem os olhasse saberia que não estavam falando do desaparecimento de Deusa.

— Me aguarde, Gilberto. Se até a morte eu consegui enganar, então, se prepare para o que posso fazer.

***

Ao entrar em seu quarto, Vitória deixou seu corpo cair de bruços na cama. A jovem abraçou o travesseiro com força, enquanto as lágrimas corriam livremente por seu rosto.

"O que aconteceu? O que houve para essa reviravolta?", pensava a moça, sentindo o corpo pesado. Sentia frio, ainda que se anunciasse uma noite quente.

Vitória ficou assim por um bom tempo. De olhos fechados, reviveu a noite anterior, as promessas, os abraços e beijos de Fabrício. Lembrou-se do jeito do rapaz andar em sua direção, do sorriso atraente de Fabrício, da surpresa de aniversário. E de suas palavras! Envolvera-se com ele, acreditara em tudo e agora aquela surpresa. Fora trocada em menos de vinte e quatro horas.

Perdida entre recordações, Vitória ouviu duas batidas suaves na porta e, ao abrir os olhos, viu a maçaneta da porta girando. Como se arrependeu de não ter passado a chave. Não estava com cabeça para conversar com Marília, de ouvir com paciência seus conselhos, tomar seus chás, seus remédios. Não queria nada!

Para sua surpresa, era Fabrício quem entrava em seu quarto manso como um gato. Com essa sutileza, fechou a porta atrás de si. Sua fala, no entanto, era contraditória. Havia urgência nela.

— Precisamos conversar.

Ouvindo a voz tensa do rapaz, Vitória também sentiu o perfume de Fabrício tomar conta do quarto.

— Precisamos mesmo? O que foi aquilo na sala, Fabrício? Melhor não dizer nada. Sou inteligente o suficiente para saber que estava brincando com minha cara — falou Vitória, depois de se levantar apressada e passar as mãos pelos cabelos, tentando disfarçar seu sofrimento. Não queria que Fabrício a visse triste, deprimida. Falava sem dar espaço a ele. — Fico pensando se, antes de me levar à serra, você já não teria combinado tudo aquilo com Rafaela. Aliás, ela deve estar certa mesmo. A festa era dela, o namorado é dela, e eu sou apenas uma intrusa...

— Pare, Vitória! Me escute! — Fabrício, nervoso, interrompeu-a quase em um grito. Estava com as mãos agitadas, passava os dedos entre os cabelos, andava pelo quarto.

— Tem mais alguma coisa para me dizer? Veio dar marcha à ré para ter certeza de que estou esmagada no asfalto?

— Eu te amo, Vitória.

— Sério? Pois não soube demonstrar isso — a jovem falou rindo, sustentando as lágrimas, que insistiam em brotar de seus olhos. — Você deveria estar na sala falando isso para sua namorada — e completou irônica: — Ou melhor, sua noiva. Desculpe, é algo tão novo para mim que ainda não consegui me acostumar à ideia.

— Me deixe consertar isso. Confie em mim!

Vitória ficou olhando para Fabrício. O jovem parecia-lhe sincero, mas suas palavras não condiziam com suas ações.

— Você é louco, só pode ser isso. Nem sei o que veio fazer aqui no meu quarto. É melhor sair daqui, Fabrício. Rafaela pode ir buscá-lo no banheiro! Não foi essa a desculpa que deu para vir aqui escondido? Você gosta de mentiras...

— Ela está grávida! — Fabrício revelou subitamente.

— O quê? — Vitória ficou transtornada com a notícia. Estava paralisada e sem condições de ouvir o que ele falava. — Grávida? Que vocês tinham ficado juntos, OK... Isso não era novidade, mas grávida?! Já ouviram falar que camisinha protege as pessoas de doenças e evita gravidez indesejada?

— Não estava em meus planos...

— A liberdade de escolha traz consequências, Fabrício. Colhemos o que plantamos em algum momento da vida. Tudo depende do discernimento em saber escolher o caminho.

247

— O que quer dizer...

— Que não vou seguir com você nesse caminho.

— Gosto muito de você, Vitória — havia desespero em Fabrício. — Eu fiz o que você me pediu. Fui à casa de Rafaela, mas ela não estava. Ela já estava em minha casa, contando para minha mãe...

— Que rápida! Sua mãe já levantou a lona para o espetáculo! Foi rápida para preparar os detalhes do noivado. É melhor voltar para seu circo, para a festa que está acontecendo na sala! E não espere que eu participe disso como plateia ou atração especial. Não tenho vocação para palhaça.

— Minha mãe me ligou — interrompeu ele, sem dar importância à ironia da moça. — Ela está me obrigando a casar com Rafaela para não manchar a imagem de meu pai. Minha mãe quer evitar um escândalo.

— Sei...

— Você confia em mim? Podemos sair juntos dessa situação.

— Podemos? Não. A situação é sua, Fabrício. Foi você quem a criou. Saia do meu quarto. Não me interessa saber de sua vida, dos detalhes do seu casamento, de nada — depois de uma curta pausa, continuou: — Você me machucou demais. Não vou permitir que continue com sua maldade. Pensei que tivesse me apaixonado por um homem, não por um moleque.

— Você está sendo injusta.

— O que sente ou que diz sentir não tem valor, não tem importância? A vontade dos outros se sobressai à sua?

— Não é tão simples assim... — ele fez uma pausa e aproximou-se de Vitória.

— Tenho amor-próprio e minha vontade é importante. Respeito o outro, mas não reprimo minha vontade, se é minha vida que está em jogo. Quer saber? Chega! Espero que não me chame para madrinha do casamento. Acho que já sabe qual é minha resposta. Seja feliz — falou dando um passo atrás.

— Eu te amo, Vitória. Confie em mim...

Vitória abriu a porta do quarto e indicou com a mão que ele deveria sair do quarto.

— Você já fez sua escolha. Sua noiva e seu filho estão na sala. Devem estar precisando de você.

Fabrício fixou Vitória por alguns segundos. Estava emocionado, quando saiu cabisbaixo do quarto. A jovem, por sua vez, segurou-se para não abraçá-lo e dizer o que sentia. Pensou naquele momento que não podia deixar o coração falar mais alto.

Capítulo 24

Dorinha sentiu que não escolhera a hora certa para contar a Pedro sobre o verdadeiro pai do rapaz. Estavam prontos para ir ao aniversário de Vitória e Rafaela no clube, quando ela lhe despejou a verdade. Foi uma conversa difícil, tensa, entre lágrimas.

— Por que não me contou antes? Por que me escondeu isso, mãe? — questionava Pedro chorando.

— Medo. Adiei a verdade por medo de sua reação, dessa reação. Confesso que poderia viver mil anos e que ainda assim não estaria preparada para isso. Contar-lhe a verdade sobre seu verdadeiro pai mexe com minha história, uma passagem que não me traz boas recordações.

— Imagino que não deve ser fácil para a senhora me ver como lembrança dessa época.

— Não diga isso, filho. Você é e continuará sendo muito amado. Foi tão desejado. Eu vivia uma história de amor linda com seu pai, quando você foi concebido. Tive sorte de que, quando Deus colocou Taciano em minha vida, ele sentiu instantaneamente um grande amor por você.

— Até Paola nascer.

— Você nunca reclamou disso...

— Porque agora tudo ficou claro, mãe! Não é somente preferência pela filha mulher! Ele sabe que em Paola corre o sangue dele. Eu fui deixado de lado, mas seu amor contornou a situação, preencheu essa falta.

— Não seja injusto, filho. Taciano nunca deixou que lhe faltasse algo. Ele tem um jeito seco de demonstrar amor, mas sempre esteve ao seu lado em momento bem delicados — Dorinha parou de falar, pois não queria trazer para aquela conversa o pesadelo que o filho vivera com as drogas.

Dorinha continuou a enumerar as qualidades de Taciano, o quanto ele fora um bom pai, mas Pedro mantinha-se distante, imerso em seus pensamentos, ora quase gritando, ora secando as lágrimas com as costas das mãos.

— Gilberto é meu pai! Cara, não dá para acreditar. Quando mais novo, percebi que havia muitas semelhanças entre nós. Alguns amigos brincavam com isso, mas nunca, nunca poderia imaginar que ele fosse meu pai. Um covarde...

— Não! Eu não contei a ele. Gilberto nunca soube da gravidez. O orgulho me impediu de contar a ele — fez uma pausa. — Além disso, não há culpados nessa história. Todos nós fomos vítimas das circunstâncias. Éramos muito jovens.

— Fui eu o culpado, o pivô do término do seu casamento.

— Não! A vida é feita de transformações, Pedro. Taciano e eu percebemos que não éramos mais o casal que um dia se gostou. Todo casal passa por altos e baixos, e o amor é colocado à prova constantemente, mas nem sempre resiste. Seu pai se envolveu com outra mulher.

Mesmo precisando de um tempo e pensando em sair correndo pelas ruas, Pedro viu Dorinha tão só e frágil, tentando justificar o fim do seu relacionamento, que a abraçou. Os dois choraram.

— Me perdoe, meu filho.

Pedro não respondeu, apenas a apertou mais forte no abraço, em um gesto de proteção.

Chegaram atrasados à festa. Dorinha estava sorridente, aliviada, e Pedro, calado, pensativo.

Dorinha contou a Marília sobre a conversa que tivera com o filho e, emocionada, revelou o quanto estava se sentindo bem.

Na festa, Pedro passara a noite evitando contato com as pessoas, processando ainda a novidade, e sentiu seu coração disparar quando viu Gilberto entrar no clube abraçado com Alberta. Flagrou-se sorrindo, porém, cerrou o cenho em seguida. Ainda não conseguia dizer o que sentia nem sabia o que fazer. Chegou a cumprimentar Gilberto, mas o rosto indiferente do pai não o encorajou a contar-lhe a verdade.

Pedro notou a troca de olhares entre Gilberto e Tamires.

— Preciso falar com você — disse Pedro a Gilberto, bem no momento em que o viu olhando para Tamires.

— Se é o que estou pensando, você não tem nada a ver com isso — respondeu Gilberto, em um tom ríspido.

— Parece que tem talento para sedutor — falou Pedro, segurando o braço de Gilberto, impedindo-o de sair.

Gilberto fez um gesto brusco e desvencilhou-se do rapaz. Por alguns segundos, os dois trocaram olhares. Pedro viu os olhos tão semelhantes aos seus, como se estivesse olhando para um espelho. Era ele, estava diante do pai. O rapaz, no entanto, ouviu o que não esperava.

— Cuide de sua vida, rapaz. Ou o que deve ter restado dela depois de tudo o que aprontou.

Na volta para casa, Dorinha chamou Pedro, que estava em silêncio, à realidade.

— Deus nos reserva surpresas. Não tem ideia de como ficaria se soubesse também — ele tornou.

Dorinha não entendeu o comentário de Pedro, mas para ela ter o filho por perto já era o suficiente.

No dia seguinte à festa, Dorinha, ao entrar na cozinha, flagrou o filho colocando mantimentos na mochila. Como ele não a notara, Dorinha deu um passo para trás para não ser vista. Ficou à espreita atrás da parede, sentindo medo e um aperto no peito.

Quando ouviu Pedro se despedir, saiu atrás dele, apressada.

— Aonde vai?

— Encontrar uns amigos. Estou com uma oferta de emprego e, se der certo...

Sem demonstrar interesse pelos planos do filho, Dorinha puxou a mochila de Pedro e, contra a vontade do rapaz, abriu.

— O que é isso? — perguntou tirando pacotes de macarrão, feijão e uma garrafa de óleo. — Não vá me dizer que está se envolvendo com aquelas porcarias de novo.

— Largue isso, mãe! — Pedro falou enérgico, colocando de volta os itens que Dorinha espalhara pelo chão da sala.

— Me diga, por favor, que não está usando drogas. Meu filho, o que está fazendo com sua vida? Sou sua mãe. Por que não se abre comigo? — havia desespero em sua voz.

— Não estou mais nessas paradas, dona Dorinha — falou Pedro atendendo ao telefone que tocava. — Oi, tudo. Não, já estou indo. Pode me esperar.

— Aonde está indo, Pedro? — Dorinha perguntou, assim que viu o rapaz guardar o celular no bolso, pôr a mochila nas costas e sair pela porta. — Meu filho, confie em mim. Por que guarda segredos?

— Você não teve os seus? Não escondeu por toda a vida quem era meu verdadeiro pai?

— Não queria machucar você. Tentei poupá-lo.

Pedro abraçou a mãe e disse:

— Fique tranquila, mãe. Não estou fazendo nada errado. Só não lhe conto, porque acho que, quando souber, não me deixará fazer o que estou fazendo.

Dorinha não conseguiu questionar mais nada. O rapaz saiu rapidamente pelo portão e desapareceu na primeira esquina.

A mulher voltou para o interior da casa e começou a revirar o quarto de Pedro.

Paola chegou bem na hora.

— Vamos mudar?

— Se puder me ajudar, entre. Do contrário, nem entre aqui. Estou sem paciência, Paola.

A jovem entrou no quarto e começou a ajudar a mãe. Vendo a aflição de Dorinha, resolveu dar trégua ao seu ressentimento.

— Pedro está usando droga de novo? — perguntou a moça, enquanto ajudava Dorinha a levantar o colchão.

Dorinha contou o que havia acontecido e complementou:

— Disse que não. Eu gostaria de acreditar nele, mas Pedro está pegando os mantimentos de casa. Certamente fez isso para trocar por drogas. E o que está fazendo agora? — Dorinha não esperou a resposta da jovem menina, apanhou o telefone e disse ao discar: — Já sei o que vou fazer. Vou ligar para o pai dele.

— O papai não quer saber dele. Disse que, se o vir na rua, vai mudar de calçada. Está muito bravo com Pedro.

— Alô. Gilberto, por favor!

— Oi?! Gilberto? Não estou entendendo nada, mãe. Falou que iria ligar para o pai...

***

— Ele voltou arrasado para a sala. E Rafaela, quase sentada no colo dele, nem se importa com o fato de Fabrício não ter nenhum interesse por ela. Como pode ser desse jeito? — relatou Elis sentada na beira da cama de Vitória. — Melhor assim! Ele se revelou — havia mágoa na voz da jovem, mas Vitória estava tão abalada com tudo que não deu importância ao comentário. — O pai do noivo já chegou. Seu Raul também. Acho que o jantar logo vai ser servido.

— Como queria acordar deste pesadelo.

— Depois do que você me contou sobre ontem à noite e sobre o que aconteceu há pouco em seu quarto... Nossa! Estou enjoada. Vitória, dona Marília me pediu para eu ficar aqui para ajudá-la a servir o jantar, mas posso ficar com você também. Se precisar de algo... — Elis fez uma pausa e seus olhos perderam-se no nada ao dizer: — Não gosto dessa família Bonelli. Queria sumir daqui.

— É isso! Sumir! — Vitória falou sem dar importância aos comentários de Elis. — Na verdade, é exatamente o que vou fazer — decidida, a jovem levantou-se e abriu o guarda-roupa de onde tirou uma mala.

— Vitória, não! — falou o espírito de Samuel. Dessa vez, a moça só o escutou. Ele não se materializara como de costume.

— Nada me impedirá de sair daqui. Eu vou.

— Calma. Não adianta agir por impulso — apressou Elis.

— Ouça Elis, Vitória. Ela não é sua amiga? Está sendo precipitada. Ouça Elis — pediu Samuel.

Vendo que não conseguia impedir Vitória com palavras, Elis começou a tirar as roupas da mala e devolvê-las aos cabides.

— Não vou permitir que saia assim. Vai dar esse gosto para Rafaela? Não!

— Vitória, me ouça, por favor! — pediu Samuel.

— Não! Não vou ouvir ninguém.

— Você foi tão legal comigo, com minha família. Conseguiu fazer minha mãe se desligar da obsessão de Tamires.

— Estou tão cansada, tão decepcionada — Vitória sentou-se na cama, triste.

— Eu voltei, porque ainda temos pendências. Quero muito ajudá-la também — falou Samuel, sentado ao lado de Vitória.

— Tem certeza de que é isso que quer fazer? Fugir? — perguntou Elis sentada do outro lado de Vitória. Fez a pergunta, pousando sua mão suavemente sobre a da moça.

Samuel repetiu o gesto, pousando sua mão sobre as mãos das moças, o que gerou muita energia quando ele falou com Vitória.

— Não é fugindo de lugar, cidade, país que resolverá essa questão do coração. Você pode se mudar para qualquer lugar, mas o problema estará com você.

— Está certo. Eu fico — falou abrindo um sorriso. Vitória teve vontade de falar para Elis que Samuel estava ali, mas se conteve.

— Nossa, senti o perfume do Samuel agora. Engraçado. Faz tanto tempo que não o sinto.

— Feche os olhos e permita-se a sentir — sugeriu Vitória, observando Elis seguir a orientação.

Depois de fechar os olhos, Elis cruzou os braços e permitiu-se sentir o perfume que tomara o quarto. Samuel, então, aproximou-se de Elis e envolveu-a em um abraço afetuoso. Por fim, beijou-a levemente nos lábios.

Foram segundos, mas o bastante para Elis se emocionar e depois, em silêncio, abraçar Vitória.

— Eu a amo, mas você precisa seguir sua vida, Elis. Casar, ter os filhos que planejou ter. O espírito é eterno, e em algum momento nós vamos nos encontrar — falou Samuel.

— Onde quer que esteja, ele a ama, mas não pode impedi-la de se relacionar com outra pessoa, ser feliz, ter seus filhos. Um dia, vocês ainda vão se encontrar pela eternidade que é a vida — Vitória repetiu a seu modo o que ouvira. Depois, viu Samuel, em um gesto de agradecimento, balançar a cabeça e sumir em uma luz.

— Parecia que eu estava ouvindo Samuel falar. Você é médium, Vitória?

A jovem riu.

— Todos nós somos, Elis.

— Bem, vamos guardar essas roupas no lugar. Nem de brincadeira quero ouvir a senhorita falar em sumir outra vez. Ainda mais por alguém da família Bonelli.

Dessa vez, Vitória percebeu mágoa na fala de Elis, mas, antes de perguntar algo a respeito, viu de sua janela um carro parar e duas pessoas descerem.

— Quem são? — perguntou Elis tomada pela curiosidade.

— São da escola — revelou Vitória triste. — Devem ser convidados dos noivos.

***

Alberta não era mulher de esperar. Havia pressa em tudo o que fazia, e agora, com aquele envelope nas mãos, não era diferente. Ela olhou foto por foto, enquanto seu rosto era tomado por expressões diversas. Ora demonstrava tristeza, ora surpresa, até que abriu um sorriso ao pensar no que poderia fazer com aquela novidade.

Decidida, Alberta aprontou-se rapidamente e minutos depois já estava dentro do carro. Estava nitidamente nervosa, tanto que deixara o carro morrer duas vezes. Quando se aprumou, saiu em disparada, cantando pneu.

Pouco depois, estacionou o carro distante da casa de Tamires e ficou dentro do veículo desligado, observando o silêncio da casa e a lâmpada forte no centro da laje da área. A porta abriu-se, e Gilberto, apaixonado, apareceu saindo da casa, enlaçado por Tamires. Sentiu-se tão tensa que percebeu a unha quebrando ao apertar o volante do carro.

Queria chorar, mas sentia-se seca de raiva e incapaz de deixar as lágrimas rolarem, assim como também controlou seu impulso de sair do carro e revelar tudo o que sabia. Não! Tinha outros planos e começou a colocá-los em prática, quando viu Gilberto trocando beijos demorados com Tamires e saindo da casa da jovem. Alberta encolheu-se ainda mais para não ser vista, chegando a esconder-se atrás do volante.

Quando viu Gilberto distante o suficiente, Alberta desceu do carro e caminhou em direção à casa de Tamires apressada. Andava desengonçada, como se tivesse bebido, mas na verdade estava tentando equilibrar-se nos saltos altíssimos que colocara rapidamente para se apresentar à amante do marido.

Alberta tocou a campainha da casa e, quando Tamires atendeu à porta, disse sem rodeios o motivo de sua visita:

— Vim ver onde meu marido vem se divertir — falou rindo, demonstrando confiança ao falar com a voz forte, pausada. — Sim, se divertir, porque Gilberto é um homem casado.

— Gilberto e eu nos amamos... — começou Tamires, sem medo de revelar o romance. Falou confiante, fazendo Alberta balançar.

— Não acredito que você, uma moça tão bonita, tenha caído nesse papo de homem casado — Alberta falou confiante, observando atenta o interior da casa, enquanto rodava a chave do carro no dedo. Depois, parou e falou séria: — Ele disse também que nosso casamento não está bom e que pensa em se separar? — lançou a pergunta e percebeu no rosto de Tamires a confirmação. — Minha querida, os homens são todos iguais. São repetitivos e usam as mesmas frases prontas para conquistar meninas tolas.

— Acho melhor você sair de minha casa... — iniciou Tamires, já assustada com o rosto feio e envelhecido da mulher à sua frente, cuja maquiagem em excesso escorria, fazendo lembrar um bolo confeitado derretendo no calor.

Alberta aproximou-se ainda mais de Tamires e pensou em mostrar as fotos, mas desistiu. Estava pronta para usá-las se precisasse. Com o rosto a três palmos de distância de Tamires, a mulher falou:

— Acho melhor você sair da vida do meu marido. Ele tem uma família estrutura...

— Ele não a ama.

— Você é uma oportunista! Aproveitou-se de um momento de carência de Gilberto, provocado pelo desaparecimento da mãe, para seduzi-lo.

— Ele não encontrou força a seu lado.

— Gilberto se queixou para você? É mesmo um menino medroso! Está sempre em busca de proteção de uma mulher. Sou realista! Não vou perder meu tempo para procurar quem não quer ser encontrada. Eu tenho mais o que fazer.

— Você é fria, materialista. Como acha que Gilberto poderia amar uma mulher assim?

— Ele ama sim. Ama e vai ficar comigo, conforme jurou a Deus diante do altar. E não será a perversidade de uma víbora que nos afastará. Ele tem um lar e um emprego que dependem de mim...

— Está ameaçando tirar o emprego dele?

— E tudo mais que ele pensa ter conquistado — depois mudou o tom e se despediu, como se fossem grandes amigas. — E espero não precisar voltar aqui, meu bem. Não voltarei, pois adotarei outros métodos. Afaste-se de Gilberto e não conte nada para ele, se quiser se manter com o que tem.

Tamires falou algo que Alberta ignorou. A mulher completou:

— Ninguém tira o que é meu. Se arriscar, sai lesado. Nem queira saber do que sou capaz. Ninguém me engana. Lembre-se que consegui enganar até a morte! — disse isso e saiu rindo em direção ao carro. Quando entrou no veículo, apoiou as duas mãos no volante e percebeu que tremia. Ligou o automóvel e saiu em disparada, assustando algumas pessoas que passavam na hora.

Tamires assistiu a tudo de sua varanda, em choque, sem saber o que fazer. O frio percorreu seu corpo, a ponto de fazê-la cruzar os braços.

Capítulo 25

Gilberto saiu sorridente da casa de Tamires. As visitas à moça estavam ficando cada vez mais frequentes, e a casa dela tornara-se para Gilberto seu verdadeiro lar, onde podia sentir o calor dos abraços da amada e repousar o corpo cansado do dia de trabalho. Não tinha nenhuma vontade de voltar para casa.

Saía com as desculpas de que iria caminhar, mas agora, perdidamente apaixonado, certo de que sua felicidade estava ao lado de Tamires, já não fazia questão de esconder. Queria mesmo assumir o relacionamento com a jovem, pedir a separação de Alberta e ser feliz.

Gilberto pensava nisso, depois de sair da casa da moça. Caminhava sorrindo e fazendo planos, quando o celular tocou. Olhou o visor e viu que se tratava de um número desconhecido.

— Alô, Gilberto, por favor!

Gilberto reconheceu a voz nas primeiras palavras e sorriu ao responder.

— Dorinha?!

— Desculpe-me ligar para você a esta hora. Preciso muito falar com você. Podemos marcar para conversarmos? — ela falava rápido, como se tivesse pressa em falar tudo sem perder a coragem.

— Claro, podemos. Aconteceu alguma coisa com seus filhos? Acho que na escola está tudo bem com Paola...

— Não é nada com Paola. É sobre Pedro.

Nesse momento, o telefone ficou mudo. Gilberto ainda esperou que Dorinha ligasse novamente, mas isso não aconteceu. Ele, então, discou o número registrado no celular, porém, a ligação caiu na caixa postal.

Gilberto estava surpreso e curioso com o fato de Dorinha ter entrado em contato com ele e ficou pensando no real motivo daquela ligação. O que ela queria falar sobre Pedro? "O garoto deve ter aprontado alguma coisa, e Dorinha, agora separada, deve estar precisando de conselhos", pensou. Estava feliz com a ligação, em poder ajudar, se fosse esse o caso. Por tudo o que viveram, tinha muito carinho e admiração por ela. Várias vezes tentara entrar em contato com a ex-namorada, mas dela tivera apenas rejeição. Por fim, entendeu que ela ainda lhe nutria mágoa por um dia tê-la deixado para ficar com Alberta. Agora, tinha a certeza de que não fizera a escolha certa e sofria as consequências do caminho que tomara.

— Pensativo, meu amor? — comentou Alberta, ao parar o carro bem perto de Gilberto, que olhava sério o celular. — Entre no carro. Posso lhe dar uma carona...

— Estou bem, Alberta, pode ir. Vou dar mais duas voltas — falou e saiu correndo, deixando a mulher falando sozinha.

Alberta viu o marido distanciar-se e abriu um sorriso ao pensar: "Ele não vai deixar de ser meu. Não vai".

***

— Foi isso, Paola. Exatamente como lhe contei. Houve muitas risadas e diversão no noivado de Fabrício e Rafaela — finalizou Vitória, sentada ao lado da amiga à beira da praia.

Vitória recusava-se a sair de casa. Estava tomada pela tristeza e não via motivo para sair da cama, coisas de quem sofreu uma decepção amorosa.

— Não estou conseguindo acreditar nisso — Paola falou, depois de ouvir atentamente o que ocorrera na chácara. Fez isso como uma boa ouvinte, atenta, tirando os olhos de Vitória somente para ajeitar o canudo no copo de suco, que a refrescava na tarde quente que fazia na praia. — E você? Não participou do circo? Adorei essa parte. Aliás, queria estar no seu quarto para ouvir você e Fabrício conversarem.

— Foi bem triste, na verdade. Eu gosto dele. Como eu queria um removedor de amor para passar no coração e não deixar nenhum vestígio do que sinto por ele!

— Você e ele formam um casal lindo. Já com a outra... nada a ver.

— Pena que acabou. Vou superar isso. Agora, chega de falar de mim. Me conte! Como está sua vida? — Vitória perguntou e deixou o copo cair da mão. Como caíra na areia, o objeto não quebrou. A jovem apanhou o copo novamente e sentiu o coração acelerado.

Vendo Vitória pálida, Paola questionou:

— Está tudo bem? Você está ainda mais branca!

— Sim. Foi só uma sensação estranha, nada de mais — abriu um sorriso para não preocupar a amiga e voltou a insistir. — Como andam as coisas na sua casa?

— Minha mãe colocou meu pai pra fora de casa, e depois eu descobri que meu Pedro só é meu irmão por parte de mãe. E, pra finalizar, acho que ele voltou a usar drogas. Ele certamente já sabia disso. Quem teria estrutura para viver a mentira que minha mãe criou?

— Está sendo injusta, Paola. E seu irmão não é um fraco por não saber lidar com a situação e por encontrar nas drogas um subterfúgio para continuar a viver.

— Você fala de um jeito como se não fosse minha amiga.

— E digo mais! Está sendo infantil com sua mãe, mantendo-se afastada dela.

— Queria que eu a apoiasse?

— Foi seu pai quem saiu de casa. Não foi sua mãe quem o colocou para fora. Queria que ela tivesse sangue de barata e aceitasse a amante dele? Você acha que sua mãe tinha de se calar e ignorar o romance paralelo do seu pai, para manter a família perfeita de comercial de margarina?

— Chega, Vitória! Parece até que você é amiga de dona Dorinha e não minha. Quer saber? Fui! — e saiu apressada e assustada com as verdades que ouvira, sem olhar para trás.

Vitória permaneceu na praia, calada, refletindo se não fora dura demais com a amiga. Não estava em um bom dia. Pensou que deveria ter ficado em casa, no quarto, na cama, para não incomodar ninguém. Não estava em uma boa fase.

A jovem colocou os óculos escuros, apreciou o movimento das ondas agitadas e o sol forte no céu azul. Estava tudo perfeito.

O vento carregou a toalha de Vitória alguns metros à frente, e, quando ela correu para apanhá-la, avistou Fabrício caminhando de cabeça baixa, com os braços cruzados, enquanto Rafaela, saltitante, corria em volta do namorado, tocando seu braço e beijando-o. A felicidade da moça parecia ser o bastante para os dois.

Vitória não esperou ser vista. Apanhou seus pertences e saiu quase correndo entre os banhistas.

Pouco depois, chegou em casa arrasada. A jovem cumprimentou Marília, que estava na sala tricotando um par de sapatinhos verde-água. Estava feliz em ser avó e, orgulhosa, mostrou a Vitória o que fizera até aquele momento. Vitória sentiu seus olhos encherem-se de lágrimas, ao imaginar o filho de Fabrício usando aquele sapatinho. Elogiou o trabalho e foi direto para o quarto.

A menina sentia a cabeça pesada quando se jogou na cama. Tudo veio à sua mente. O primeiro encontro com Fabrício; ele na moto, sorrindo, quando se encontraram no local onde Elis sofrera a violência; a noite em que ele a levara para a serra e a pedira em namoro. Foi difícil não chorar. Pensou em ouvir música, mas compreendeu que isso a faria sofrer ainda mais, principalmente se escutasse a música que a fazia lembrar-se dele.

Decidiu, por fim, ligar a televisão para se distrair, algo que não fazia com frequência.

Passava um filme divertido, que conseguiu extrair da jovem algumas risadas tímidas. Quando acabou, Vitória começou a zapear a TV, quando ouviu uma notícia que a fez paralisar.

— Ainda não se sabe o número de vítimas. O avião, que saiu às 8h30 de São Paulo com destino a Portugal, perdeu contato com a central de controle — falava a repórter bonita, que segurava o microfone com as mãos delicadas. — Alguns nomes já foram confirmados.

Nesse momento, Vitória ouviu a voz de Raul ao fundo. Ele acabara de chegar à chácara e chamava seu nome. A jovem desconcentrou-se por um momento, ouvindo Raul e Marília aproximando-se do seu quarto. Falavam algo que ela não conseguia entender, então, ela voltou a atenção para a televisão. A repórter ainda falava:

— Tinha 35 anos o empresário Jordan Lancaster, e, 41 anos, Glória Martins...

De repente, tudo ao redor girava, e Vitória não ouvia mais nada. Ela apenas viu de relance Elis aproximando-se com lágrimas nos olhos da televisão para desligá-la, e Raul ajoelhando-se aos seus pés, dizendo palavras que a jovem não conseguia compreender. Marília também estava ali, sem conseguir conter as lágrimas. A mulher abraçou-a e beijou-a, agasalhando Vitória trêmula junto a seu corpo.

Vitória, atordoada, não conseguia dizer nada.

***

Uma semana depois...

— Eu não acredito nisso! — a voz de Rafaela saiu quase em um grito, que ela mesma abafou para não ser ouvida. — Agora minha vida tem que parar por causa da pequena órfã?

— Não seja insensível à dor alheia, Rafaela.

— Primeiro, ela atrapalhou nossa viagem para o Nordeste. Nossa primeira viagem... Depois, essa barriga vai explodir, e não vou aguentar nem sair de casa, imagine de Balneário!

— Isso pode esperar. Sua mãe falou e ela tem razão. Vitória precisa da família junta, próxima...

— Família? — debochou rindo.

— Sei que não tem vínculos, mas ela é filha da amiga de sua mãe e está hospedada lá.

— Se você soubesse... — falou séria e depois se desmanchando em um riso frouxo, sem sentido. — Deixe pra lá — Rafaela fez uma pausa, quando observou Fabrício parado, estudando seu comportamento em silêncio — O que foi? Por que está me olhando assim?

— É tão diferente — ele soltou baixinho, mas Rafaela era esperta o bastante para saber que Fabrício a estava comparando com Vitória.

— Não! Comparada à pequena órfã, não! Já é demais! Essa menina só atrapalha meus planos, interfere em tudo. Só atrasa minha vida!

— Você está sendo egoísta, Rafaela!

— Meu Deus! Até o chá de bebê eu tive de adiar, porque a pequena órfã está de luto. Quem disse que eu queria fazer a festa na chácara? Eu nem iria chamá-la!

— Menina, você está entrando no segundo mês! Não foi o que disse? Então! Tempo para fazer esse chá não vai faltar. Quer saber? Sem condições, Rafaela. Você fala que ela está em sua vida, mas você parece criar situações para que Vitória esteja sempre presente — disse isso e foi saindo do quarto, deixando a moça sozinha.

Fabrício passou apressado pelo corredor e estava tenso quando entrou na sala. Maria Andréia e Leandro conversavam no sofá sobre o filho, preocupados, já que a conversa exaltada entre os jovens podia ser ouvida pela casa toda.

— Chega, Rafaela! Por favor!

A jovem continuava a falar, sem respeitar que estava na presença dos pais de Fabrício.

— Não sei se daremos certo juntos — Fabrício falou isso ameaçando tirar a alianças que a jovem comprara e insistira para que ele usasse.

A empregada apareceu pálida na sala e, logo atrás dela, dois policiais.

Leandro levantou-se e já questionou o que estava acontecendo.

Em meio ao falatório, o policial aumentou a voz e foi direto:

— Fabrício Bonelli, nos acompanhe, por favor. Sua identidade foi encontrada no local onde a senhorita Elis Soares foi...

— Foi você, Fabrício? — a voz de Rafaela saiu tremida e fraca.

De repente, o sol desapareceu, o chão se abriu. Fabrício olhou para os lados e viu seus pais abraçados. Maria Andréia balançava a cabeça, incrédula. No canto da sala, Rafaela chorava, abraçada a uma almofada. Entre os policiais, a empregada assistia à cena boquiaberta.

Fabrício não teve outra reação a não ser correr.

***

Vitória estava acostumada a viver sem a presença do pai, mesmo quando Carina ainda estava viva, e todos moravam juntos. Jordan sempre foi ausente, mas, quando estava presente, fazia de tudo para compensar a falta que fazia, levando-as a restaurantes, cinemas, parques. Eram raros esses momentos, mas existiam. As viagens também eram marcantes, recheadas de presentes e do silêncio dele, que sempre levava no rosto um olhar perdido e um sorriso fascinante. A jovem lembrava-se do abraço apertado que Jordan lhe dava de repente, quando apontava uma obra em um museu, ou quando de uma ponte contemplavam o pôr do sol. Sentia-se orgulhosa por ter um pai jovem e bonito. Gostava disso, mas não ficava se gabando. Sentia-se feliz simplesmente por tê-lo como pai, mesmo com as ausências.

Depois que Carina faleceu, Vitória percebeu a dificuldade que Jordan tinha de lidar com uma adolescente, de conversar e tocar em assuntos sobre os quais não tinha domínio. Vitória considerava tudo isso divertido até notar a rejeição de sua tia Lilian e de Glória aparecer na vida, o que resultou em sua decisão de ir morar em Balneário Califórnia por uma temporada.

— Meu pai estava certo. Eu me dei bem aqui — Vitória falou para Marília. As duas estavam sentadas nas cadeiras de balanço dispostas na varanda com vista para o pomar da chácara. — Parece até que já sabia o que iria acontecer...

— Não pense mais nisso, minha menina. Para seu bem e para o alívio do espírito de seu pai, que precisa descansar — Marília disse isso e abraçou a jovem.

Vitória fechou os olhos e reviveu rapidamente os acontecimentos dos últimos dias. A notícia, os repórteres ligando para a chácara, desejando entrevistar a mais nova rica herdeira do império Lancaster. A jovem via em suas lembranças Marília contornando as situações que pudessem trazer algum constrangimento, enquanto Raul cuidava da burocracia dos documentos. As lágrimas voltaram a cair, quando a jovem se recordou das matérias veiculadas na televisão, que mostravam os destroços do avião.

— Adeus, pai.

— Vitória, você precisa se animar. Podemos sair...

— Ainda não estou bem, mas vou ficar. Pode acreditar. Já passei por isso antes. Esta dor não é nova. Não é igual também, mas deixa marcas profundas.

Elis apareceu trazendo o telefone.

— É para você. É Paola. Eu já disse a ela que você está em casa, sim. Atenda à ligação, Vitória. Eu a chamei para vir aqui também. Estou fazendo aquele bolo de milho que você adora. Não iria deixar você comer tudo sozinha — falou rindo e saiu depois de piscar para Marília.

Vitória apanhou o telefone e conversou por uns dois minutos com a amiga.

— Paola está vindo para cá. Aceitou o convite de Elis. Não estou a fim de receber pessoas e...

— Que bom, Vitória! Isso lhe fará bem. Você precisa conversar mais — comemorou Marília.

Vinte minutos depois, Paola entrava no quarto de Vitória, cumprimentando-a com um abraço apertado.

— Fiquei tão sentida com nosso desentendimento. Não queria ter saído daquele jeito da praia. Depois, você se recusou a atender às minhas ligações. Entendi que estivesse brava comigo. Me desculpe...

Vitória deu um abraço apertado na amiga e disse:

— Não fiquei chateada. Só não estava muito bem para falar. Sou eu quem lhe deve desculpas. Acabei me metendo em sua vida.

— Você tem razão sobre o que disse. Minha mãe está sofrendo com as mudanças lá em casa, e eu tenho contribuído para que esse sofrimento aumente, enquanto poderia ajudá-la com meu apoio. Não é fácil, porque penso em meu pai — Paola começou a falar e parou. Falar do pai poderia trazer lembranças a Vitória. — Pedro parece bem. Interessante... Minha mãe e eu achamos que ele voltou para as drogas, mas isso não condiz com o comportamento do meu irmão. Não sabemos ainda o que está acontecendo. Minha mãe vai contar com a ajuda do pai dele.

— Quem é o pai dele, Paola? Lembro de você ter dito que vocês são irmãos só por parte de mãe.

— Gilberto! — falou rápido.

— Nossa! Nunca poderia imaginar.

— Nem eu! Agora, me conte... Você está bem? Que pergunta a minha! Desculpe. Não sei bem o que dizer nessas horas, como agir. E Fabrício? — colocou a mão na boca. — Acho melhor ir embora. Só estou dando fora hoje.

Vitória riu. Paola era divertida, espontânea e tinha umas tiradas engraçadas, que acabaram ajudando Vitória a distrair-se e abrir o coração.

— Ainda gosto dele. Não sabe a falta que ele me fez. Esteve aqui uma noite dessas para jantar. Flagrei Fabrício me olhando várias vezes. Me lançando o mesmo olhar de quando me pediu em namoro na serra.

— É melhor partir para outra. Tão bonita, riquíssima! — divertia-se Paola. — E ainda sofrendo por ele! Depois do que fez a você, ele teve o que merece: está aturando a chata da Rafaela — e depois murmurou: — A mãe dela é tão legal, né? Rafaela deve ter puxado ao pai, aquele professor rabugento.

— Ele tem se revelado um doce de pessoa, tem me ajudado muito.

Paola ia falar algo, quando seu celular tocou. Ela identificou a foto de Pedro no visor e mostrou-a para a amiga.

— É Pedro. Gato ele, hein? Você podia ser minha cunhada, já pensou? — riu e atendeu à ligação. — Fale, mano! E rápido, pois estou com minha amiga... O quê? Está brincando! Não acredito nisso. Menino, nós estávamos falando dele agora mesmo! Não morre mais... Sei... E como foi? Liga para contar a notícia e não sabe os detalhes, Pedro?! Isso me deixa doente! Tá bom... Pedro? — olhou para o visor, depois para Vitória, que estava curiosa para saber o que tinha acontecido: — Desligou! Ele me disse que... não pode ser. Deve ser brincadeira dele, só pode.

— O que Pedro disse? Fale! Até fiquei curiosa.

— Que Fabrício foi preso há pouco. Não contou detalhes, mas disse...

Vitória não conseguiu ouvir mais nada. A jovem sentiu as pernas trêmulas, tanto que se sentou na cama e ficou olhando para Paola.

Pouco depois, já recomposta, foi à cozinha falar com Marília.

— Tia, sabe da Elis?

— Saiu. A tia dela ligou, e Elis saiu em disparada. Parecia preocupada. Tente ligar para ela depois para saber se está tudo bem...

— Dona Marília, nem lhe conto o que aconteceu. Nem precisa ligar! Já sabemos o que aconteceu — Paola adiantou-se eufórica.

269

Capítulo 26

— Alberta, precisamos conversar.
— Já estamos conversando, meu bem. O que houve? — perguntou Alberta, folheando uma revista sem interesse, tentando manter-se calma, pois já fazia ideia do tipo de conversa que o marido vinha querendo iniciar.
— É sobre o nosso casamento — fez uma pausa, esperando a atenção da mulher, o que não aconteceu. — Vejo que já não temos mais...
— Sei bem o que está acontecendo, meu querido — interrompeu Alberta, fechando a revista bruscamente em seu colo. Ainda assim, contrariando seus gestos, mantinha a voz serena. Vinha fazendo um esforço absurdo para isso. Queria, na verdade, gritar o quanto estava se sentindo mal por ser traída, contudo, sabia que esse não era o caminho. — O desaparecimento de Deusa nos deixou muito aflitos, tensos. Acho que poderíamos viajar, ficar uns dias longe de tudo isso...
— Viajar?
— Para salvar nosso casamento. É o que lhe peço.
— Minha mãe sumida, nosso casamento ruindo, e você... — Gilberto parou, forçou um sorriso e disparou: — Nosso casamento nunca existiu, Alberto. Um casamento de amor, cumplicidade, nunca existiu. Você sabe que foi um acordo.
— Eu amo você.

— Não é o bastante. Depois, o que vem acontecendo ultimamente deixou claro que vivo uma mentira a seu lado, e não quero isso para mim nem para você. Quero a separação — Gilberto falou confiante, causando estranhamento em Alberta, que desconhecia esse lado do marido.

Alberta sempre considerou o marido um homem indeciso, manipulável, mas agora ele vinha demonstrando confiança, e isso a assustava. E, intimamente, ela sabia quem havia despertado esse lado de Gilberto: Tamires.

— Vou arrumar minhas coisas. Deixarei a casa hoje mesmo.

— Acho que nem preciso lhe perguntar para onde vai — Alberta murmurou baixo, pensando no que fazer para detê-lo.

— Como?

— Você não vai sair daqui, Gilberto — ela foi até a bolsa, que estava sobre o aparador, e tirou de dentro dela um envelope. Muito nervosa, ela lançou o pacote na direção do marido. Naquele momento, já não demonstrava o mesmo controle de antes.

Gilberto abriu o envelope com cuidado, sem a pressa que o rosto retorcido da mulher exigia.

— Você e sua amante.

— Então, você já sabia...

— Você não vai sair desta casa.

— Nós estamos apaixonados, Alberta. Sei que isso é doloroso para você, mas não sabe como fico aliviado em compartilhar...

— Está feliz em compartilhar comigo o seu amor? Você não pode viver essa aventura.

— O que você chama de aventura é para mim amor. Amor que não conheci ao seu lado.

— Se sair daqui, perderá tudo o que lhe dei.

— Casamos em regime de separação de bens, Alberta, mas não faço questão da casa. Ela é sua, eu...

— Ingrato! E o emprego? Você só está onde está, porque consegui com minha influência, meus amigos...

271

— Sim, e sempre lhe fui grato por isso. No entanto, me mantive na escola com minha competência.

— Ela é aluna da escola onde você leciona. Se esqueceu disso, Gilberto? Outra coisa! Sua mãe está desaparecida e, se voltar, irá direto para a cadeia.

— Como é que é?

— Minhas joias desapareceram junto com sua mãe. É claro que Deusa as pegou para sumir. Ela deve, inclusive, estar longe de Balneário.

— Você não seria capaz de um comportamento tão infantil! De me expor na escola como um sedutor de alunas e fazer minha mãe pagar por um crime que nós sabemos que ela não cometeu...

— É você quem está dizendo, meu bem. Eu ficaria ao seu lado, depondo a seu favor, caso o suposto envolvimento com sua aluna viesse à tona. Você é bonito, e as alunas são fantasiosas demais — abriu um sorriso, que deformou ainda mais seu rosto, e completou: — Jamais denunciaria minha sogra querida à polícia por furto de joias. Já uma estranha... eu não hesitaria em colocar na cadeia por um furto de pão.

— Seria capaz de uma perversidade dessas?

— Eu? Não, jamais! Você, com suas atitudes, e aquela mocinha da casa fantasma são os responsáveis por isso.

Confuso e tentando processar as informações ardilosas de Alberta, Gilberto deixou-se cair no sofá. Ele ficou observando Alberta saltitando pela sala, alegre como uma criança diante de um presente desejado. Os anos tornaram-na ainda mais feia, e era nítido que a velhice vinha se adiantando.

— Meu amor, levante-se! Que tal tomar um banho gostoso? O jantar logo será servido. Mandei preparar seu prato favorito. Talvez fique um pouco triste, porque me lembro de você dizer que Deusa o fazia tão bem... Acho, no entanto, que você vai aprovar a receita. Que falta faz minha sogra — disse isso e saiu cantarolando, como se nada tivesse acontecido.

Gilberto colocou a cabeça entre as mãos e sua voz saiu oprimida:

— E agora?

***

— Tia Marília, preciso ver Fabrício. Pode me ajudar com isso? — pediu Vitória no dia seguinte, logo depois de cumprimentá-la. Estava tão decidida, que já se aprontara para sair. Usava uma blusinha rosa e justa sobre o jeans desbotado, os cabelos presos no alto da cabeça, deixando alguns fios soltos, o que lhe conferia um ar mais maduro e confiante.

— Meu bem, sei que essa história abalou a todos. Rafaela, por exemplo, não sai do quarto de jeito nenhum. Fui vê-la ontem à noite. Raul e eu tentamos fazê-la sair um pouco, mas sem sucesso. Fui também conversar com Maria Andréia.

— Como ela está? Que pergunta a minha! Não deve ser nada fácil para uma mãe ver o filho sendo preso.

— Ela está bem triste, decepcionada. Não disse claramente, mas parece não acreditar na inocência do filho. Maria Andréia comentou algo sobre o desaparecimento dos documentos de Fabrício e que depois alguém deixou a carteira no *shopping*, nas mãos de Leandro. E ela estava suja de barro...

Vitória não se deixou influenciar pelos comentários de Marília. Pensara muito e queria ouvir dele o que estava acontecendo.

— Quero vê-lo.

— Não sei se é uma boa ideia, Vitória — Marília fez uma pausa. — Eu sei que vocês viveram uma história, antes de ele ficar noivo de Rafaela. Não fique brava com Elis... Ela deixou escapar essa informação enquanto conversávamos. Elis gosta muito de você e ficou revoltada com Fabrício por fazê-la sofrer.

— Eu jamais quis ficar entre ele e Rafaela. Aconteceu, tia.

— Eu sei, meu bem — disse Marília calma, aproximando-se da jovem e aconchegando-a em um abraço. — Não sei se ir à delegacia é uma boa ideia.

— O delegado é seu amigo. Não pode lhe negar esse favor.

— Então, você já pensou em tudo. Bem, está certo. Me dê um tempo para me arrumar.

— E Elis, tia? Tem notícias dela? Liguei, mas não atendeu.

— Falei com a tia dela. Elis está em estado de choque, exatamente como no dia em que tudo aconteceu.

— Ela deve estar confusa. Quando conversei com ela sobre o assunto, notei que ela não tem condições de contar quem foi. Ela diz não saber, que estava escuro, que foi tudo muito rápido. Não sei...

— Já volto para a gente ir à delegacia. Estou orgulhosa de você por sua decisão.

Já na delegacia, Vitória foi conduzida até uma sala acompanhada por uma policial. A jovem foi categórica ao dizer:

— Preciso ter essa conversa com ele, tia. Preciso ouvir o que Fabrício tem a dizer. E a sós.

Na sala pequena e iluminada por uma lâmpada presa no centro do teto, Vitória sentou-se diante de uma mesa em falso e ficou olhando as paredes sem visão para a rua. Minutos depois, a porta foi aberta, e Fabrício entrou na sala, fazendo o coração de Vitória bater acelerado.

— Vitória! — Fabrício disse acanhado, com um sorriso fraco, mas o primeiro que dera nas últimas horas que sucederam sua prisão.

— Sejam rápidos — falou a policial em um tom pouco amistoso, postando-se no umbral da porta como um cão de guarda.

— Precisava muito vir aqui, olhar nos seus olhos — disse Vitória, sentando-se de frente para Fabrício.

— Sou inocente, Vitória. Acredite em mim — seus olhos estavam rasos de lágrimas. — Soube que você saiu correndo, isso foi...

— Fiquei desnorteado. Fui acusado por algo que não fiz e estava tenso também, pois tinha acabado de discutir com Rafaela — parou de falar e contemplou o rosto de Vitória. — Obrigado por ter vindo.

— Foi você quem cometeu esses crimes?

— Não! — a resposta saiu em um grito, o que fez a policial olhar para ele. Fabrício respirou fundo e prosseguiu: — Sou inocente, ainda que todas as provas pareçam ir contra a isso. Minha mãe falou da carteira que foi encontrada com barro, dos documentos que a polícia encontrou no local...

— Eu também o vi no local. Lembra-se disso?

— Também acha que sou o culpado, Vitória? Desse jeito me faz sentir um monstro! Ninguém acredita em mim. É melhor ir embora, e prefiro que não volte...

— Eu acredito em você, seu bobo. Acredito, acredito, sim — a jovem falou isso e pousou as mãos sobre as dele.

Fabrício sentiu-se confiante e deixou que uma lágrima rolasse por seu rosto. As palavras de Vitória fizeram-no forte naquele momento.

— Tudo parece ir contra você, mas acredito na sua inocência e vou ajudá-lo a esclarecer essa situação — falou olhando nos olhos de Fabrício. — Não me pergunte como, mas agora, diante de você, tenho certeza disso.

— Meus pais virão aqui mais tarde com um advogado. Vou sair dessa. Obrigado — ele beijou as mãos da jovem. As vítimas também farão o reconhecimento, e é claro que não vão me reconhecer como culpado. Estou confiante disso.

— Acabou — anunciou a policial aproximando-se de Fabrício.

— Estou com você. Vamos sair dessa! — falou Vitória, sentindo-se triste por vê-lo se levantar e ser conduzido pela policial.

— Vitória? — chamou o rapaz antes de desaparecer pela porta. — Minha vida é ainda melhor com você por perto.

A jovem, esquecendo-se de onde estava, correu até ele e beijou-o levemente nos lábios. Depois, ele desapareceu pelo corredor, e Vitória tomou o caminho contrário, colocando seus óculos de lentes azuis no rosto.

***

— Você está refém dessa mulher, Gilberto? Como deixou sua vida nas mãos dela?

— Quando aceitei me casar com ela, em vez de ouvir meu coração, que, na ocasião, me pedia para ficar com você — concluiu Gilberto, depois de ouvir a opinião de Dorinha sobre a chantagem de Alberta.

— Éramos muito jovens. Talvez com a maturidade de hoje, agíssemos de forma diferente... Não sei.

— E eu teria convivido com meu filho.

Dorinha respirou fundo e sentiu naquele comentário a mágoa de Gilberto em relação ao segredo que lhe fora revelado. Não fora uma conversa fácil.

Gilberto chegou ao encontro pontualmente, como fora combinado. Ele mostrou-se surpreso com o convite, pois fazia anos que não tinham a oportunidade de ficarem sozinhos. Os encontros sempre aconteciam com plateia, o que os impedia de se aproximarem. Além disso, Dorinha, desde o rompimento da relação, fugia dele quando se encontravam.

— Meu filho?! Pedro é meu filho? Como... Como você escondeu isso de mim por todos esses anos?

De um lado, Dorinha explicava a Gilberto o que a fizera omitir a verdade; ele, por outro lado, mostrava-se magoado por não ter participado da vida do filho. Foi uma conversa densa, emotiva, pontuada por lembranças, lágrimas e risos.

— Você me privou da vida de Pedro, dos primeiros anos de vida. Do nascimento, dos primeiros passos, do primeiro sorriso, das palavras... De ouvi-lo me chamar de pai, Dorinha.

— Gilberto, coloque-se no meu lugar. No dia que fui lhe contar sobre a gravidez, você se adiantou e me disse que se casaria com Alberta.

— Tudo mudaria, tudo...

— Eu não queria que você ficasse comigo pelo nosso filho. Não! Queria ter a certeza do seu amor. Não o queria ao meu lado por dó, necessidade, responsabilidade, obrigação. Não! Queria seu amor, simplesmente.

— Eu a magoei muito também. Se soubesse como me arrependo...

— Você fez o que achou certo naquela ocasião. De nada adiantará se debruçar na janela para apreciar o que passou. Foque no que está por vir. É no agora que vivemos. É nele que fazemos as transformações necessárias.

— Lembro-me de uma vez em que vi Pedro na rua. Ele ainda era pequeno e estava correndo na calçada. Ele veio correndo na minha direção e abraçou minhas pernas. Eu me abaixei, e ele me abraçou.

— Tirei ele apressada dos seus braços e acho que nem cumprimentei você. Tive tanto medo de que reconhecesse algo seu nele... Ele tem muitas coisas suas.

— Eu tinha o direito de saber a verdade, Dorinha.

— Isso magoaria muito Taciano, que me acolheu em um momento delicado. Posso passar a tarde listando os defeitos dele, mas Taciano foi um bom pai para nosso filho até onde conseguiu ser. Ele passava noites em claro para cuidar de Pedro quando ele ficava doente e buscou nosso filho em lugares sombrios, quando o menino se envolveu com drogas. Ele sofria quando via traços seus em Pedro.

— Muitos chegaram a dizer que éramos parecidos, e eu brincava dizendo que éramos sósias, mas nunca, jamais pensei que fosse pai dele. Não tive filhos no casamento e estava certo de que Deus não me concederia a paternidade, por isso... E agora essa surpresa — concluiu emocionado.

Os dois ficaram em silêncio, imersos em seus pensamentos. Foi Dorinha quem interrompeu aquele momento, contando a Gilberto as dificuldades pelas quais passara com Pedro, o motivo da ausência do rapaz na cidade e que suspeitava que ele voltara a usar drogas.

— Vou salvar meu filho, claro! Meu filho! — abriu um sorriso, que fez Dorinha respirar aliviada. Ela chegara a pensar que Gilberto rejeitaria o filho, mas constatou que ele tinha bom coração.

Por alguns minutos, Dorinha imaginou também como teria sido sua vida ao lado do ex-namorado, e ele, como se tivesse ouvido os pensamentos dela, comentou:

— Passou-me pela minha cabeça como teria sido nossa vida juntos.

— Eu não saberia dizer... Bem, melhor pensar agora em seu filho, em Tamires — sugeriu Dorinha, vendo o sorriso voltar ao rosto de Gilberto.

— Teríamos sido muito felizes.

Dorinha sentiu um aperto no peito, o que a fez mudar de assunto.

— Venho notando que Pedro tem pegado mantimentos de casa, enchido a mochila e saído. Não sei para onde ele tem ido com essas coisas e com quem tem ido — as lágrimas, antes contidas, agora rolavam por seu rosto. — Temo que esteja fazendo algo errado.

— Vamos descobrir.

Depois de conversarem, decidiram pegar o carro e ir à Lagoinha em busca de Pedro. No trajeto, Dorinha ouvia Gilberto desabafar sobre seu casamento.

— Casamos e finalizamos nossos casamentos na mesma época. Como explicar isso?

Quando chegaram à Lagoinha, não tiveram dificuldade para encontrar Pedro. Viram o rapaz entrar em uma casa e sair apressado minutos depois com a mochila nas costas.

— Vamos lá. Descobriremos o que está acontecendo com nosso filho — falou Gilberto ligando o carro e acelerando pouco, para manter uma distância segura de Pedro. Não queriam que o rapaz percebesse que estava sendo seguido.

Em uma das ruas, viram Pedro entrar em um carro. Gilberto trocou um olhar com Dorinha e depois perguntou:

— Você conhece?

— Não. É triste falar isso, Gilberto, mas Pedro se tornou um desconhecido para mim. Moro com um desconhecido.

— Hoje, nós vamos desvendar esse mistério, Dorinha.

***

O retorno à chácara foi tranquilo. Vitória contou brevemente como fora seu encontro com Fabrício, enquanto Marília a ouvia orgulhosa, pensando em como a jovem era diferente de Rafaela. A filha dizia amar Fabrício, mas, na primeira dificuldade, se escondera debaixo da cama como uma criancinha com medo de trovões.

Marília estacionava o carro na chácara, quando viu Maria Andréia chegar logo atrás. A mulher elegante, bem-vestida, tinha o rosto abatido, preocupado, e era evidente que passara a noite em claro, temerosa do futuro do filho.

Depois de se cumprimentarem, Marília conduziu Maria Andréia aos banquinhos confortáveis que mantinha no meio do pomar. Gostava de passar as tardes ali, meditando, e também considerava o local cativante para receber os amigos em apuros.

Vitória cumprimentou Maria Andréia e deixou as duas mulheres sozinhas. Quando entrou na casa, telefonou para Elis, mas novamente a ligação caiu na caixa postal. Passando pelo corredor que levava a seu quarto, ouviu um barulho vindo do quarto de Marília, o que a fez recuar alguns passos. A porta estava entreaberta, e ela pôde ouvir um trecho da conversa de Rafaela ao telefone.

— Sim, claro, entendo. Preciso para hoje, sem falta — a jovem silenciou, e Vitória, que ouvia a tudo escondida atrás da porta, arriscou olhar e viu a menina anotar algo. — Tenho o dinheiro... Sim, vivo. Não é cheque. Sei que a clínica não aceita cheque. Estou de seis semanas, isso...

Vitória levou a mão à altura do peito e não acreditou que Rafaela estivesse pensando em fazer um aborto. A conversa que ouvira dava a entender que esse era o objetivo da jovem.

Em pânico, Vitória esperou Rafaela terminar a conversa e respirou fundo antes de entrar no quarto.

Quando abriu a porta, viu Rafaela, aflita, fechar a gaveta da cômoda de Marília e se virar abruptamente, mantendo uma das mãos escondida atrás das costas. Vitória logo percebeu que a jovem escondia algo.

— A pequena órfã não sabe que tem de bater na porta antes de entrar? Que susto! — falou isso e forçou um sorriso debochado.

— Está tudo bem? A tia falou que você estava trancada na casa do tio Raul, sem querer ver ninguém. Talvez precise conversar...

— Menina, se fosse conversar com alguém, certamente esse alguém não seria você — Rafaela fez uma pausa e passou por Vitória, encostando o ombro na outra, indiferente. — Deve estar feliz com tudo isso. Nem meu nem seu.

— Como?

— Não se faça de desentendida, Vitória. Deve estar festejando essa tragédia que se abateu sobre nossas vidas. Eu com casamento marcado, esperando um filho, e o noivo preso.

— Não me tire por você, Rafaela. Jamais ficaria feliz com a tristeza alheia. É sério, Se precisar conversar, de algo...

— Acha que eu... — Rafaela parou, como se uma ideia lhe surgisse naquele momento. — Preciso de dinheiro e sei que isso não é problema para você.

— Eu a ouvi falando ao telefone. Você falou em clínica, sobre sua gravidez... Você não está pensando...

— Intrometida! Além de tudo, fica ouvindo atrás das portas! Me faça um favor, Vitória! Me esqueça! — exigiu, brava.

Vitória impediu Rafaela de sair do quarto, pegando-a pelo braço. Com a ação de Vitória, a jovem acabou abrindo a mão e deixando a joia cair.

Vitória adiantou-se para apanhá-la no chão.

— Me devolva, por favor.

Rafaela recendia a álcool.

— O que pretende fazer com isso, Rafaela? Você não está pensando em fazer uma besteira, está?

— Vou fazer um aborto! — admitiu injuriada, já descontrolada, sob o efeito do álcool. — O que esperava que eu fosse fazer depois que tudo isso aconteceu?

— Não acredita na inocência dele?

— Se nem a mãe dele acredita — e começou a chorar, fazendo Vitória ficar penalizada. — Não vou ter um filho de um presidiário. Não vou! Viu como são as visitas? O que a gente tem de fazer para ter acesso ao presídio? Não quero isso para minha vida.

— É uma vida, Rafaela, não pode fazer isso...

— Vou poupar uma vida de sofrimento e vergonha. O que vou falar a essa criança sobre o pai? — mudou a voz, assumindo um tom irritante ao falar. — Olhe, filho, seu pai foi um estuprador e está na cadeia pagando por seus crimes. Se estiver vivo, poderá vir visitá-lo nos indultos dos dias das mães, nas festas de fim de ano.

— Ele pode ser inocente, Rafaela! E por amá-lo, você deveria acreditar nessa possibilidade...

— Você é muito bobinha e acredita nas pessoas. É uma pequena órfã, mas eu não sou. Vi o desespero dele, quando a polícia chegou. Fabrício saiu correndo, confirmando a culpa — começou a rir. — Se estivesse no meu lugar, como você contaria ao seu filho algo assim? — a voz irritante voltou. — Olhe, meu querido, papai está viajando, mas virá nos visitar com seu amor. Que nojo! Isso não combina comigo. É mais a sua cara destemperada. Eca!

— Não vou permitir que faça isso.

— Como não?! A vida é minha, as escolhas também — Rafaela disse isso e tomou a joia das mãos de Vitória. — Isso vai salvar minha vida de um mal maior.

— É seu filho! Não pode pensar assim! — concluiu Vitória, tomando de volta a joia sem dificuldade, pois Rafaela não tinha como medir forças com ela. — E você bebeu. Está grávida, se esqueceu disso?

— Como posso esquecer, se você não deixa? — falou, deixando o corpo cair pesado na cadeira próxima à cômoda e começando a chorar. — Estou cansada, muito cansada.

De fato, Rafaela estava cansada, tanto que se deixou conduzir até a cama por Vitória.

281

— Vou lhe preparar um chá. Já volto — Vitória teve o cuidado de trancar a porta ao sair.

Quando voltou, trazendo consigo uma bandeja com chá e alguns biscoitos, Vitória encontrou a cama desarrumada e vazia e a cortina balançando ao sabor do vento. Aproximou-se da janela e viu-a escancarada. Vitória, então, foi até a cômoda, onde repôs a joia de Marília, mas notou que outras faltavam. Teve a certeza de que Rafaela passara por lá antes de sair.

Capítulo 27

Lagoinha era um bairro afastado, que ficava na periferia de Balneário Califórnia. Um lugar esquecido, de ruas estreitas e sem pavimento, onde crianças corriam pelas ruas de pés descalços e entregues à sorte. Visitada apenas na época das eleições por políticos, Lagoinha seguia esquecida ao longo do ano.

As benfeitorias, em sua maioria, eram realizadas pelos próprios moradores do bairro, em mutirões, que contavam com a união das igrejas e de um centro espírita da região, que trabalhavam juntos em nome do amor para não deixar que a população do lugar morresse de fome e frio.

Gilberto estacionou o carro e, antes de descer, olhou para Dorinha, que estava assustada.

— O que Pedro está fazendo da vida dele, Gilberto? Deve ter alguma dívida com traficantes daqui. Por isso, tem essa obrigação de roubar de casa para...

— Vamos descobrir.

No bairro, havia movimentação de mulheres e crianças na rua, e os bares estavam tomados por homens desocupados. Gilberto tivera todo o cuidado para não ser descoberto no trajeto. De onde estava, viu Pedro descer do carro, sorridente, e cumprimentar três pessoas que estavam na calçada. Algumas crianças correram ao seu encontro, o que passou a

Gilberto e Dorinha a impressão de que o rapaz fosse popular no local.

Encorajada por Gilberto, Dorinha desceu do carro e seguiu o filho.

— O que fazem aqui?

— Eu que lhe pergunto, filho — falou calmamente Gilberto, tomado pela emoção de estar diante de Pedro pela primeira vez sabendo que o jovem era seu filho.

O rapaz ficou estático, ao receber o abraço de Gilberto. Depois, comovido, retribuiu ao sentir o carinho do pai. Dorinha não conteve a emoção.

— Na festa, pensei em contar — falou Pedro, depois de se desvencilhar do abraço do pai.

— Eu achei que você fosse falar algo sobre Tamires — Gilberto fez uma pausa, e seu rosto tomou outro semblante. — O que faz aqui, Pedro?

— Meu filho, não fique brava comigo. Você não me contou nada e estava sempre calado e distante... Tenho tanto medo do que possa estar fazendo aqui — e finalizou a frase baixinho, com receio de ofender os moradores. — O que está acontecendo?

— Estava esperando o momento certo, mãe. E acho que a vida está me mostrando que é hoje. Venha comigo.

Toda a conversa aconteceu na calçada de um muro pintado de azul claro, onde se via uma placa preta fixada perto da porta, mas que passara despercebida por Gilberto e Dorinha.

Pedro era conhecido no bairro por todos, que, receptivos e educados, distribuíam cumprimentos e sorrisos ao rapaz. Pedro, que andava entre seus pais, quase um passo a frente de ambos, conduziu-os por um corredor seguindo uma faixa azul desbotada. De repente, o rapaz parou diante de uma porta.

— Preparados?

Quando os dois confirmaram que estavam preparados, Pedro abriu a porta.

Dorinha deu um passo para trás, sentindo as pernas falsearem, e levou a mão à boca, sem acreditar no que seus olhos viam.

— Meu Deus! Não é possível! — falou Gilberto boquiaberto.

***

Paris, 1789.

Quando Luís XIV morreu, seu bisneto e sucessor, Luís XV, contava apenas cinco anos de idade. Por conta disso, Filipe, duque de Orleães, atuou como regente até 1723. Foi a época dos bailes de máscaras, que aconteciam três vezes por semana no Salle de L'Opéra e de escândalos financeiros, quando se tornou impossível ao sistema bancário nacional trocar dinheiro por ouro para os clientes, o que era usual na época. Ocasião em que Paris cresceu a Oeste, concentrando a aristocracia na região de Saint-Germain d'Antin, marcada por suas casas suntuosas, com seus pátios e jardins grandiosos.

Em 1774, aos 20 anos, Luís XVI, neto de Luís XV, subiu ao trono já casado com a arquiduquesa Maria Antonieta da Áustria, que, na ocasião do matrimônio, tinha 15 anos. O casal viveu no palácio de Versalhes até 1789.

Naquele ano de 1789, às vésperas da Revolução Francesa, aconteceu a Revolta de Réveillon. Jean-Baptiste Réveillon, um fabricante de papel de parede, fizera um discurso dizendo que, se os salários a serem pagos diminuíssem, o preço dos produtos diminuiria e acrescentou que o preço do pão deveria baixar para um valor que as pessoas pudessem pagar. O discurso de Réveillon foi mal interpretado como sendo simplesmente a favor das restrições salariais, desencadeando a revolta de empregados e desempregados, que resultou em cem mortos, mais de duzentos feridos e no incêndio da residência de Réveillon.

Gilberto foi um desses funcionários que saiu ferido gravemente da revolta e com a certeza de deixar Paris. Antes de sair da cidade, ele teve um grave desentendimento com Pedro, o dono da pensão onde morava. O proprietário, um homem sovina, não perdoava a falta de pagamento e provocou uma briga entre os dois. Durante o embate, Gilberto deixou o homem desacordado e partiu. Desempregado, sem norte, refugiou-se nas terras da família, bem afastadas da capital, um lugar longe do conforto e precário.

A lama e o esgoto eram uma coisa só no pavimento que levava à propriedade. Ele sabia que tinha muito a fazer e não desistiu. Na mesma ocasião, o irmão de Gilberto também voltara àquelas terras com a esposa por razões semelhantes, já que não tinham como viver e de onde tirar sustento.

O pai de Gilberto, viúvo, já com a saúde debilitada, não alcançou a chegada do filho e da nora e morreu na véspera.

A chegada do irmão e da cunhada de Gilberto foi comovente. O irmão revelou-se cansado, bem mais envelhecido em comparação ao último encontro que tiveram. E as impressões de Gilberto não estavam erradas. Ele perdeu o irmão exatamente dois meses depois do pai, ainda jovem, com trinta e oito anos, e sem herdeiros.

Assim, Gilberto viu-se diante da imensidão de terra para cuidar, ao lado de Deusa, sua cunhada, mulher vaidosa, que, sem saída, acompanhara o marido até aquele fim de mundo, como ela mesma frisava.

Sem nenhum vínculo afetivo e de sangue, Gilberto e Deusa viram-se, então, sozinhos naquelas terras de onde tirariam seu sustento.

Por sua beleza, Gilberto não passava despercebido, tanto que um de seus casos em Paris apareceu nas terras dizendo estar grávida dele. Dorinha era seu nome, uma moça bonita e muito à frente do seu tempo, que fora expulsa de casa pelo pai devido aos seus pensamentos modernos. Em Paris, na pensão de Pedro, a jovem aplicara alguns golpes nos hóspedes e no proprietário, menos em Gilberto, por quem se encantou.

Em meio às perdas, Gilberto ficou fascinado com a ideia de aumentar a família e tal situação também agradou à cunhada, que se sentia solitária naquelas terras. Um dia, no entanto, ao ouvir uma conversa do cunhado com a mulher, os sentimentos de Deusa começaram a mudar.

— Pedro morreu. O encontraram no chão do quarto que você ocupava, gravemente ferido. Disseram que foi um dos arruaceiros que vinham causando terror na cidade.

— Ele mereceu morrer. Era um sovina. Mexia nas minhas coisas, roubava minhas economias, minhas roupas. Não queria que eu saísse de lá sem pagar. Mas pagar com o quê?

— Você o matou, Gilberto?

— Sei lá. Nós brigamos, e eu saí de lá sem ver como ele estava. Teve o que mereceu.

Dorinha gargalhava e só parou para fazer uma sugestão:

— E essa sua cunhada? Até quando vai arrastá-la em suas costas? Você não tem obrigação de cuidar dela, só porque era mulher do seu irmão.

Pensativo, Gilberto concordou com Dorinha, que, dia após dia, alimentava com seu veneno a desunião dos cunhados.

— Essas terras podem ser só suas, então, por que deixar nas mãos dessa mulher que nem seu sangue tem? Melhor deixar para nosso filho, seu herdeiro.

Em outro momento, ambiciosa, dizia:

— Já viu como ela deixa tudo por sua conta?

— Sou homem, Dorinha. É normal que faça alguns trabalhos.

— E por que ela não contrata alguém para ajudar nas terras?

— É...

— Ela está fazendo você de bobo. Abra seu olho.

Dorinha já estava com a barriga à mostra, quando contratou os serviços de Taciano, um homem rude, que recebera uma quantia em dinheiro e parte em alimentos para dar fim em Deusa.

O rapaz, no entanto, acabou se envolvendo com Deusa, que, solícita, ofereceu comida, abrigo e sua cama, fazendo Taciano mudar de lado.

— Eu me sentia muito sozinha e correndo risco aqui nesta casa — falou para o cunhado com os olhos em Dorinha. — Espero que não se importe.

— Vamos dividir as terras. Acho conveniente que tenha seu espaço para viver com seu marido — havia na fala de Gilberto certa tristeza, em ver o lugar do irmão ocupado por um estranho.

Dorinha não gostou de ver Taciano, seu aliado, envolvido com Deusa e ainda levando metade de suas terras.

Quando Deusa conseguiu a confissão de Taciano de que fora contratado pela esposa do cunhado para matá-la, ela resolveu por um fim àquela situação. Sem se importar com o fato de Dorinha estar grávida, Deusa pegou a faca que o marido usava para abrir os animais e aproveitou o dia que o cunhado estava fora com Taciano e golpeou Dorinha.

— Você saiu do inferno para me provocar, peste?! Então, vai voltar para lá.

Depois de golpeá-la, Deusa saiu correndo para o local onde os dois homens estavam trabalhando e contou-lhes a seu modo que ouvira gritos e encontrara Dorinha desmaiada.

Gilberto, seguido por Taciano e Deusa, saíram correndo, porém, foi tarde demais.

— Deve ter sido alguém querendo roubar a casa. Tem acontecido muito nas redondezas.

E foi acreditando nisso que Gilberto seguiu meses sozinho até que recebeu a visita de Alberta, filha de Taciano. A bela moça, que estudava em Paris, fora morar com o pai e se encantou com Gilberto.

A jovem enamorou-se de um homem ainda muito ressentido, amargo, mas conseguiu, por fim, cativar seu coração. Ele usou-a para atacar Deusa, pois, intimamente, acreditava que a cunhada fora a causadora da morte da esposa. Não tinha como provar, mas sentia o contentamento dela como confissão.

Iniciou-se, então, uma guerra entre os dois por terras e poder. Taciano teve um infarto enquanto trabalhava e faleceu nos braços de Gilberto. Antes de morrer, no entanto, conseguiu ainda relevar que Dorinha o contratara para matar Deusa e suspeitava de que a mulher tivesse se vingado. Taciano pediu ainda para Gilberto cuidar de Alberta e morreu.

Por conta da revelação de Taciano, Deusa passou a ser ignorada por Gilberto e por Alberta, que não gostava da madrasta.

Deusa, aos poucos, foi tornando-se uma mulher fechada em sua vida, não tinha forças para cuidar das terras e via com inveja a prosperidade das terras do cunhado.

As provocações entre os dois eram muitas, e as brigas constantes. Em um dos embates, Deusa pegou um tacho com água fervendo e jogou-o no rosto de Alberta, deixando-o deformado. Ante o rosto devastado da moça, ela riu alto.

Deformada pelas queimaduras, Alberta ficou horrível e nunca mais permitiu que ninguém a visse, nem mesmo o marido. Um dia, ela pegou suas coisas e partiu para Paris sem avisar a ninguém, deixando Gilberto ainda mais triste e ressentido da cunhada. Alberta nunca mais deu notícias. Deformada, ela trancafiara-se em uma casa pequena nos arredores de Paris, mantendo os espelhos cobertos e jurando vingança a Deusa, o que não aconteceu.

Na primeira briga que Gilberto e Deusa tiveram após o ocorrido, ele golpeou-a com uma faca várias vezes, lembrando-se das pessoas que perdera por conta da cunhada.

Depois de matar Deusa, Gilberto enterrou-a em suas terras. Era um dia de chuva forte. Após jogar a última pá de terra sobre o corpo da cunhada, sentou-se e começou a rir sozinho, dono de tudo.

O véu do esquecimento é de grande importância para os seres humanos, pois não teríamos estrutura para lidar com os reencontros que tivemos e com a forma como eles aconteceram. Se hoje há pessoas ruins no mundo, presas a sentimentos pobres, antes era ainda mais comum que se atacassem por terras, ouro e riquezas, que pertencem apenas aos valores do mundo. Esses espíritos ficaram presos por anos e tiveram, depois de muito solicitar, o retorno para o reencontro, para amenizar seus sentimentos um com o outro e edificar seus espíritos. Para desenvolver sentimentos nobres como amar, doar, perdoar e, sobretudo, reconhecer o valor do amor.

***

Ao notar o quarto vazio, Vitória resolveu ir atrás de Rafaela. A moça apanhou sua bicicleta e resolveu não falar nada com Marília sobre o que tinha acontecido, temendo que isso trouxesse ainda mais preocupação à sua anfitriã.

— Vitória? — chamou Samuel, que estava na rua de acesso ao centro de Balneário.

A jovem estava tão preocupada que não o viu. Restou ao rapaz rir e comentar:

— Ainda vamos nos encontrar, menina — e sério completou: — E não vai tardar.

Já chegando à casa de Raul, Vitória viu Elis, mas um carro cruzou sua frente, impedindo-a de avançar em direção à amiga. Depois que o veículo passou, Vitória procurou a amiga e viu-a mais afastada e Raul por perto.

O sorriso de Vitória desapareceu, quando ela notou, mesmo distante, que o clima entre os dois não era dos melhores. A jovem viu Raul tentando tocá-la e Elis esquivando-se, dando passos para trás. Um ônibus atravessou na frente de Vitória, e, quando ela saiu do transe, notou que os perdera de vista.

Vitória pegou o celular e tentou ligar para Elis, mas sem sucesso. Restou-lhe, então, tentar encontrar Rafaela.

A jovem largou a bicicleta no quintal e não teve dificuldade para entrar na casa, pois a porta estava apenas encostada. Pouco depois, encontrou Rafaela deitada na cama.

— Não estou dormindo, pequena órfã. Você me atrapalhou.

— Vim ver se está bem, se não fez nenhuma bobagem.

— Ou você é contratada da dona Marília para me vigiar ou é meu anjo da guarda — Rafaela disparou a rir.

Desde quando chegara a Balneário, era a primeira vez que Vitória via Rafaela desarmada, ainda que mantendo o tom de deboche.

— Já estou indo. Só vim mesmo ver se você está bem.

— Estou bem — respondeu Rafaela vendo Vitória sair. — Espere — e completou: — Não fiz nada, não. Se chorar muito, vou deixar com você, viu?

As duas riram.

— Isso é da minha mãe — mostrou a joia. — Pode entregar a ela, deixar na cômoda?

— Claro — respondeu ao pegar a joia.

— Obrigada, Vitória.

Vitória saiu feliz da casa de Raul, sem saber o motivo. Talvez por ter cativado a confiança de Rafaela, mas não achava que isso fosse razão suficiente. Por fim, pegou a bicicleta e seguiu para a chácara.

Apesar de feliz, Vitória fez o trajeto angustiada, pensando na cena que vira antes de entrar na casa e encontrar com Rafaela. Não saía de sua cabeça a reação de Elis a Raul.

— Vitória, que bom que você chegou! — havia urgência na voz de Marília. — Estava ligando para você — ela parou de falar e viu a jovem checar o visor do aparelho. — Elis foi até a delegacia e reconheceu Fabrício como culpado.

— Como assim?! Ele é inocente, tia.

— Minha querida, parece que foi Fabrício mesmo... E o delegado, embora meu amigo, está querendo transferi-lo para...

Vitória já não conseguia ouvir mais nada. Sentiu o rosto quente, e o coração aos saltos.

Capítulo 28

Dorinha encontrou apoio na parede, onde se encostou. Ela piscou, para ver se não estava vendo uma miragem. Gilberto estava estático, parado ao umbral da porta, ansioso para avançar alguns passos, mas ainda estava contido pela emoção. Foi então que Pedro, feliz por aquela reunião, pegou o pai pelo braço e o conduziu até a cama.

Gilberto, mãos trêmulas, tirou o lençol que antes cobria o rosto parcialmente, e chorou alto, muito comovido.

— Mãe! Minha mãe querida! — dizia, enquanto distribuía beijos no rosto da mulher calada, com o sorriso fraco, mas também emocionada por reconhecer a felicidade do filho. — Não posso acreditar... Meu Deus, muito obrigado! Pedro, como isso aconteceu?

Pedro, que estava abraçado a Dorinha, não conseguiu falar, ainda sentindo todo o amor que parecia uni-los. Foi Deusa quem falou com a voz fraca, mas ainda divertida.

— Não foi dessa vez que ficou livre de mim. Me ajude a levantar. Quero me sentar e encostar. Ainda temos muito a conversar — parou de falar, e a respiração pareceu faltar-lhe. Gilberto e Pedro ajudaram-na a sentar-se.

Ao sentir o corpo frágil da mulher, Gilberto lamentou o estado da mãe, mas nada disse. Ele começou a estudar o rosto de Deusa e percebeu que, embora bem tratada, ela estava envelhecida, mais magra, com os fios de cabelos brancos expostos, revoltos e sem corte.

— Eu a encontrei na rua e a trouxe para cá. Ela estava desnorteada, dizendo coisas desconexas. Falava que Alberta estava segurando uma panela de água quente para jogar nela, como vingança por ela ter feito isso antes.

Gilberto olhou para a mãe achando tudo aquilo muito estranho, mas continuou ouvindo a história. Desta vez, era Deusa quem falava:

— Eu fiquei sem rumo, fora de mim, abandonada...

Pedro abraçou Deusa, demonstrando muito amor em seu gesto. Assistindo à cena, Dorinha emocionou-se e, naquele momento, não foi tomada por nenhum sentimento pequeno, como raiva, ódio ou tristeza, por Deusa ter impedido seu casamento com Gilberto. Não! Seu espírito estava desprendendo-se de tudo de ruim que pesava em seu coração e das lembranças tristes. Nada disso tinha relevância.

— O importante é que está bem agora — afirmou Dorinha.

— E muito feliz por ter vocês aqui comigo.

— Mãe... — falou Pedro tímido, rompendo o silêncio momentâneo. — A senhora deve estar muito curiosa para saber como cheguei aqui — Pedro notou o sorriso de Dorinha e depois, orgulhoso, revelou: — Eu trabalho como voluntário nesta casa de apoio. Quando a trouxe para cá, eles a acolheram. Eu nem fazia ideia de que estava trazendo nos braços minha avó.

— Meu filho! — Gilberto abraçou o rapaz, sentindo uma forte emoção. — Muito obrigado! Eu poderia colocá-lo de castigo! Aliás, vou pensar nisso, já que você sabia dos meus esforços para encontrá-la.

— Foi um pedido meu — esclareceu Deusa. — Não queria que soubesse até me recuperar. Precisava estar bem para aparecer.

— Dona Deusa, minha mãe! — Gilberto falou rindo, feliz.

— Agora entendo por que minhas coisas estavam sumindo. Fiquei tão preocupada, tão angustiada em pensar que pudesse... — Dorinha comentou.

— Isso é passado, mãe. Palavra. Garanto que estou limpo. Sempre que participo das palestras, friso que é possível se libertar do vício e que eu não desisti de tudo graças ao amor dos meus pais, da minha força de vontade e da fé em Jesus, que é meu exemplo — Pedro fez uma pausa e viu Dorinha tentando segurar as lágrimas.

— Por isso, os mantimentos estavam sumindo... Por que não me contou, filho? Eu teria prazer em ajudar, em fazer algo — falou Dorinha empolgada, olhando o quarto pequeno, mas arrumado e limpo.

— Teria, dona Dorinha? Toda ajuda é sempre bem-vinda quando parte do coração. Não devemos ajudar os outros por obrigação, para fazer bonito para a sociedade, por isso, é preciso fazer o bem sem olhar a quem — falou Pedro, fazendo os pais trocarem olhares e se encherem de orgulho.

— Depois que passei a frequentar este lugar, a participar das palestras e a deixar o amor tocar meu coração, minha vida mudou, meus pensamentos mudaram.

— Um menino de ouro. Nem em sonhos teria imaginado um neto tão perfeito. Em pensar que eu o rejeitei — Deusa lastimou.

— Você não sabia da existência dele, Deusa, portanto, não o rejeitou — argumentou Dorinha.

— Dorinha, aproxime-se, por favor — pediu Deusa sorrindo, mostrando-se a mulher amável que Gilberto não conhecia. Ao ver Dorinha mais de perto, falou sem rodeio. — Ainda é uma mulher bonita. O tempo foi generoso com você, Dorinha. Você fez um bom trabalho com meu neto — a mulher fez uma pausa e notou os três trocando olhares. — Pedro me contou e não sabe com que emoção recebi essa notícia. Devo-lhe um pedido de desculpas. Se eu tivesse olhado para você com os olhos do amor, teria visto o quanto faria bem ao meu filho... mas fui ambiciosa. Eu só enxergava o mundo com os olhos dos bens materiais. Como errei... Bem se diz que, quem não aprende por amor, aprende pela dor.

— Mãe, a senhora não tem culpa de nada. Foi uma escolha minha também. O nosso encontro deveria ser agora, assim, então, não poderíamos adiantar os fatos.

— Sem ressentimentos? — perguntou Deusa segurando a mão de Dorinha.

— Nossas vidas sempre se encontram por algum motivo. Para amar, perdoar, esquecer, e esse exercício edifica nossos espíritos. Acho que já nos vimos antes, em outras vidas — divertiu-se Dorinha, deixando as lágrimas rolarem por seu rosto.

— Sim, também tenho essa sensação. E que bom que nos reencontramos. Espero que desta vez, mesmo diante das diferenças, nós nos entendamos e que a felicidade esteja sempre conosco — tornou Deusa.

— Felicidade é uma capacidade de perceber e viver o presente da melhor forma, com tudo o que de bom a vida pode nos ofertar neste momento. Enquanto considerar que a felicidade está nas lembranças passadas ou depositar esperanças nas promessas do futuro, não sentirá a felicidade.

Gilberto aproximou-se, e os quatro ficaram bem próximos, rindo, livres, sentindo a presença do amor.

Os espíritos de Carina e Samuel estavam ali, assistindo a tudo em silêncio, emanando luz, amor e bons pensamentos para que o encontro seguisse no tom da reconciliação, do perdão e do desapego dos sentimentos pequenos, que carregaram nessa e em outras existências. Ao vê-los tão próximos, Samuel anunciou:

— Há alguém que precisa da gente agora.

— Preciso me preparar para isso — falou Carina séria, mas sem perder o semblante sereno.

Partiram logo depois com a sensação de dever cumprido.

O telefone de Dorinha tocou bem naquele momento. Era Paola.

— Oi, filha! — depois de ouvir o que Paola dissera, Dorinha tentou interromper a jovem, que parecia nervosa e não parava de falar. — Fique calma. Estou indo para casa. Onde você está agora? Sei, me espere!

Dorinha desligou o telefone e viu que Deusa, Pedro e Gilberto a olhavam preocupados. Tensa com a notícia, só conseguiu dizer:

— Aconteceu alguma coisa grave com Taciano. Paola ligou chorando.

***

— Transferir?! — questionou Vitória meio atordoada com a novidade que Marília, tensa, despejava com cuidado. Ela falava e repetia alguns trechos, talvez porque também não estivesse acreditando naquela versão de Elis. — Isso não vai ficar assim, não pode. Eu falei que o tiraria de lá...

— Vitória, me escute — pediu Marília, agora com a voz mais alterada. — Ele realmente parece ser o culpado. Todas as provas estão... — parou de falar, ao ver a jovem discando um número no celular. — Para quem está ligando?

— Para Elis. Ela nos deve uma explicação. Não acha? Por que escondeu isso da gente?

— Podemos conversar com ela depois. Ela certamente está muito triste e arrasada. Devemos respeitar o momento...

Vitória ignorou o que Marília dizia e saiu correndo. Ágil, a jovem apanhou a bicicleta e partiu deixando a porteira aberta. Marília bem que tentou demovê-la, mas Vitória era muito obstinada.

Minutos depois, a jovem passou pela praça e olhou à sua volta. Depois, pegou a estrada rumo à casa de Elis.

Chegando lá, não teve a recepção desejada. Encontrou somente uma das tias de Elis, que foi seca, tratando-a sem a cordialidade de quando a conhecera.

— Elis está cansada, não pode falar. Outra hora...

Vitória não se intimidou. A jovem abriu o portão baixinho, capaz de ser transpassado sem dificuldade, e passou pela tia de Elis.

— Elis, preciso falar com você! — Vitória disse entrando na casa apressada, sendo seguida pela tia de Elis, que, aflita, tentava impedir a jovem de avançar.

Sem dificuldade, Vitória colocou-se na frente do quarto de Elis e deu duas batidas leves na porta. — Preciso falar com você, Elis.

— Menina, você é muito mal-educada. Como invade assim a casa dos outros?! Não entende...

Vitória virou-se para a tia de Elis e, depois de lhe lançar um olhar de poucos amigos, disparou:

— Sou muito educada e exatamente por esse motivo não vou falar o que pensei agora — Vitória disse isso e rodou a maçaneta para acessar o quarto de Elis. Ao entrar no cômodo, ficou paralisada ao ver a amiga sentada na cama, com o corpo encolhido, em choque, como no dia seguinte ao ataque.

— Vitória, não é um bom momento...

— Ouviu, menina? É melhor você ir embora — sugeriu a tia de Elis.

— Tem um inocente preso, que vai ser transferido para o presídio — ignorando a mulher, que se postara entre ela e a sobrinha, Vitória parou de repente e respirou fundo para se acalmar. — Bem, vou poupá-la dos detalhes, pois você deve saber melhor que eu o que a fez fazer isso. Pode me contar?

— Não tenho nada para lhe contar, Vitória. Ele a trocou pela Rafaela, e você ainda o considera digno do seu amor e de sua proteção. Acha mesmo que ele é digno de tudo o que está fazendo? De ficar preocupada com ele, enquanto... Vitória, foi ele!

— Não estou convencida disso, Elis.

— Você está querendo que a sua verdade prevaleça, mas o mundo é assim...

— Fabrício me disse que era inocente e que saiu correndo porque ficou assustado. Ele havia brigado com Rafaela e estava nervoso. Ele disse a verdade, eu senti.

— Como também disse que a amava no dia do seu aniversário, quando a levou para a serra? Quando a pediu em namoro e a beijou e no dia seguinte ficou noivo de Rafaela? Você também acreditou nele, Vitória.

— Você está escondendo algo... — insistiu Vitória, sem se importar com as verdades expostas por Elis.

— Melhor você ir embora... Pela nossa amizade.

— Ouviu o que ela disse, Vitória? Venha. Me acompanhe, por favor.

— Você está protegendo alguém — Vitória falou com tanta certeza do que dizia que fez o corpo de Elis tremer.

— Você está fantasiando, isso sim. Foi Fabrício, foi ele. Lembro-me de tudo perfeitamente, de como foi, e de tudo o que ele me falou ao pé do ouvido — saiu em um grito, enquanto abraçava o corpo com o olhar perdido.

— Mentira — disse Vitória calmamente. — Sei disso, porque você não olhou nos meus olhos para falar esse texto decorado. O mesmo texto que você falou na delegacia para incriminar Fabrício.

— Quer saber? Acredite no que você quiser. Não vou ficar tentando convencer uma teimosa recalcada, que não aceita as coisas como são. Você foi trocada por um cara mentiroso. Esse "bom moço" que você tanto defende é um cara violento, repugnante... — Elis soltou as últimas palavras com revolta, nojo.

— Agora sim! Isso que você acabou de dizer se refere à pessoa que fez isso com você. Foi tio Raul, não foi?

— Menina, você está passando dos limites! — falou a tia de Elis, pegando no braço de Vitória e arrastando-a para fora.

Vitória esquivou-se e voltou para mais perto de Elis. Ela pegou no braço da amiga e falou rápido.

— Eu vi vocês brigando na praça. Ele tentou pegar seu braço, e você recuou. Eu estava distante, mas vi que estavam brigando... Eu vi! Tio Raul é a pessoa que você está protegendo? Por quê? Tem algum acordo? Por que Fabrício aceitou acobertar essa mentira?

— Vou chamar o vizinho para tirar essa garota petulante daqui, Elis — falou a tia da jovem.

— Não! — gritou Elis já cansada, mas também disposta a contar a verdade. — Briguei com o Raul sim. E foi por sua causa — Elis parou e viu que Vitória estava atenta e que a tia estava angustiada, temerosa. Prosseguiu: — Quando ele chegou em casa, me viu discutindo com Rafaela. Ela tinha chegado brava, porque aparentemente havia discutido com você na chácara. Rafaela disse que você sempre estava no caminho dela, atrapalhando. Eu disse várias verdades para aquela louca. Falei o quanto você era justa, amiga, carinhosa, delicada... Uma pessoa que briga pelas pessoas de que gosta — nesse momento, Elis deteve-se, como se suas palavras a fizessem pensar no que ela vinha fazendo.

— Acho que já chega. Veja o estado da minha sobrinha, garota!

— Raul chegou bem nessa hora — prosseguiu Elis com lágrimas nos olhos. — Quando Rafaela, sem argumentos, partiu para cima de mim, dizendo desaforos, eu só me defendi. Jamais bateria em alguém, ainda mais em alguém que está grávida.

— Acredito em você. Obrigada. E você está certa mesmo. Eu brigo por quem gosto, do contrário não concordaria com o título de amiga.

Vitória já estava virando as costas, quando Elis a chamou.

— Entre, Vitória, e feche a porta.

— Elis, não! Minha filha, você sabe... — falou a tia em um tom nervoso, áspero.

— Tia, quero ficar a sós com Vitória. Nos deixe, por favor.

A mulher, contrariada, vendo que não conseguiria impedir aquela conversa, saiu e deixou a porta entreaberta, para tentar ouvir as duas jovens conversando. A mulher ouviu Vitória exaltada com a revelação, o que fez seu coração acelerar. Ouviu também Elis chorando, contando os detalhes do que havia acontecido.

— Não posso acreditar nisso... — murmurou a tia de Elis atrás da porta, com as mãos trêmulas. A mulher discou um número no celular e, enquanto aguardava, viu Vitória passar por ela ainda mais apressada do que quando chegara.

Quando finalmente a pessoa do outro lado da linha atendeu à ligação, ela disse:

— Desculpe-me ligar para você. Sim... é importante, por isso liguei. Vitória esteve aqui... Sim, já sabe. Ela pressionou minha sobrinha. Não consegui, não. Eu bem que tentei, mas...

A ligação ficou muda.

Capítulo 29

Vitória não saberia explicar como conseguira chegar tão rápido ao centro de Balneário. A jovem ainda processava com dificuldade a verdade sobre o que acontecera à amiga. Sentia-se angustiada, sem compreender o que levava uma pessoa àquela brutalidade, àquela manipulação.

A jovem estava disposta a ir até a delegacia e ligar para Marília. Antes, no entanto, pegou o celular para consultar a hora e viu ligações perdidas de Paola.

Vitória rapidamente ligou para a amiga e logo ouviu a voz abafada e chorosa de Paola.

— Vitória, meu pai... — a menina soluçava ao falar. — Ele está no hospital. Passou mal no *shopping* e o levaram para lá. Já liguei para minha mãe, e ela está a caminho. Estou tão nervosa... Estou no hospital, mas ainda sem informações.

— Calma — Vitória pensou em contar o que descobrira, mas não tinha clima para isso. — Estou no centro de Balneário. Vou resolver um negócio aqui e já vou praí. Fé em Deus, minha amiga. Não vai acontecer nada com seu pai — disse mais algumas palavras para confortar Paola, enquanto caminhava pela calçada.

Ainda ao telefone, Vitória viu Tamires do outro lado da praça e acenou para a moça.

— Você parece nervosa. O que está acontecendo? — Paola perguntou.

— Descobri algo terrível. Soube que Fabrício confessou o crime e que Elis o reconheceu como culpado. Estou voltando da casa dela e...

Nesse exato momento, Tamires gritou do outro lado da calçada:

— Vitória, o carro! Cuidado!

Tudo aconteceu muito rápido. Vitória apenas teve tempo de ver Tamires correndo em sua direção, e o carro preto, com vidros fechados e escuros, subir na calçada e atingir seu corpo. Como em uma câmera lenta, a jovem deslizou pelo vidro do carro e caiu desajeitada na calçada.

O carro seguiu seu caminho, ignorado, sem ser identificado. Acompanhada de outros pedestres, Tamires pediu socorro. Vitória caída na calçada, com o celular preso em uma das mãos, desacordada.

***

Duas semanas depois...

O cheiro do hospital deixou Pedro triste, pois o remetia a ocasiões em que ficara internado sob o efeito de drogas. O rapaz respirou fundo e preferiu esquecer aquela triste experiência. Orientado pela faixa azul desbotada, seguiu pelo corredor largo, sentindo o coração acelerado a cada passo. Estava tenso, pois, desde que Taciano fora internado vítima de um AVC, só tivera notícias do padrasto por meio de Paola e Dorinha. Agora, encorajado por Gilberto, decidiu seguir seu coração. Era o último dia de Taciano no hospital.

O jovem parou diante da porta indicada. Pensou em não entrar, mas não costumava voltar atrás em suas decisões. Vinha revelando-se um jovem firme e confiante, e aquela situação era mais uma prova a ser cumprida.

Pedro abriu a porta depois de duas batidas leves. Entrou e, antes de fechar a porta, falou sorrindo:

— Por favor, estou procurando o senhor Taciano Alcântara. Ah! Acho que o encontrei! — brincou, depois de fechar a porta e avançar dois passos em direção à cadeira onde Taciano estava sentado, pronto para ir embora. A imagem do padrasto sentado, com um dos lados paralisados, a mão curvada sobre a barriga, sem fala, tentando expressar-se com os lábios cerrados deixou-o triste, chocado, mas ele soube disfarçar. — Meu sobrenome também é Alcântara, sabia? — fez uma pausa e prosseguiu com um nó na garganta ao dizer: — Alcântara como meu pai. Taciano Alcântara!

Ao ouvir essas palavras, Taciano ficou emocionado e deixou que uma lágrima lhe escapasse dos olhos.

— Ei, o que é isso? — falou Pedro aproximando-se do padrasto e, com o dedo polegar, enxugou a lágrima do rosto de Taciano. — Homem não chora, lembra-se disso? Você sempre me disse isso. Lembro-me, como hoje, de você me ensinando a andar de bicicleta no campo de terra. Eu caía e chorava, e você me colocava de pé, passando a mão em meu joelho para tirar o barro. Depois, me colocava sobre a bicicleta dizendo que homem não chora — Pedro respirou fundo, tentando segurar a emoção e viu Taciano franzir os olhos, segurando também as lágrimas.   Você, então, segurava o guidão e apoiava minhas costas, me dando confiança. Em um desses dias, você tirou a mão do guidão e de minhas costas, e eu consegui pedalar sozinho, esquecendo-me da dor no joelho, sorrindo feliz por vê-lo feliz...

Taciano não aguentou mais e começou a chorar. Pedro abraçou-o e lamentou o fato de o padrasto só conseguir abraçá-lo com apenas um dos braços. O abraço, no entanto, foi tão forte e foi tão confortante sentir a mãos espalmadas de Taciano em suas costas, dando-lhe confiança, que Pedro falou ao ouvido de Taciano:

— Eu te amo, pai.

Taciano chorou alto, sem vergonha de que as lágrimas lhe escorressem pelo rosto.

Quando Pedro o soltou, passou as costas das mãos pelos olhos para secar as lágrimas, e viu que o padrasto também estava emocionado.

— Sou o homem mais feliz do mundo por ter dois pais. Agora vamos! Suponho que esteja cansado de ficar aqui — Pedro viu Taciano balançar a cabeça em concordância.

Já no corredor, um enfermeiro experiente conduziu-os até a ambulância, onde Dorinha e Paola o esperavam.

— Fico feliz que tenha vindo, mãe — comentou Paola, ao ver o pai chegando na cadeira de rodas.

— Ele precisa saber que não está sozinho — Dorinha limitou-se a dizer isso, mas só fora até lá porque a nova esposa de Taciano estava no trabalho e não pôde se ausentar por conta dos acontecimentos. A secretária do dono do *shopping* não estava tendo folgas nos últimos dias.

Vendo a união da família, o enfermeiro permitiu que os três acompanhassem Taciano na ambulância.

Taciano ficou feliz ao ver os cuidados dos filhos em acomodá-lo da melhor forma na maca. Dorinha assistia tudo orgulhosa do carinho dos filhos. Dorinha se expressou com Taciano através de olhar, alguns gestos.

Foi Dorinha quem deu o novo endereço de Taciano, sentindo a decepção de Paola, que tinha esperança de que os pais se reconciliassem.

Quando desceram da ambulância, Taciano fez um gesto e pediu papel e caneta. Dorinha pegou os objetos na bolsa e entregou-lhes. Com dificuldade, ele escreveu com uma letra trêmula:

Você me deu filhos maravilhosos. Obrigado.

Dorinha ficou emocionada ao ler a mensagem e abaixou-se à altura da cadeira de rodas.

— Sou muito grata a você por tudo o que fez por mim — ela viu Taciano baixar a cabeça, e Dorinha imediatamente a ergueu para dizer sorrindo: — Desejo o seu melhor — depois, bateu no ombro do ex-marido e deu dois passos para trás.

— Mãe, vou deixá-lo lá dentro e volto em seguida para acompanhá-la até em casa.

— Não se preocupe, filho. Fique com ele. Vou andando daqui.

— Está tudo bem? — perguntou Pedro com cuidado, ao ver Paola se distanciar com Taciano.

— Sim. Estou ótima, em paz. Estou até pensando em considerar o convite de sua tia para passar alguns dias no Rio de Janeiro.

— Faz muito bem, mãe. Demos muito trabalho à senhora. Precisa descansar.

Os dois riram.

— Minha vida só tem sentido por tê-los nos meus dias.

Pedro abraçou a mãe.

— Estou tão abalada ainda com o que aconteceu com Vitória. Paola ainda está muito triste. Estavam falando ao celular, quando ela foi atropelada. Está se fazendo de forte, porque não quer nos preocupar, mas sempre a ouço chorando. Marília está péssima. Vou visitá-la. Finalmente conseguiram pegar o foragido — comentou com tom de repugnância. — Sabe que ainda não consigo acreditar que ele foi capaz disso. Você soube mais alguma novidade?

***

Alberta pensou que as fotos e as ameaças seriam suficientes para interromper o romance entre Gilberto com Tamires. Ela, no entanto, equivocara-se. A mulher percebeu que, do dia para noite, o marido ficara ainda mais forte e confiante. Ele não falava mais em Deusa, mas deixava claro que o casamento com Alberta caminhava para o fim.

Gilberto adiantou-se e contou para amigos e para o diretor da escola que estava separando-se de Alberta. Frisou ainda que eles já estavam separados há anos e que agora apenas entraria com o divórcio. Decidiu também revelar que se envolvera com Tamires.

— Parabéns! Formam um lindo casal. Agora, sim, Gilberto! — foi um dos comentários de apoio que ouviu.

Durante as conversas que tivera com amigos, Gilberto foi descobrindo o quanto Alberta era inconveniente, indesejada e aceita apenas por causa dele.

Quando foi conversar com o diretor da escola, no entanto, o diálogo não foi tão tranquilo.

— Uma aluna, Gilberto?! Sabe o que isso implica? Eu não posso mantê-lo na escola — comentou o diretor da escola. — Imagine o que os outros pais vão dizer. Não vão confiar em deixar seus filhos aqui!

— Por isso, estou me desligando da escola. Peço-lhe apenas uma recomendação para recomeçar em outro lugar.

— Você vai mudar toda a sua vida por causa de uma aluna?

— Tamires acabou de fazer aniversário e agora é oficialmente maior de idade. Não sou um sedutor de alunas. Durante todos esses anos, nunca me envolvi com alunas. As coisas entre nós simplesmente aconteceram, e estou feliz com isso. Tudo isso me encorajou a lutar pelo que quero na vida, pois já deixei muitas decisões importantes nas mãos dos outros e não fui feliz fazendo a vontade alheia. E não é uma aluna quem está fazendo isso, é o amor que nos une.

O diretor, um homem conservador, disse apenas:

— Voltaremos a conversar. Se é só isso...

Gilberto já estava de pé, quando o diretor disse:

— Oficialize sua separação o mais rápido possível e evite se expor com Tamires por enquanto. Não quero perdê-lo.

Gilberto abriu um sorriso ao dizer:

— Muito obrigado. Eu também não gostaria de perder o que conquistei aqui.

Decidido, Gilberto entrou em contato com um advogado e seguiu as orientações. Sabia da resistência de Alberta, por isso entrou com o processo litigioso.

Quando fez suas malas, ouviu de Alberta:

— Se sua mãe voltar, eu a levarei para a cadeia. Sabe disso, não sabe?

— Terá que provar isso, Alberta. Se levantar algum falso contra minha mãe, saiba que irei processá-la — ele apanhou as malas e mochilas e completou: — Amor não se compra, Alberta, se conquista.

— Você vai voltar! — se desesperou Alberta.

— Não, não vou. E se encontrar alguma coisa minha, por favor, jogue fora — falou isso e saiu sem olhar para trás.

Desde esse dia, Alberta começou a faltar na escola e, para não perder o emprego, que tentava manter para ficar perto de Gilberto, conseguiu uma licença. Passava o dia em casa, de pijamas, e, quando olhava no espelho, começou a ver a imagem de uma mulher triste, amarga e feia. Alberta começou a quebrar os espelhos, contudo, quando se acalmava, mandava repor os objetos que quebrava e cobri-los com panos.

— Coloquem dois lugares na mesa. Mamãe virá almoçar comigo.

Quando ouviam Alberta dizer isso, as empregadas se benziam e começaram a espalhar pela cidade que a mulher enlouquecera de vez.

Certo dia, quando estava sozinha, Alberta recebeu a visita de Deusa. A mulher ficou pasma, certa de que estava diante de um fantasma.

— Vim me desculpar com você.

— Saia daqui. Não acredito em espíritos! — falou com uma faca em uma das mãos.

Vendo que Alberta estava desorientada, Deusa afastou-se e foi embora.

A partir desse dia, Alberta começou a acender velas pela casa, dizendo que se tratava de uma orientação de sua mãe.

— Quando os espíritos aparecem é porque estão precisando de luz. Luz! Minha mãe falava isso — comentou com as empregadas, tendo alcançado o ápice da loucura.

307

Em outros momentos, parecendo estar bem, falava calma e orientava as empregadas sobre o cardápio do dia. Depois, quando era servida, gritava:

— Que porcaria é essa?!

— O que a senhora pediu para fazer.

— Jamais! Chega! É a gota d'água! Você está despedida — gritava e jogava o prato contra a parede.

Depois, na sala, como se nada tivesse acontecido, chamava a empregada:

— Um copo de água com gás, por favor.

A empregada, confusa, dependendo daquele salário, saía correndo para atendê-la. Quando voltava, encontrava Alberta lendo o jornal e, com o cenho cerrado, ela perguntava:

— Pra quê essa água? Já sei. É para mamãe, não é? Deixe o copo sobre a mesa, por favor — voltava a ler o jornal e, vendo que a empregada ainda estava na sala, gritou: — Ainda aqui?! Suma da minha frente!

Alberta voltou a atenção para o jornal e, na primeira página, deparou-se com a manchete:

Encontrado o foragido do caso Vitória Lancaster. Pelo que tudo indica, era colecionador de crimes...

***

Vitória estava em coma induzido desde o dia do atropelamento e permanecia na Unidade de Terapia Intensiva do hospital, sendo assistida por médicos, parentes e amigos. Todos se revezavam em turnos no corredor para orações. Juntos, esqueciam-se das diferenças e focavam apenas na recuperação da jovem. Para vê-la, o médico liberou uma visita de dez minutos para cada um no período de uma hora.

Elis consultou o relógio. Precisava sair para ceder o lugar para Fabrício, que aguardava ansioso do lado de fora para visitar Vitória. Antes de sair do quarto, Elis arrumou os cabelos da amiga, beijou sua face e saiu. A caminho da porta, refletiu sobre as últimas semanas, lembrando-se precisamente do dia em que recebera a visita de Vitória.

— Eu estava sufocada, tia! Tinha que falar, contar a verdade! — olhou para a tia enfurecida. — Ligou para ele, não foi? Se alguma coisa acontecer à minha amiga, vou responsabilizá-la por isso.

Triste com a recordação da briga que tivera com a tia, Elis abriu a porta. Fabrício estava no corredor, ansioso demais para esperar sentado. Quando viu Elis, o rapaz caminhou rapidamente em direção à moça. Cumprimentaram-se com um abraço.

— Como ela está?

— Do mesmo jeito. Os médicos não estão esperançosos. Agora vá lá. São dez minutos apenas.

O rapaz esboçou um sorriso e foi para o quarto. Lá, ficou conversando com a jovem, recordando os encontros que tiveram e reforçando o quanto a amava.

— Precisa melhorar! Poxa! Você já descansou muito! — depois, rindo, emocionado, acariciava o rosto de Vitória.

Fabrício apanhou no bolso fones de ouvido e encaixou-os no ouvido de Vitória. — Lembra-se dessa música? Aprendi a gostar dela com você.

Depois de tirar os fones e guardá-los no bolso, o rapaz recordou-se da última conversa que tivera com o médico:

— Já estamos fazendo tudo o que é possível. Agora é com ela. Ela pode acordar a qualquer momento... ou não. Se Vitória acordar, pode ter sequelas... — vendo o desespero do jovem apaixonado, o médico complementou: — Ela pode não voltar a andar...

Estava chorando, pedindo a Deus para libertá-la daquele sofrimento, quando percebeu que os aparelhos estavam dando um sinal diferente do habitual. De repente, o rapaz pareceu ver Vitória se agitar. Apressado, ele abriu a porta e chamou por enfermeiros. Desesperado, voltou para o quarto e acionou o sinal que chamava a enfermaria. Dois enfermeiros apareceram e se debruçaram sobre Vitória.

— O que está acontecendo? Por favor...

— É melhor sair daqui — pediu um dos enfermeiros. Vendo que Fabrício estava resistente a sair, o enfermeiro conduziu o rapaz até a porta e, antes de fechá-la, disse: — Se sabe rezar, rapaz, então comece.

Paola chegou naquele momento e saiu correndo em direção a Fabrício. Os dois se abraçaram.

— Paola, estou com medo de perdê-la.

***

— Já soube da novidade sobre o caso da pequena órfã, pai? — perguntou Rafaela debochada, com o jornal nas mãos.

— Já lhe pedi para não chamar Vitória dessa forma — fez uma pausa e continuou: — Não se fala de outra coisa em Balneário. Ele não conseguiu ir muito longe. Pegaram-no rápido. Custo a acreditar que ele foi capaz de fazer essas barbaridades.

— Puxa, estava até simpatizando com ele pelo favor que estava fazendo em tirar a pequena órfã do meu caminho.

— Não repita isso nem de brincadeira, Rafaela! Está me ouvindo? — Raul repreendeu a filha, apertando os braços da garota.

— Calma, só estou brincando — defendeu-se ao se esquivar do pai. — Não pode nem brincar.

— Você bebeu de novo? Claro! Estou sentindo daqui. E sei o motivo disso tudo: a rejeição de Fabrício. Antes de ele sair inocente da cadeia, você o ignorou, rejeitou. Rafaela, depois de tudo isso, você queria ser recebida com flores por ele? Agora, se refugia na bebida, como se isso fosse protegê-la e a ajudá-la a esquecer de que a vida está passando.

— Não sei de onde tira isso. Você é careta como Vitória — Rafaela prosseguiu rindo.

— Você está se matando, se afogando no álcool, menina — lamentou Raul. Com seus alunos, ele era enérgico, mas não conseguia sê-lo com Rafaela.

— Se arrepende do que fez? — Rafaela fez uma pausa e depois repetiu a pergunta, ansiosa pela reposta. — Não entendo o que levou vocês...

— Não fale besteira. Nem sei do que está falando.

— Sabe sim do que estou falando.

— Foi uma decisão, uma escolha.

— E fez a escolha errada, não foi?

— Não sei por que isso a revoltou tanto. Nada afetou sua vida.

— Afetou sim e muito! Você não sabe como me senti, como fiquei com isso — começou a chorar e, ao tentar levantar-se, desequilibrou-se. Raul amparou-a, e ela abraçou-o chorando.

— Minha filha, nós a amamos muito. Sua mãe e eu queremos seu bem. Não se esqueça disso.

— Pretende levar essa farsa até quando, pai?

Raul apertou a filha ainda mais forte em seus braços.

Capítulo 30

Vitória sentiu o perispírito flutuar e se distanciar do corpo físico. No caso dela, o coma lhe deu a oportunidade de, fora da matéria, em outro estado de consciência, ter condições de fazer escolhas melhores. Vitória vinha passando por perdas de pessoas queridas e, com os acontecimentos, vinha se sentindo só, sem força. O atropelamento aconteceu para despertá-la, para que ela percebesse sua força, mostrando que a vida não pune ninguém, mas educa.

— Vitória, é sempre bom revê-la — cumprimentou Samuel. — Você é muito corajosa, menina.

— Eu estava certa. E quando acredito que estou certa, só me convenço do contrário se alguém me provar. Fiquei em choque quando soube a verdade. Como o próprio pai pôde fazer isso contra o filho?

— Leandro Bonelli é responsável por outros crimes. Ele fez a mesma coisa comigo.

— Ele o atropelou?

O rapaz riu e depois contou:

— Eu não senti nada, mas perdi a vida ali, no impacto. Descobri tudo e, quando fui conversar com Leandro, ele ameaçou tirar meu patrocínio. Assim como você, fui adiante e não aceitei o dinheiro que ele me ofereceu para comprar meu silêncio... Ainda que o dinheiro pudesse adiantar meu casamento com Elis — os olhos de Samuel encheram-se de lágrimas.

— Ele atacou Elis e depois conseguiu comprar o silêncio da família dela. Leandro ameaçou tirar o emprego da tia de Elis e a casa. Crápula! Achava que podia dominar todo mundo e se livrar dos crimes.

— Ele é frio. Ia deixar o filho ser punido por um crime que ele cometeu. Esse homem não tem amor a ninguém. Está preso agora, mas já deveria estar atrás das grades há muito tempo.

— Como os documentos do Fabrício pararam no local? As provas indicavam...

— Na noite em que Fabrício sentiu falta dos documentos, Leandro havia pegado a jaqueta do filho. Ele mentiu para a esposa. Foi nessa mesma noite que ele atacou Elis. Não contava que alguém aparecesse por ali, mas foi surpreendido por você chegando de carro. Desesperado, ele saiu correndo e não notou que a carteira do filho havia caído na cena do crime. Depois que ele atropelou você, Elis formalizou a denúncia e saiu de casa. Ele tentou fugir, mas já foi capturado. Ele está preso e responderá pelos crimes que cometeu. Foi transferido...

— Agora você poderá partir? — Vitória interrompeu-o com a pergunta.

— Sim, e aliviado. E graças a você e à sua coragem. Quando me questionou sobre o que me prendia aqui, além da obsessão de minha irmã, falei da justiça dos homens. Com a prisão de Leandro, me sinto livre para partir — vendo Vitória emocionada, Samuel decidiu mudar de assunto. — Tem alguém esperando para vê-la. Alguém muito especial para mim. Ela foi minha mentora e me fez enxergar que o espírito continua vivo e que posso ser útil.

Carina apareceu sorridente, usando um vestido azul-claro leve e os cabelos presos, deixando à mostra seu rosto bonito e jovial.

As duas abraçaram-se emocionadas.

— Você tem me orgulhado muito. Sabia que era uma jovem especial e o quanto poderia contribuir com os dons que recebeu. Lembre-se, no entanto, que isso não a faz diferente de ninguém. Todos nós temos sensibilidade, mas apenas alguns conseguem desenvolvê-la melhor.

— E o papai, como está?

— Bem, muito bem. Ele não sentiu nada com a queda do avião. Seu espírito foi acolhido momentos antes. Hoje, está em sono profundo, se recuperando. Estarei lá quando ele acordar, e isso acontecerá em breve.

— Não quero ir embora. Quero ficar aqui.

A decisão de Vitória fez Carina trocar olhares com Samuel.

— Vitória, há muita gente esperando por você. Precisa reagir, aceitar o amor e a oração que estão lhe dando e retribuir com...

— Já resolvi.

Carina abraçou a filha ainda mais forte. Samuel cruzou os braços e sorriu.

No quarto, os médicos juntaram-se com os enfermeiros, lutando para trazer a jovem de volta.

— Ela não está reagindo — dizia um.

— Vamos, menina! Você é muito linda para deixar a Terra! — comentava outro. — Consegue ver seus sonhos, sua vida, o amor?

Fabrício e Paola ficaram escorados na porta, aguardando ansiosos por notícias.

Minutos depois, a porta se abriu. Fabrício agarrou-se a um dos enfermeiros, implorando por notícias.

— Ainda não sabemos se o procedimento funcionou — o homem falou mais meia dúzia de palavras complexas que Fabrício não registrou. Quando o rapaz pediu para vê-la, o enfermeiro respondeu. — Não pode agora. Ela precisa descansar. Sua namorada é uma leoa.

Fabrício sentiu o rosto vermelho. Sentia no coração que era mais que isso.

— Faça o seguinte... Vá dar uma volta e, mais tarde, em umas três horas, volte.

Fabrício chamou Paola para fazerem um lanche rápido. Os dois jovens voltaram uma hora depois e ficaram ali esperando, aflitos. Marília e Elis juntaram-se a eles e fizeram uma corrente de oração.

Pouco depois, o médico liberou uma visita rápida à UTI. Não dissera nada, mas deu a entender que talvez fosse o momento da despedida. Houve abraços, lágrimas e pedidos a Deus.

Fabrício entrou depois de Marília, que saiu arrasada do quarto.

O rapaz ficou imóvel diante de Vitória, com lágrimas nos olhos.

— Tudo poderia ter sido diferente — Fabrício encostou os lábios nos da menina e disse: — Minha vida é ainda melhor com você por perto — falou isso e seguiu em direção à porta.

Uma voz fraca abordou-o:

— Ainda sou sua menina?

Fabrício ficou paralisado, sentindo as pernas tremerem. Incapaz de se voltar para trás, deduziu com o silêncio que se fizera na sequência que estava tendo uma alucinação.

— Acho que pode ser meu rapaz, quem sabe...

Então, o jovem, comovido, virou-se e viu Vitória forçando um sorriso. Era como se o tempo em coma tivesse engessado seu rosto, impedindo os movimentos dos músculos.

Fabrício, desejando que, se tudo aquilo fosse um sonho, não acordasse. O rapaz aproximou-se da cama e encostou levemente seus lábios nos da moça, que recebeu o beijo fechando os olhos. Fabrício então a tocou com cuidado, tateando o rosto, os braços e as pernas de Vitória.

— Ei! Desse jeito, você vai me machucar! Se pudesse, lhe daria um chute agora. Por que apertou forte minha perna? — reclamou Vitória.

— Você está de volta! Não posso acreditar. Você sempre me surpreendendo.

O milagre chamado amor estava acontecendo.
Carina e Samuel deram as mãos e partiram.

***

Dias depois...

Gilberto sentia-se muito bem, renovado, como há muitos anos não se sentia. O motivo estava ali: Tamires. O casal estava morando junto, e, ao contrário do que imaginara, ninguém rejeitara aquele amor.

Quando Gilberto tomou aquela decisão, sentiu a presença de Carina e o poder de suas palavras encorajadoras. Ele precisava ser o protagonista de sua história e finalmente estava sendo. Pela primeira vez, estava seguindo seu coração, sem se preocupar com a plateia.

— Meu amor, está aqui na varanda? Estava procurando você — Tamires arrumava os cabelos no alto da cabeça, deixando à mostra seu rosto sorridente. Ela aproximou-se de Gilberto, enquanto o gato roçava-lhe as pernas, acompanhando seus passos.

— Obrigado — falou Gilberto tocando a mão de Tamires e puxando-a para beijá-la. — Você foi o melhor acontecimento de minha vida. Me faz sentir vivo, encorajado.

— Eu que devo lhe agradecer por não ter desistido de mim, por ter arriscado tudo, sua carreira, sua credibilidade para ficar comigo — ela parou de falar, sentindo a emoção tomar conta de sua voz.

Gilberto abraçou-a carinhosamente. Depois, olhando para o quintal, viu Deusa plantando suas ervas e falou:

— Parece que minha mãe gostou daqui. Obrigado por aceitá-la.

— Essa casa é muito grande, não acha? Deusa é muito bem-vinda e poderá me ajudar com o novo ou a nova integrante da família.

Gilberto ficou sério, depois demonstrou emoção.

— Acha que Pedro vai gostar de ter um irmão?
— Meu amor, você me faz o homem mais feliz do mundo! — disse ao abraçá-la. — Apressadinho! Nem quis esperar o casamento...
— Ele já é muito querido e abençoado por Deus. Desde já tem nosso amor.
— Amém. Que o amor e a fé nos acompanhem...

***

Quando recebeu notícias de Balneário, muitas das quais envolvendo Vitória, Lilian ficou muito preocupada.

A morte do irmão no acidente aéreo deixou-a profundamente sensibilizada. Além disso, sua revista não vinha obtendo o resultado de outrora.

Enfrentando uma situação de decadência financeira, Lilian lembrou que a sobrinha, uma Lancaster, herdeira direta do seu irmão, era ainda menor de idade e poderia ficar sob sua guarda. Assim, como tutora de Vitória, ela poderia administrar a fortuna e injetar capital em sua revista, já que o número de patrocinadores e anunciantes diminuíra sensivelmente. O que Lilian não sabia, no entanto, era que Vitória, antes de partir para Balneário Califórnia, fora emancipada por Jordan.

Lilian começou, então, a manter contatos frios com a sobrinha até aparecer de surpresa em Balneário Califórnia. Estivera ali com o irmão uma vez, quando fora conhecer Carina. Simpatizou de primeira com a cunhada, mas achou a cidade muito pacata para seu gosto.

— Minha querida, não vejo motivo para continuar presa neste vilarejo.

— Estou ótima, tia. A senhora não me perguntou ainda, mas posso repetir o que os médicos disseram: foi um milagre!

A mulher, bem-vestida, usando saltos altos, levantou-se animada e foi em direção à sobrinha, abraçando-a demoradamente e enchendo a moça de beijos.

Marília, Rafaela, Elis e Raul acompanhavam a conversa. Marília mantinha a educação, mesmo diante dos desaforos da hóspede, mas Rafaela não escondia que não gostara da surpresa.

— Pretende ficar muito tempo aqui? — perguntou Rafaela, sendo repreendida por Raul.

— Rafaela! Como fala assim? — virou-se para Lilian. — A chácara não é minha, mas tenho certeza de que pode ficar o tempo que desejar — e olhou para Marília, que fez um gesto positivo.

— Partiremos amanhã. Já comprei nossas passagens, Vitória!

— Eu não disse que iria com a senhora, tia Lilian — rebateu a jovem. — Depois, vou para Portugal. Vou receber as homenagens que fizeram para meu pai...

— Ótimo! Vamos para São Paulo e lá remarcamos sua passagem. Posso até ir com você. Faz tempo que não vou para aquelas bandas. Vou adorar rever Portugal. Podemos esticar a viagem e ir a Paris. Posso até fazer umas matérias por lá. Boa ideia! Vou ligar para minha assistente — disse pegando o celular, procurando o número em sua agenda e fazendo planos.

— Acho que você não entendeu, Lilian. Vitória não irá. A menos que ela queria ir.

— Não quero ir para São Paulo — afirmou a jovem.

— Olhe o cafezinho fresquinho — Elis interrompeu a conversa.

— Café? Num calor desses, menina? — rebateu Lilian.

— Desculpe, eu...

— Não tem que se desculpar, Elis. Obrigada. Estava mesmo precisando de um café — reforçou Marília, servindo-se com a bebida. Depois de provar o café, pousou a xícara sobre o pires e foi até Lilian.

— Marília, peço-lhe desculpas. Não me acostumei ainda com os hábitos dos nativos ainda — notou que todos estavam sérios e forçou uma risada. — É uma brincadeira, gente.

Vitória, sabia que abriram nos Jardins uma filial daquela loja de que você gosta? Você vai amar o lugar.

— Tia, como lhe disse, vou viajar para acompanhar as homenagens ao meu pai.

— Pequena órfã poderia ceder a poltrona para mim! Eu iria para São Paulo — murmurou Rafaela.

— Você é menor de idade, Vitória. Esqueceu-se disso, minha sobrinha?

— Sou emancipada, titia. Posso viajar para o exterior, não sabia? Além disso, tio Raul tem me ajudado com as questões burocráticas.

— Jordan deixou registrado no testamento um pedido: que eu auxiliasse Vitória na administração dos bens — completou Raul com a voz sentida.

— Achei que pudesse estar presente nesse momento... — Lilian respondeu desnorteada, tentando assimilar as informações. Queria manter a sobrinha por perto, pois a jovem herdara muito dinheiro. Talvez lhe propusesse uma sociedade, quem sabe. Tudo isso passava pela cabeça de Lilian. — Não sabia disso...

— Estava muito ocupada com seus filhos, né, tia?

— Ainda acho que poderíamos ir juntas...

Cansada de tanta insistência, Marília falou alto.

— Ela não vai, Lilian!

— Vitória vai decidir isso. Vou convencer minha sobrinha a ir. Pode deixar comigo. Tenho certeza de que ela vai...

— Ela não vai! — gritou Marília para a surpresa de todos os presentes.

— Por quê não? Falou com tanta certeza! Parece que ficou alterada de uma hora para outra. Será o café? Ainda bem que não provei. Por que você a impediria de ir, Marília?

— Porque sou a mãe dela. Só por isso! — disparou, emocionada.

***

319

Pedro e Paola encarregaram-se de levar Dorinha à rodoviária. Ela estava eufórica com a viagem, pois não se lembrava da última vez que se ausentara de Balneário. Apesar da alegria proporcionada pela mudança de ares, lamentava deixar os filhos sozinhos.

— Duas semanas passarão rápido. Estamos bem, mãe, e queremos que a senhora fique bem também.

— Cuidem do pai de vocês — Dorinha olhou para os filhos e riu. — Acho que já falei isso. Ah! Nada de festas na minha casa! Já avisei a todos os vizinhos e coloquei câmeras também! Não vou dizer onde estão, mas coloquei. Vou saber todos os passos de vocês.

— Isso é invasão de privacidade, mãe! — tornou Paola.

— É brincadeira da dona Dorinha, Paola. Não reparou que ele está rindo?

— Confio em vocês — Dorinha ficou em silêncio e depois continuou: — E o casamento de Gilberto com Tamires. Não sei se é certo aceitar ser madrinha do casamento deles... Não sei...

— Será muito moderno, mãe! Dona Deusa levará as alianças.

— Mãe, vamos ficar bem de padrinhos do meu pai.

— Tão triste o que aconteceu com Alberta... Morrer queimada no meio das velas.

— Agora que ele é viúvo, Gilberto e Tamires poderão se casar na igreja — reforçou Paola.

— As empregadas falaram que ela estava enlouquecendo. Que Alberta acendia velas por todos os cantos da casa. Uma delas pegou nos panos que ela usava para cobrir os espelhos...

— Que tragédia!

— Mãe, seu ônibus chegou — falou Pedro com a voz embargada.

Dorinha distribuiu beijos e subiu no ônibus. Lá, acomodou-se ao lado da janela, de onde acenou para os filhos. Ela emocionou-se quando o ônibus começou a movimentar-se e sentiu um alívio quando o veículo entrou na estrada. Dorinha olhou o celular e viu os vários recados da irmã, que também estava ansiosa para revê-la.

Com o movimento do ônibus, Dorinha adormeceu.

— Minha amiga, você está feliz? — perguntou Carina.

— Estou e muito! Uma vez, você me perguntou se eu amava Taciano, eu não respondi à sua pergunta. Eu percebi que não o amava como ele merecia. Tivemos momentos felizes, e ele foi muito presente em momentos delicados, contudo, eu não o amava mais. Tenho por ele apenas um sentimento de gratidão.

— Compreendeu, então, quando ele a deixou?

— Sim. Foi difícil, porque eu estava acomodada àquela vida, achando que tudo aquilo era o bastante... Mas não era.

— Muitas vezes, nós nos boicotamos, achando que não somos merecedores de alguns prazeres, de algumas realizações. Bloqueamos nossa felicidade por considerarmos que devemos enfrentar em silêncio e sem reagir uma situação ruim. Uma coisa é nos resignarmos diante de algo que não temos autonomia para mudar... No entanto, cabe a nós mudar o que está ao nosso alcance.

— Obrigada, minha amiga.

— Talvez este seja nosso último encontro em sonhos, mas você estará sempre no meu coração, embalada por boas e lindas recordações.

— Moça, chegamos! — disse o motorista batendo levemente no braço de Dorinha.

— Já chegamos?

— Parada de vinte minutos. Estou lhe avisando, porque esta será a última parada.

Dorinha agradeceu e desceu do ônibus. Ela consultou o relógio e seguiu para uma lanchonete. Fez um pedido e aguardou na mesa.

Uma garçonete foi até Dorinha e pôs uma xícara com chocolate quente e uma cestinha de pão de queijo na mesa.

— Não foi meu esse pedido. Pedi um café puro e uma água.

— É seu sim — comentou a garçonete, consultando o pedido e o número da mesa.

Dorinha ainda tentou rebater, quando a jovem, discreta, disse em um tom de voz baixo:

— Foi o cavalheiro sentado a duas mesas atrás quem ofereceu esse lanche.

Dorinha virou-se e viu um homem sorridente, que, simpático, lhe acenou. Ela retribuiu com um sorriso tímido.

— Obrigada — viu a moça arrumando os pedidos ainda ao seu lado e disse: — São tantas as pedras que ficamos surpresos com a leveza das pétalas, quando elas nos tocam.

Capítulo 31

A revelação de Marília provocou uma reação diferente para cada pessoa presente naquela sala. Raul aproximou-se de Marília e envolveu-a pelos ombros. Elis ficou boquiaberta. Rafaela não esperava que a mãe revelaria a verdade daquela forma. A jovem descobrira no início da adolescência que tinha uma irmã e, quando soube disso, se revoltou e foi morar com o pai.

"Você não tinha o direito de nos separar!", lembrava-se. Em outro momento, o discurso era outro: "Por que não fui eu?".

Lilian deixou o celular cair no chão. Sabia que a sobrinha era adotada, mas não imaginava que Marília fosse a mãe de Vitória.

Vitória ficou parada, assimilando aquela revelação e esperando que Marília continuasse a falar.

— Carina e eu sempre fomos muito ligadas. Casamos e ficamos grávidas na mesma ocasião. Eu e Raul não queríamos ter filhos, pois tínhamos uma vida intensa. Íamos a muitas festas, viajávamos muito e ainda cuidávamos de nossas carreiras profissionais. No meio de tudo isso, descobri que estava grávida. Na mesma época, Carina perdeu o bebê que esperava e recebeu a notícia de que nunca mais poderia gerar um filho. Ela até poderia engravidar, mas não conseguiria levar a gestação até o fim. Essa notícia a deprimiu muito, pois o desejo dela era ser mãe.

— Então, Rafaela e eu somos gêmeas? Fazemos aniversário no mesmo dia... — Vitória perguntou.

— Gente, eu não posso acreditar! As meninas são irmãs! — falou Elis. — Vou buscar mais café.

— Sim, e graças a Deus somos diferentes! Fisicamente, principalmente — completou Rafaela.

— Eu decidi dar uma das meninas para Carina criar. Ela estava indo viver em São Paulo com Jordan — Marília parou de falar e deixou que as lágrimas escorressem por seu rosto.

— E eu concordei com a decisão de Marília — falou Raul, abraçando-a mais forte. — Carina concordou, mas disse que lhe contaria a verdade assim que você estivesse um pouco maior. Eu fiquei com medo... Pode me odiar, Vitória... Por culpa minha, você não soube disso antes. Tive muito medo de que se sentisse rejeitada, mas saiba que nunca a rejeitei. Eu a amava muito, quando lhe entreguei a Carina. Só fiz isso, porque sabia que ela a trataria bem. Além de tudo, Jordan tinha condições de lhe oferecer um padrão de vida ainda melhor do que eu poderia lhe oferecer... Você me perdoa, minha filha?

— Absurdo! É com essa família que quer ficar, Vitória? — perguntou Lilian. — Se quiser, vamos embora agora deste lugar. Se ela a entregou para Carina é porque não lhe tinha amor. Não tenho dúvidas disso.

Vitória ficou em silêncio, olhando para todos que estavam na sala. Enquanto isso, Lilian falava sem parar, querendo convencer a jovem a ir embora.

— Não seja cruel, Lilian, por favor — pediu Marília.

Vitória saiu da sala sem dizer nada, deixando todos tensos. Elis quis acompanhá-la, mas Marília não deixou.

— Deixe-a sozinha — Marília disse isso a Elis e virou-se para Lilian: — Quer saber? Foi um favor o que fez. Havia prometido para Carina que contaria a verdade, mas me faltava coragem.

Vitória voltou arrastando uma mala minutos depois.

— Por que está com minha mala, Vitória?

— Acho melhor a senhora ir, tia Lilian. Eu vou ficar com meus pais e minha irmã.

Lilian levou a mão espalmada no peito, sem acreditar na decisão da sobrinha. Marília abraçou Raul, e os dois choraram. Rafaela sentiu um tranco, tentou disfarçar, mas ficara comovida. Elis deixou as lágrimas brotarem dos olhos.

— Tia Lilian, gosto muito de você, ainda teremos bons momentos juntas, mas quero que respeite minha decisão. Acho que saí tal qual minha mãe e, quando decido algo, não mudo de opinião.

Marília aproximou-se de Vitória, e as duas se abraçaram, agora como mãe e filha. Raul e Rafaela juntaram-se às duas em um só abraço de união, emoção e amor.

***

Dois dias depois...

— Isso é seu — falou Rafaela, entrando no quarto de Vitória com uma caixa nas mãos. — É seu vestido. Desculpe-me... Estava comigo — falava sem jeito, mas mantendo o ar debochado.

— Isso não tem mais importância.

— Gostaria de ser como você. É sério! — falou rindo. — Decidida e desapegada. Somos tão opostas...

— Somos singulares, Rafaela, e ainda bem que somos assim. Podemos aprender com as diferenças também.

— O caminho está livre para você e Fabrício.

— Não estamos juntos, se é isso que quer saber.

Depois de descobrir que era irmã de Rafaela, Vitória ficou muito tocada e foi direta com Fabrício:

— Não podemos ficar juntos. Seu filho é também meu sobrinho.

— Fala como se eu estivesse com Rafaela. Não temos mais nada juntos, Vitória. Você fala de um jeito como se não me amasse.

— Eu o amo! — disse rápido.

— E o que nos impede de vivermos nossa história?

Esse diálogo acontecera no dia anterior, e Vitória saíra sem dar uma resposta a Fabrício.

— É bobagem eu querer ficar com ele. O coração de Fabrício é seu, Vitória — falava comovida, abrindo o coração.

Rafaela disse isso e foi saindo do quarto, quando Vitória notou sangue na bermuda da irmã, o que a deixou desesperada.

— Está se sentindo bem? Sente-se aqui. Acho melhor chamar um médico.

— O que foi, garota? Pirou? — especulou Rafaela, rindo da preocupação da irmã.

— Fique calma. Não deve ser nada grave. Não tenho experiência, mas deve ser normal.

— O que foi, Vitória?

— Você está sangrando, por isso...

— Droga, é isso?! — a jovem começou a rir. — É minha menstruação. Deve ter se adiantado — ela sentou-se e revelou: — Enquanto você esteve no hospital, eu tive um aborto espontâneo. Nossa mãe... — riu ao falar isso e repetiu orgulhosa: — Nossa mãe me levou ao médico. Pedi para ela não falar nada, porque queria um tempo para conversar com calma com Fabrício.

Vitória surpreendeu-a com um abraço. Rafaela retribuiu o gesto, deixando-se envolver pelo momento e pelo carinho da irmã.

— Somos muito diferentes, mas podemos nos dar bem. Até gosto de você. Estava torcendo para que ficasse conosco.

— Se eu fosse embora, com quem você iria implicar?

— É sério — falou rindo, estudando o rosto da outra, buscando semelhanças. — Hoje, você irá para Portugal com papai... E amanhã, irei para a clínica de reabilitação. Segui seus conselhos. Vou recorrer ao tratamento.

O abraço emocionado foi ainda mais apertado entre as duas.

***

Vitória adiantou-se para chegar cedo ao aeroporto. Raul desceu no caminho e pediu que a jovem seguisse até lá, pois ele tinha de resolver uma pendência na escola antes de viajar. Seria uma viagem curta, de apenas uma semana, mas ele precisava resolver alguns assuntos na escola antes de partir.

A jovem estava bonita, vestindo uma blusinha azu-clara, que deixava seus ombros à mostra. Ela usava também sua correntinha de couro preta com o pingente de prata envelhecida. Lia um livro, ansiosa com o relógio e com o atraso de Raul. Para distrair-se, pegou o celular e leu mensagens de Elis, Paola e Tamires, que lhe desejavam uma boa viagem. Estava respondendo aos recados, quando foi interrompida.

— Com licença. É daqui que partirá um voo para Portugal? Estou na dúvida, porque...

Reconhecendo aquela voz, Vitória levantou os olhos e viu o rosto de Fabrício estudando o seu. Sorrindo, o rapaz ficava ainda mais bonito.

Surpresa, a jovem retribuiu o sorriso e levantou-se. Os dois ficaram frente a frente por alguns segundos, admirando-se, até que Fabrício a pegou pela cintura, a puxou para perto de si e a beijou. Segurando Vitória pela cintura, ele rodou-a pelo aeroporto e por fim lhe deu um abraço longo, apertado.

— Estou esperando o pedido, rapaz — Vitória provocou, enquanto caminhavam pelo aeroporto de mãos dadas.

— Claro! — falou, dando um passo à frente. Fabrício ajoelhou-se e fez o pedido, ignorando os olhares curiosos. — Quer ser minha menina? — disse isso e levantou-se, ganhando de Vitória um abraço e a resposta que ele tanto desejara.

— Raul não virá — Fabrício notou o olhar de espanto de Vitória e completou: — Foi tudo ideia dele, não minha. Eu jamais pensaria em algo assim — divertiu-se. — Irei com você! Bem, a menos que não queira...

— Seu bobo, é claro que quero!

Os dois ficaram abraçados, esperando a chamada do voo. Vitória, de repente, perguntou por Maria Andréia.

— Está envolvida com os projetos sociais dela. Eu estou tocando a administração do *shopping*, do restaurante e de outros bens da família. Não é o que quero, mas quem sabe...

— Você ainda está magoado com ela?

— Ela não acreditou em mim, Vitória. Tivemos uma conversa séria... Ainda que todas as evidências me apontassem como responsável pelo ocorrido, eu esperava ter o apoio de minha mãe. Qual mãe não ficaria ao lado do filho?

— O tempo vai se encarregar de uni-los novamente, de deixar tudo como era antes. Você precisa aliviar seu coração, meu amor — Vitória abraçou-o, fechou os olhos e inspirou o perfume de Fabrício. Sentia-se protegida com ele.

Vitória lembrou-se de Leandro, mas preferiu não trazê-lo para aquele momento especial. Sabia que estava preso e que logo iria para julgamento. Quando abriu os olhos, viu uma moça bonita, magra, de pescoço alongado, rindo em sua direção. "Deve ser uma bailarina", a jovem pensou. Ao perceber que estava sendo observada, a moça acenou, e Vitória retribuiu o gesto.

— Nossa! Que moça bonita ali.

Fabrício virou-se, olhou para o ponto que Vitória indicara, mas nada viu.

— Deve ter passado tanta gente, nem vi — disse Vitória voltando a agasalhar-se nos braços de Fabrício.

Novamente, Vitória viu a moça simpática, que dessa vez disse algo que a jovem conseguiu captar.

— Estou bem, muito bem — quando disse isso, um jovem de olhos verdes claros e cabelos ondulados aproximou-se e passou o braço sobre os ombros da moça. Os dois sorriram, felizes.

— Está tudo bem, Vitória?

— Sim, tudo bem.

Na fila do embarque, Vitória viu o casal novamente, mas dessa vez não tentou mostrá-lo a Fabrício. Intimamente, a moça sabia que só ela, com sua sensibilidade, poderia vê-los e ajudá-los. Mas por que os dois estavam ali? Vitória fechou os olhos e fez uma prece de agradecimento, que aprendera com Carina.

Já acomodados em seus assentos, Fabrício pegou a mão de Vitória e só a soltou para pegar um jornal. O rapaz começou a folheá-lo, quando Vitória deteve sua atenção em uma foto. Era a moça do aeroporto.

— Espere... Essa garota...

— Linda, né? Yasmim Cantobelo, bailarina premiada. Está desaparecida.

Vitória já não ouvia mais nada. Ela começou a refletir sobre sua sensibilidade e suas visões espirituais. Tinha nascido com um dom e iria estudar, pesquisar, desenvolvê-lo para ajudar as pessoas.

"É muito bom ter a percepção do mundo espiritual. Além de me mostrar que a vida continua, me provoca um sentimento de gratidão à vida e muita vontade de ajudar as pessoas", pensou, esboçando um sorriso.

— Quero três filhos! — interrompeu Fabrício.

— Também. Isso não vale! Já tinha comentado sobre isso com você. Está querendo me agradar!

— Tudo bem, acertou — Fabrício parou de falar quando sentiu o avião decolar. Ele, então, fixou os olhos de Vitória e beijou-a levemente.

— Eu te amo — Vitória se declarou.

— Descobri isso antes de você, minha menina. Te amo!

O tempo pode passar, os reencontros podem acontecer, mas somente quando colocamos o amor acima do dinheiro, dos bens materiais e dos prazeres instantâneos proporcionados na Terra conseguimos estabelecer uma ligação mais forte com os valores reais do espírito. O tempo pode passar, mas o amor permanece como o caminho possível para a felicidade.

Fim

Grandes sucessos de
Zibia Gasparetto

Com 17 milhões de títulos vendidos, a autora tem contribuído para o fortalecimento da literatura espiritualista no mercado editorial e para a popularização da espiritualidade. Conheça os sucessos da escritora.

Romances
pelo espírito Lucius

- A verdade de cada um
- A vida sabe o que faz
- Ela confiou na vida
- Entre o amor e a guerra
- Esmeralda
- Espinhos do tempo
- Laços eternos
- Nada é por acaso
- Ninguém é de ninguém
- O advogado de Deus
- O amanhã a Deus pertence
- O amor venceu
- O encontro inesperado
- O fio do destino
- O poder da escolha
- O matuto
- O morro das ilusões
- Onde está Teresa?
- Pelas portas do coração
- Quando a vida escolhe
- Quando chega a hora
- Quando é preciso voltar
- Se abrindo pra vida
- Sem medo de viver
- Só o amor consegue
- Somos todos inocentes
- Tudo tem seu preço
- Tudo valeu a pena
- Um amor de verdade
- Vencendo o passado

Romances
Editora Vida & Consciência

Amadeu Ribeiro

A visita da verdade
Juntos na eternidade
O amor não tem limites
O amor nunca diz adeus
O preço da conquista

Reencontros
Segredos que a vida oculta vol.1
A beleza e seus mistérios vol.2
Amores escondidos vol. 3

Ana Cristina Vargas
pelos espíritos Layla e José Antônio

A morte é uma farsa
Almas de aço
Em busca de uma nova vida
Em tempos de liberdade
Encontrando a paz
Ídolos de barro

Intensa como o mar
Loucuras da alma
O bispo
O quarto crescente
Sinfonia da alma

André Ariel

Além do proibido
Em um mar de emoções
Eu sou assim
Surpresas da vida

Carlos Henrique de Oliveira

Ninguém foge da vida
Tudo é possível

Carlos Torres

A mão amiga
Querido Joseph (pelos espírito Jon)
Uma razão para viver

Cristina Cimminiello
O segredo do anjo de pedra

Eduardo França
A escolha
A força do perdão
Do fundo do coração
Enfim, a felicidade
Vestindo a verdade
Vidas entrelaçadas

Evaldo Ribeiro
Eu creio em mim
O amor abre todas as portas (pelo espírito Maruna Martins)

Flávio Lopes
A vida em duas cores
Uma outra história de amor

Floriano Serra
A grande mudança
A outra face
Ninguém tira o que é seu
Nunca é tarde
O mistério do reencontro
Quando menos se espera...

Gilvanize Balbino
De volta pra vida (pelo espírito Saul)
O símbolo da vida (pelos espíritos Ferdinando e Bernard)
Horizonte das cotovias (pelo espírito Ferdinando)

Leonardo Rásica
Celeste - no caminho da verdade

Lucimara Gallicia
pelo espírito Moacyr

O que faço de mim?
Sem medo do amanhã

Lúcio Morigi

O cientista de hoje

Marcelo Cezar
pelo espírito Marco Aurélio

A última chance
A vida sempre vence
Coragem para viver
Ela só queria casar...
Medo de amar
Nada é como parece
Nunca estamos sós
O amor é para os fortes
O preço da paz
O próximo passo
O que importa é o amor
Para sempre comigo
Só Deus sabe
Treze almas
Tudo tem um porquê
Um sopro de ternura
Você faz o amanhã

Márcio Fiorillo

Nas esquinas da vida

Maura de Albanesi
pelo espírito Joseph

O guardião do Sétimo Portal

Meire Campezzi Marques
pelo espírito Thomas

A felicidade é uma escolha
Cada um é o que é

Mônica de Castro
pelo espírito Leonel

- A força do destino
- A atriz
- Apesar de tudo...
- Até que a vida os separe
- Com o amor não se brinca
- De frente com a verdade
- De todo o meu ser
- Desejo – Até onde ele pode te levar? (pelos espíritos Daniela e Leonel)
- Gêmeas
- Giselle – A amante do inquisidor
- Greta
- Impulsos do coração
- Jurema das matas
- Lembranças que o vento traz
- O preço de ser diferente
- Segredos da alma
- Sentindo na própria pele
- Só por amor
- Uma história de ontem
- Virando o jogo

Rose Elizabeth Mello

- Como esquecer
- Desafiando o destino
- Os amores de uma vida
- Verdadeiros Laços

Sérgio Chimatti
pelo espírito Anele

- Apesar de parecer... Ele não está só
- Ecos do passado
- Lado a lado
- Os protegidos
- Um amor de quatro patas

Conheça mais sobre espiritualidade com outros sucessos.

 vidaeconsciencia.com.br   /vidaeconsciencia   @vidaeconsciencia

Rua Agostinho Gomes, 2.312 – SP
55 11 3577-3200

contato@vidaeconsciencia.com.br
www.vidaeconsciencia.com.br